JOHN GRAND-CARTERET:

DIE EROTIK IN DER FRANZÖSISCHEN KARIKATUR

GEDRUCKT VON GUSTAV RÖTTIG & SOHN, ÖDENBURG

JOHN GRAND-CARTERET:

DIE EROTIK IN DER FRANZÖSISCHEN KARIKATUR

NACH DEM FRANZÖSISCHEN MANUSKRIPT DEUTSCH BEARBEITET

VON

CARY VON KARWATH UND ADOLF NEUMANN

PUBLIKATION DER GESELLSCHAFT ÖSTERR. BIBLIOPHILEN
STÜCK XVI

C. W. STERN VERLAG, WIEN UND LEIPZIG
1909

Reprint der Originalausgabe mit der Signatur Secr B 911 aus dem Bestand der Wienbibliothek im Rathaus

W-H EDITION WINKLER-HERMADEN

www.edition-wh.at

ISBN 978-3-9502845-0-8

Zwischenakt hinter dem Logengitter.

Farbige Lithographie von Gavarni.

VORBEMERKUNG DER BEARBEITER.

Das vorliegende Werk wurde von Cary von Karwath und Adolf Neumann aus dem noch unedierten französischen Manuskript des John Grand-Carteret frei ins Deutsche übersetzt. Gegen eine gänzlich getreue Übersetzung sprachen besonders zwei Gründe: erstens die eigentümliche Diktion des französischen Autors, der sich einer Art Telegrammstils bedient — was dem deutschen Leser auf die Dauer nicht zuzumuten ist. Zweitens die Notwendigkeit, dort auszubauen, wo Grand-Carteret nur andeutet, und dort zu kürzen, wo er Dinge sagt, die dem Deutschen ohnehin bekannt sind.

Dem Gedankengang Grand-Carterets sind die Bearbeiter durchaus gefolgt. Daß dabei gelegentlich Wiederholungen unterliefen, war nicht zu vermeiden. Der Gegenstand bringt es mit sich.

Die Bestimmung der Bilder rührt von John Grand-Carteret her, die Verdeutschung der Verse von Karwath.

Die Bearbeiter teilten sich so in die Aufgabe, daß Cary von Karwath die Übertragung der ersten, Adolf Neumann die Übertragung der zweiten Hälfte des Werkes besorgte.

Wien, im März 1909.

CARY VON KARWATH. ADOLF NEUMANN.

Die vier Lebensalter.

1. Vielverbreitete Stiche aus dem achtzehnten Jahrhundert.

Erstes Kapitel.

I. Die Hölle (l'enfer). Die geschlossene Literatur. Der geheime Bilderhandel. Die Geschlechtlichkeit. Einfluß durch die Verschiedenheit der Kleidung. — II. Was versteht man unter Schamgefühl? — III. Gibt es eine strikte Definition der Pornographie? Erotismus. Erotische Literatur. Erotischer Bilderhandel. Die Folge des Christentums. Der Geist der Geilheit. Die Geschlechtlichkeit verflucht. Forberg und das »De Figuris Veneris«. Der Einfluß des erotischen Bilderhandels in der Geschichte und in der Gestaltung der Sitten.

I.

Wenn man auch nicht von allen Bibliotheken sagen kann, sie seien ein Paradies, so wird es doch deren verschwindend wenige — um nicht zu sagen keine — geben, welche nicht eine »Hölle«*) besitzen. Diese Bezeichnung »Hölle« war es auch, welche einen Liebhaber extravaganter Stellungen zu dem Bonmot verleitete, daß, wenn diese »Hölle« etwa einen Vorgeschmack jener von der Kirche erfundenen und angedrohten geben sollte, man sich darin gar nicht so übel befinden dürfte.

Die irdische Hölle! Doch nicht etwa, weil man darin brennt und bratet, sondern weil man feurige Dinge darin sieht — und man weiß wohl, daß mit dem Feuer nicht zu spielen ist!

---

*) Mit »enfer« bezeichnen die Franzosen unsere Geheimkabinette und die »camera praefecti« der Museen und Bibliotheken, in welchen alles erotische Material sorgsam vor profanen Augen geschützt und wo nur nach Erfüllung umständlicher Formalitäten und Erledigung vieler Wenn und Aber ausnahmsweise dem Forscher und Fachgelehrten Zutritt gewährt wird.

(Anmerkung des Übersetzers.)

Liebesquell.

2. Zeichnung und Radierung von Le Blondel (Achtzehntes Jahrhundert).

Es ist ganz merkwürdig, daran zu denken, daß ein Teil des menschlichen Schaffens — und kein geringer — jenem viel verleumdeten Teufel das Dasein verdankt, welcher mehr oder weniger gebunden und verborgen in jedem Menschen wohnt und ebendarum von vornherein verurteilt ist, nie ans Tageslicht zu gelangen.

So wie sich in dieser Welt gewisse, sorgsam gesperrte, geschlossene Häuser finden, deren Türe sich nur gerade soweit öffnet, um dem Einlaß Begehrenden Raum zu geben und sich dann allsogleich hinter ihm wieder zuschließen, so gibt es auch eine gesperrte Literatur und einen geheimen Bilderhandel, in welche nur einem durchaus geschlossenen — wenn auch verhältnismäßig zahlreichen — Kreis

VVLCAN SVRPRENT MARS ET VENVS.
Et conime lón voit mieux les chofes deuecs
Auffy remarquc tón les actions des Grands,
Et fouuent leurs deffauts fe trouuent fur les rangs
Pour feruir d'argument aux pubhques rifecs.

Vulkan überrascht Mars und Venus.

3. Stich aus dem Ende des siebzehnten Jahrhunderts.

Einblick gestattet ist. Dieses zahlreiche und den verschiedensten Kreisen angehörige Publikum wird in seiner Sucht nach neuen Gefühlen, nach neuen Reizungen, zum Teile durch eine recht natürliche Neigung, zum Teile durch ein krankhaftes Bedürfnis zu jenen Werken hingezogen.

Sind nicht die Neugier, die Überraschung, welche das noch nie Erblickte erhoffen läßt, das Motiv aller Wünsche, aller Gefühlsregungen?

Jener unwiderstehliche Wunsch, verborgene Dinge und solche, die dem Auge vorenthalten werden, um jeden Preis kennen zu lernen, um jeden Preis dem Auge zu erschließen, war seit jeher im Menschen nur aus diesem Grunde so stark und wird es auch immer bleiben, weil die Dinge verborgen sind und weil sie sich dem Auge nicht offen darstellen.

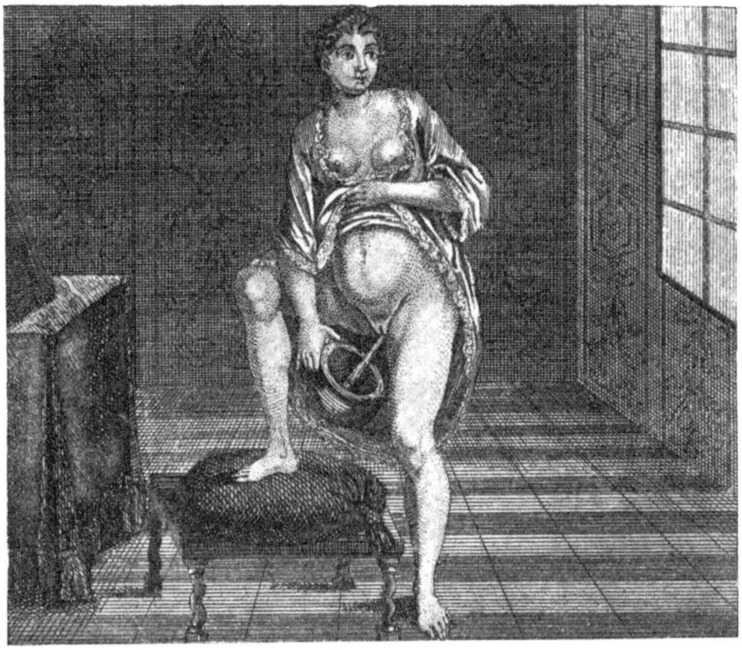

Frau ein natürliches Bedürfnis erfüllend.

4. Diese Radierung aus dem Ende des siebzehnten Jahrhunderts gehört einer Serie an, welche unter dem Titel »Naturalia et Obscoena« erschien und von Bernard Picart gezeichnet wurde.

Es ist nicht uninteressant zu bemerken, daß diese Stellung jener Zeit und besonders Frauen von Rang eigentümlich war, da Niederhocken als ein den Frauen der niederen Klasse zukommendes Verhalten galt.

Hätte die Frau keine Röcke an, niemand würde der Wunsch rege werden, diese aufzuheben; hätte der Mann jenes Spielzeug des Teufels nicht in seiner Hose eingeschlossen, keine Frau käme in die Versuchung, seinen »Kram« (boutiques) ans Tageslicht zu ziehen, um mich eines Ausdruckes zu bedienen, welcher den galanten Erzählern früherer Zeiten so lieb war. Nehmen wir statt jener vom Kopf bis zu den Füßen bekleideten und raffiniert geschmückten Menschheit eine andere, primitive, an, welche ohne irgend einen Schleier gleich Adam und Eva umhergeht, so dürfte die Wahrscheinlichkeit der Entstehung einer gesperrten Literatur und eines geheimen Bilderhandels wohl eine verschwindend geringe sein.

Das Geheimnis, die Ursache alles Übels, liegt nur in der Verschiedenheit der Kleidung, welche die Neugier erregt; das Unbekannte, die Hoffnung, daß man etwas darin finden, daß man etwas darunter sehen werde, sind das einzige Motiv.

Wenn unsere jungen Adams von heute von ihrer Kindheit an Eva in ihrer strahlenden Nacktheit sehen würden, wäre das Bestreben nach der Vereinigung

Dame bei ihrer intimsten Toilette, zu welcher sie einen Knaben verwendet.

5. Dieses Bild aus dem Ende des siebzehnten Jahrhunderts gehört einer Serie an, welche unter dem Titel »Naturalia et Obscoena« erschien und von Bernard Picart gezeichnet wurde.

Man erzählte sich, daß Catharina de Medicis und andere Damen von gleichem Rufe diese Art Waschung sehr liebten. Jedenfalls verewigten mehrere Radierer galanter Stiche diese Stellung.

der Geschlechter viel weniger heftig, denn das Weib wäre nicht mehr für sie jenes unbekannte Wesen, jener geheimnisvolle Gegenstand, das es durch Sitte und Erziehung, durch Kleidung und Tracht seit undenklichen Zeiten ist.

Was das Kind von heute, da von Tag zu Tag seiner geistigen und geschlechtlichen Reife entgegengeht, in seinem kurzen Leben sieht, was es in sich aufnimmt, ist einzig die Tatsache, daß es zwei verschiedene Gestalten menschlicher Wesen, verschieden angezogen, gibt, welche offenbar im Leben eine verschiedene Rolle spielen, deren Tragweite aber über sein Urteilsvermögen geht, deren Unterschied es nicht zu erfassen vermag, obwohl es eine leise Ahnung des Geheimnisses hat.

Die Geschlechtlichkeit, die körperliche Vereinigung, darin liegt das große Geheimnis, welches so viele Herzen bewegt, so viele Wünsche erregt, bis zu dem Tage, an welchem der junge Mann, an welchem das junge Weib reif wird und in Brunst gerät. Darin ist auch der Hauptgrund zu suchen, warum unsere Gesellschaft mit so ängstlicher Sorgfalt, soweit es nur irgend angeht, Knaben und Mädchen trennt und voneinander fernhält, um gewisse kompromittierende Ver-

Begrüßung.

6. Lithographie von Le. Poittevin.

traulichkeiten zwischen ihnen zu verhindern, welche instinktiv geraden Weges nach der natürlichen Vereinigung hinzielen. Der Vorgang der Vereinigung der beiden Geschlechter hat an sich nichts Unmoralisches; denn das Unanständige ist der Natur vollkommen fremd, aber die Vereinigung der beiden Geschlechter kann Annäherungen und Vergleiche intimer Natur mit sich bringen und darin erblickt man wohl die Gefahr. Liegt nicht in jener Radierung von Martin van Maele*) eine tiefe menschliche Wahrheit, in jener Radierung, welche dem Zyklus »Der große Totentanz der Lebenden« (Grande Danse Macabre des Vifs) angehört und als Dokument für die Wertung der beiden Geschlechter gelten kann, deren Unterschrift so fesselnd ist:

»Warum möchtest du nicht ein kleines Mädchen sein?«
»Weil ich nicht mit gar nichts Pipi machen möchte.«

»Pipi machen mit nichts« — liegt darin nicht in ihrer Gänze die Ursache der während vieler Jahrhunderte so laut betonten Minderwertigkeit der Frau, während doch der Mann wenigstens »mit etwas Pipi macht?«

Liegt nicht darin das Geheimnis jener gewissen Nichtachtung, mit welcher sich das Mädchen von seiner zartesten Kindheit an als nichts anderes behandelt sieht denn als eine Art Sparbüchse?

Sparbüchse! Eine Sparbüchse aus lebendem menschlichen Fleisch, bestimmt für die Heldentaten des Gebieters Priap, sowie es die gewöhnliche plebejische Sparbüchse für die dicken Sousstücke ist: beiden blüht dasselbe Schicksal, nämlich sobald sie gefüllt sind, zerbrochen zu werden, die eine, um die Menge Kupfers oder Silbers, welche man ihr vorübergehend anvertraut hat, wiederzugeben, die andere, um dem Kinde freien Durchgang zu schaffen, dem Erzeugnis des menschlichen Samens, welcher darin niedergelegt wurde, um zu keimen und Früchte zu tragen.

Hier jener, welcher gibt, dort jene, welche empfängt.

Hier jener, welcher pflanzt, dort der Garten, den man begießt.

Derjenige, welcher pflanzt, ist jederzeit bereit und gerüstet, seine Kampfeswaffe hervorzuziehen, er hat sie gewissermaßen unter der Hand, ohne daß er es nötig hätte, eine erniedrigende Bewegung zu machen: Drei Knöpfe, im schlimmsten Falle vier, und schon ist der Gebieter Priap gefechtsbereit.

*) Sie soll an späterer Stelle in diesen Blättern Raum finden.
(Anmerkung des Übersetzers.)

Quelle fureur te prend, beste Capricieuse?
Arreste et laisse voir la piéce Curieuse.
Que malgré sa pudeur Isabeau met au jour,
Ce chatoüillant objet jusqu'à tel point m'eccite,
Qu'il me donne à l'instant le Surprenant mérite
Et le talent heureux Qu'un asne, a pour l'Amour.

Aus Bilderserien, unter dem Namen Dessus de boîtes ou de tabatières bekannt (achtzehntes Jahrhundert).

7. Das Stück ist in zwei Ausführungen vorhanden: halbverdeckt, das heißt, die Röcke bis zur Mitte der Schenkel hinaufgeschoben, und entblößt, wie es unsere Darstellung zeigt. Wenn sie leidlich bedeckt ist, heißt es in der Unterschrift:

Fanchon, ta chûte est trop modeste:
pourquoi ne montres-tu qu'à demi tes appas?

Während im obigen Bilde Isabeau sie uns ganz zeigt.

Diejenige hingegen, welche die Besuche empfängt, welche die stürmischen Angriffe hinzunehmen hat, sei nun ihr Garten dem Unberufenen sorgsam verschlossen oder auch ein öffentlicher, jedem zugänglich, gleicht einem seltenen Objekte, welches man mit einer kostbaren Decke verhüllt hat. Diese muß man erst von dem seltenen Objekte wegnehmen und, um dies zu erreichen, um das Geheimnis ans Tageslicht zu bringen, ist eine Bewegung von unten nach oben notwendig.

Daraus erklärt sich die Minderwertigkeit im Liebeskampfe.

Daraus erklärt sich desgleichen, daß die Verschiedenheit in der Kleidung, welche von so bedeutendem Einfluß auf den Geist des Kindes ist, seinem Auge gerade das erschließt, was man zu verbergen ängstlich bestrebt ist, daß diese Verschiedenheit in der Kleidung desgleichen im geschlechtlichen Leben, in der großen Komödie der Liebe, eine so außerordentlich hervorragende Rolle spielt.

Le Cuvier C. d. l. F.

Il deviendra parfait ce Commode Cuvier :
Je vois autour de lui que plus d'un ouvrier
A pousser le travail d'un grand cœur se présente :
Aucun deux ne paroît de ses membres perclus ;
L'un frape par dedans, l'autre coigne dessus
L'un repare des trous, l'autre bouche une fente

Der Böttcher.

8. Aus einer Folge von Medaillons, bestimmt, die Contes von La Fontaine zu illustrieren, und Eisen zugeschrieben.

II.

Was versteht man unter Schamgefühl?

Das Schamgefühl ist eine Erfindung der Gesellschaft, abhängig von dem Milieu des Ortes und der Zeit, abhängig vom Klima, abhängig von den herrschenden Ideen. Bald Wahrheit, bald Lüge, ist das Schamgefühl eine ganz relative Sache. So würde zum Beispiel eine Frau zu schreien beginnen, wenn man sie bei ihrer Toilette mit nackten Schultern überraschte, auf dem Ball hingegen, im Theater oder in der Gesellschaft zeigt sie ohneweiters aller Welt das Maximum dessen, was sie nur irgend zeigen kann: sie wird mit ihren Mitschwestern an Schamlosigkeit in dieser Ausstellung menschlichen Fleisches wettstreiten.

Dies geht soweit, daß man sich berechtigt fühlt zu fragen, ob das Schamgefühl nicht etwa von ganz besonderer Art und äußerst schwierig zu analysieren, von einem allgemeinen Gesichtspunkt betrachtet, sich dahin erklären ließe, daß,

Fillettes, gardez-vous d'irriter ces soldats;
A leurs fougueux desirs livrez tous vos appas,
Leur main dans votre sang ne sera point trempée.

S'ils veulent vous percer, c'est d'une douce épée,
Qui faite seulement pour les combats d'Amour,
Loin de donner la mort, sert à donner le jour.

Volkstümliches erotisches Blatt (Kassettenfüllungen).

9. Diese Blätter existieren auch in dezenter Ausführung (couvertes).

Das Glöckchen.

10. Aus einer Folge von Medaillons, bestimmt, die Contes von La Fontaine zu illustrieren, und Eisen zugeschrieben.

was zu sehen allen gestattet ist, unter keiner Bedingung von einem einzigen allein gesehen werden darf.

Dies führt in ganz natürlicher Weise zu einer weitern Frage, nämlich: Was ist die Pornographie? Wo beginnt sie? Wo endet sie?

Diese Frage zu beantworten, ist bisher noch niemand möglich gewesen und wird auch in aller Zukunft niemand möglich sein.

Gravelot, ein geschickter Zeichner verwegener Situationen, dessen Lieblingssujets gerade diese Art Bilder sind, soll seinerzeit gesagt haben, daß es nichts weiter sei als une pure affaire de carotte, daß man stets ein Stückchen dieser »Rübe« erraten lassen müsse, daß man es aber um jeden Preis zu vermeiden habe, sie zu zeigen.

Die »Rübe« nun ist nichts weiter als Gott Priapus, den man gar oft ohne Schwierigkeit an allen Statuen und auf allen Gemälden einer gewissen Schule sowohl in den öffentlichen Parkanlagen wie in den Museen sehen kann.

Daraufhin könnte man sich nun berechtigt fühlen, den Schluß zu ziehen, daß eben diese »Rübe« im natürlichen Zustande der Ruhe nichts Anstößiges an sich hat und ihre pornographische Wirkung erst im Zustande der Bewegung, oder besser gesagt, der Erregung eintritt.

Doch leider stimmt dies in keiner Weise mit den Tatsachen überein. Denn die Anklage wegen des Verbrechens der Pornographie wird fortwährend gegen Werke der Kunst und Literatur erhoben, welchen eine hohe moralische und philosophische Bedeutung nicht abzusprechen ist.

Der Bauer, welcher sein Kalb sucht.

11. Vignette aus den ersten Jahren des achtzehnten Jahrhunderts, aus einer erotischen Folge zur Illustration der Contes von La Fontaine.

In Wahrheit scheint es, daß die Pornographie gleich dem Schamgefühl eine außerordentlich veränderliche Größe ist, bald geduldet, bald verdammt, je nach den Ideen, welche gerade leitend und tonangebend sind. Das Gesetz gestattet oder verbietet, ohne selbst genau zu wissen, warum, es sei denn, daß man als Grund die Tatsache gelten läßt, daß es ein Gesetz ist.

Immerhin kann man behaupten, daß, wenn bezüglich des Schamgefühles in den einzelnen Ländern Europas eine gewisse Einheitlichkeit der maßgebenden Sitten und Vorschriften herrsche, bezüglich der Pornographie sehr verschiedene Grundsätze in den einzelnen Ländern maßgebend sind. So sind einzelne Regierungen nicht ohne Berechtigung Anhänger jener großen freidenkenden Lehre des Gehenlassens, während andere hingegen sich's auf das eifrigste angelegen sein lassen, überall durch die Gesetzgebung zu hindern, und ein wahres Vergnügen daran finden, auf diese Art alles lahm zu legen.

Zieht man all dies in Erwägung, bedenkt man, daß schon die natürliche Darstellung des geschlechtlichen Vorganges als etwas Pornographisches gilt, so muß man sich notgedrungen fragen, ob es nicht viel richtiger wäre, diese Pornographie, welche das Erregungsmoment für Impotente und krankhaft Erregte bildet, als eine krankhafte Erscheinung zu bezeichnen, die die menschliche Heuchelei auf ihrem Höhepunkt darstellt.

Denn was gesprochen wird, was gedruckt wird, was in irgend welcher andern Form veröffentlicht wird, kann auf die Moral der Leute und Staaten keinen so weitgehenden Einfluß haben, es sei denn, es liege volle Öffentlichkeit vor. Es sollte für die dargestellten oder geschilderten Handlungen kein anderes Gesetz gelten als jenes, welches die Handlungen selbst gestattet oder verbietet.

*) **Seine schüchterne Hand begoß damit ihre Reize . . .**

12. Illustration zu Voltaire's La Pucelle.

So wüßte ich zum Beispiel nicht, ob jemand einem Paragraphen des Gesetzbuches anheimfiele, wenn er bei sich zu Hause, eingeschlossen in seinen vier Wänden, sich mit seiner Frau oder mit Frauen daran ergötzte Stellungen, wie Aretino sie schildert, einzunehmen.

Warum will man also gegen das Buch oder das Bild anders und bedeutend strenger vorgehen, da sie doch weder öffentlich ausgestellt, noch öffentlich verkauft, da sie doch niemand selbst aufsuchen, sondern sich im Gegenteil damit begnügen, daß jene zu ihnen kommen, daß jene sie kaufen, die bereits diese Art des Genusses, diese Art zu sehen gewohnt sind.

So sind denn alle Blitze, welche ex cathedra gegen die Literatur oder gegen die Bilder, die man als pornographisch zu bezeichnen beliebt, in Wirklichkeit nichts anderes, als ganz gewöhnliche Gemeinplätze, ebenso verbraucht wie die alte Bezeichnung der Geschlechtsteile mit Schamteilen. Wie wenn es etwas Beschämendes, etwas Niedriges, etwas Unmoralisches in diesem wunderbaren Vorgang der Natur gäbe, welcher Leben zu schaffen bestimmt ist.

Worte, alte Überreste streng klerikaler Erziehung, eingebildete Vergehen, sie sind in Wirklichkeit der wahre Inhalt dieser beiden Bezeichnungen, welche so oft denjenigen an den Kopf geschleudert werden, welche für die freie Entwicklung der menschlichen Persönlichkeit sich einsetzen, in dem gerechten Glauben, daß gerade das Gebiet der innersten Gefühle, der Sinne, das Gebiet ihrer physischen Fähigkeiten, zum mindesten ebenso interessant sei, wie etwa das Gebiet der bürgerlichen Rechte oder der politischen Freiheiten.

*) Sa main timide en arrosa les charmes . . .

*)**Zeiten gibt's, wo des Alters man vergißt . . .**

13. Illustration zu Voltaire's La Pucelle.

Was sage ich da: Hat man nicht dem menschlichen Wesen die Freiheit des Bürgers zugesprochen, bevor man ihm noch in vollem Ausmaße die Freiheit des Menschen gegeben, die doch sein natürliches Recht ist und daher jener nicht nur an Bedeutung überlegen, sondern auch der Zeit nach als früher berechtigt gelten muß. Ich meine, der Mensch, oder besser gesagt das menschliche Wesen unter seinen beiden Gestaltungen als Mann und Weib im freien Besitze seines Körpers, mit dem Rechte, nach seinem Belieben über diesen zu verfügen, hat das Recht, wenn es ihm wohlgefällt, seine sinnlichen Regungen, wenn ihm dies beliebt, in einer Weise zu befriedigen, die sein Nachbar etwa nicht billigt.

Nach den wunderbaren öffentlichen Plaidoyers, welche gerade in der letzten Zeit für die Freiheit im Geschlechtsleben gehalten wurden, nach Werken voll kühner Worte, wie jenes Buch von Moricoir »L'affranchissement de la femme«, halte ich es kaum für notwendig, diesen Punkt noch mehr zu betonen und doch bleibt immer noch eine Anklage, welche uns ständig bedroht, ständig auf uns lauert. Die Bezeichnung Erotik und erotische Literatur! Das ist die Hölle. Und so sind wir denn zu unserem Ausgangspunkte wieder zurückgekehrt.

Armer Eros! Einst bei den Griechen der Gott der Liebe, ist er heute die Verkörperung jener ganz schrecklichen Sache, an welche man sich nicht heranwagen kann, ohne schweres Unheil heraufzubeschwören, nämlich die Verkörperung der erotischen Literatur und des erotischen Bildes.

Niemals hat sich menschliche Heuchelei, hat sich menschliche Dummheit in so vollendeter Weise geoffenbart wie hier. Denn diese Darstellung im Bilde und

*) Il est des temps où les ages s'oublient . . .

***)Glücklich, hundertfach glücklich jener, so eine Jungfrauschaft findet.**

14 Illustration zu Voltaire's La Pucelle.

Diese strenge Prüfung durch Ärzte und Richter ist ein ganz interessantes Dokument, welches über den berühmten Vorgang, genannt »Le Congrès«, Aufschluß gibt.

---

*) Heureux cent fois qui trouve un pucellage.

diese vielgeschmähte Literatur erotisch zu bezeichnen, heißt — ganz abgesehen von dem Umstande, daß sie in jeder Epoche ganz verschieden sind — in klarer Form anerkennen, daß sie in direkter Linie von der Liebe stammen und sich einzig und allein mit Dingen der Liebe beschäftigen.

*) **Ich werde meine Hose zurückbekommen . . .**

15. Illustration zu Voltaire's La Pucelle

Mit welchem Recht also wagt man es, das Anathema gegen sie zu schleudern, sie zu verfolgen, sie zu vernichten, sie zu verbrennen, wie man es so oft schon getan, und wie man es gar gerne wieder täte, da doch die natürliche Liebe eine Sache ist, welche sich absolut in keine soziale Organisation, die diese Bezeichnung verdient, einreihen läßt. Daß trotzdem in vielerlei Beziehung die Formen der Liebe gesetzgeberisch beeinflußt wurden, ist niemand unbekannt.

Daß alle Theologie, wie die muslimische, die christliche, die indische, sich in ganz eigentümlicher Weise auf das eingehendste damit befaßt, ist ebenfalls weltbekannt. Daß hingegen gewisse Kirchen, wie die katholische Kirche, in gewisser Hinsicht die Prostitution begünstigt haben und daß ganz besonders diese letztere Kirche selbst einer ganz schamlosen Prostitution das Leben gab, deren mystisches Gebaren stets mit dem Ritual ihrer Kapelle und ihrer kirchlichen Zeremonien verwechselt wurde, wissen viele nicht und es wäre von großem Interesse, dies in klarer Form nachzuweisen.

*) Je raurai ma culotte . . .

*) Jeanne beging darin wohl einen Fehler
Denn Rücksicht schuldet man seinem Gaste.

16. Stich für Illustration zu Voltaire's La Pucelle.

Bilder jedoch und Bücher, der geschlechtlichen Liebe gewidmet, welche nichts anderes tun, als die Stellungen der Vereinigung der liebenden Wesen zu katalogisieren, mögen diese Stellungen noch so extravagant sein, wie sollen diese unmoralisch wirken? Daß die Dinge, die sie darstellen, daß die Dinge, die sie besprechen, so raffiniert sind, bestimmt für einen kleinen auserlesenen Kreis, für Wesen einer ganz besondern Gefühlsrichtung, dies ist wohl selbstverständlich, aber man kann weder von Pornographie, noch von Erotik im gewöhnlichen, wegwerfenden Sinne des Wortes sprechen, denn trotz aller Versuche, welche zu gewissen Zeiten unternommen wurden, diese Bezeichnungen zu rehabilitieren, »als nämlich unter dem Titel erotischer Poesien kleine Sammlungen erschienen, welche allerhand Liebessachen in einer ganz dezenten Form behandelten«, blieb dieser Bezeichnung trotz allem stets etwas Unreines anhaften. Der Anstoß, so sagte man früher, als man noch an die Lehren der Kirchenväter glaubte, liegt allein in der Straflosigkeit des Herzens.

Wohlan, so ist der einzig Schuldige in diesem Falle, die Ursache alles Üblen, eben jener Geist der Geilheit, mit dem das Christentum uns so tief durchtränkt hat, daß die einfache Darstellung des Mannes und Weibes in ihrer Nacktheit, im vollen Besitze ihrer geschlechtlichen Organe uns als schamlos und anstoßerregend erscheint.

---

*) Jeanne en cela fit sans doute une faute
Elle devait des égards à son hôte.

*) Über den Rücken hielt der Maultiertreiber sie . . .

17. Illustration zu Voltaire's La Pucelle.

Es sind die verfluchten Organe, es ist der Teufel, verhüllet euer Antlitz! Die Vollendung ist der Androgyn allein, der Typus der Unfruchtbarkeit. So wie das Heidentum mit seinem Phalluskult nichts weiter meinte als eine Verehrung der Natur und wie die Doppelform der beiden Geschlechter eine Sache ohne Namen war, so hat die Kirche jetzt den Mann dazu erzogen, seine natürlichen Bedürfnisse, mögen sie welcher Art immer sein, möge es sich um was immer für eine Ausscheidung handeln, unter dem Mantel einer heiligen und religiösen Heuchelei zu verstecken.

So sind wir stets gebeugt unter den schweren Druck jenes Fluches, welcher aus einem ganz unbekannten Grunde auf den Folgen des natürlichen Coitus zwischen Adam und Eva lastet.

Deshalb halten wir uns keusch die Ohren zu, schließen verschämt die Augen — doch nicht ohne einen kleinen Seitenblick —, wenn man uns von den Stellungen des Aretino spricht, von den Gemälden Giulio Romano's, in Kupfer gestochen, von Marc-Antonin oder gar von den Fresken in Pompeji und Herkulanum. — Ist das nicht der leibhaftige Teufel, der Antichrist?!

Einen solchen geistigen Zustand vorauszusetzen, ist ja wohl ebenso ausgeschlossen, als die geschlechtliche Vereinigung im einzelnen zu besprechen und in allen ihren Stellungen wiederzugeben, wie es etwa im sechzehnten Jahrhundert Lorenzo Veniero, ein vornehmer Venetianer, in seinen Puttane errante getan hat, deren er nicht weniger als fünfunddreissig anführt.

*) Le muletier par dessous la tenait . . .

*) **Ah! Hören und Sehen verging mir dabei . . .**

18. Illustration zu Voltaire's La Pucelle.

III.

Und doch waren jene keine Pornographen in dem Sinne des Wortes, welcher von Tag zu Tag wegwerfender wird, jene, welche im achtzehnten Jahrhundert eine Beschreibung der phallischen Medaillen und Gemmen geben, welche über die Venus und ihre Attribute gelehrte Dissertationen hielten, welche — wie d'Hancarville — in künstlerisch vollendeten Radierungen alle jene Liebesstellungen festhielten, welche den Römern lieb waren, jene, welche im neunzehnten Jahrhundert historische Denkmäler schufen, indem sie priapische Feste schilderten, einen Index der verbotenen Bücher anlegten, jene, welche gleich Forberg, dem ehrwürdigen deutschen Bibliothekar, wahre Anthologien der Liebe und Leidenschaft herausgaben.

Ich habe Forberg genannt, so möge man mir es denn an dieser Stelle gestatten, das De Figuris Veneris zu erwähnen, welches im Jahre 1824 in Koburg erschien und von welchem ein durch seine Publikationen auf dem Gebiete intimer Geschichten bekannter Pariser Verleger, Daragon, in neuester Zeit einen interessanten Neudruck mit lateinischem und französischem Texte, illustriert durch einige Bilder von d'Hancarville, nach Art von Kameen, veranstaltet hat.

Dieses De Figuris Veneris ist nämlich ein typisches Buch, »das Vollendetste und Stärkste, was an erotischer Anthologie bisher zusammengestellt wurde,« ein wahrer »Führer durch die menschlichen Freuden, seien sie nun natürlich oder unnatürlich, die je bekannt und ausgeübt wurden«. Dieses De Figuris Veneris, welches in endloser Reihe an uns alle Formen der geschlechtlichen Umarmung

*) Oh! J'en perdis la mémoire et la vue . . .

vorüberziehen läßt, welches alle laszіven Stellungen nach den Büchern von d'Eliphantis oder jenen von Philenis oder Paxamos, dem Verfasser des Dodekateknon, schildert, bildet in gewissem Sinn eine Bibel der sinnlichen Liebe, welche beginnt mit dem verliebten Paare, dem einfachen Werke der Natur, und bis zu der sinnverwirrenden Vereinigung von vier, fünf, ja sechs führt, zu ganzen Ketten wollüstiger Umschlingungen, deren Ende nicht abzusehen ist, den Werken menschlicher Einbildungskraft, hervorgebracht von allzu feurigen Sinnen.

*) **Müde solchen Erfolges wendet sich der Unentschlossne, gähnt ein weniges und schläft ein . . .**

19. Illustration zu Voltaire's La Pucelle.

Dieses De Figuris Veneris hat, wenn der Ausdruck gestattet ist, alles klassifiziert und kodifiziert, was an raffinierten Stellungen den Griechen und Römern auf diesem Gebiete irgend bekannt war und in gewisser Hinsicht eine Biographie der mentula (Rute) und der Venushöhle geschaffen, in welcher alle rhythmischen Bewegungen der beiden verschlungenen Körper in ihren leidenschaftlichen Stößen vorgeführt werden, bis zu dem Augenblick exstatischer Verzückung, wo der Same schäumend hervortritt, ohne alle die verschiedenen Anhänger des Lesbianismus und Phönizianismus zu vergessen.

Daß die ganze erotische Wissenschaft, ich meine damit die Stellungen, die Liebkosungen und Umarmungen im Liebeskampf uns von den Alten übergekommen sind, dies ist eine hinreichend bekannte Sache und bedarf wohl keiner besondern Auseinandersetzung. Immerhin mag bemerkt werden, daß die so wohlbekannten Stellungen des l'Ane Bâté (der Tropf) und Le Cuvier (der

*) Le dissolu lasse d'un tel effet, baille un moment, tourne la tête et dort . . .

*) **Über Judith machen sie sich her, Rosamon und Dorothea . . .**

20. Illustration zu Voltaire's La Pucelle.

Bötcher) in Frankreich so volkstümlich durch die Contes de la Fontaine und vielleicht noch volkstümlicher durch die so geistvollen Bildchen sind, welche dieses Meisterwerk der Meisterwerke illustrieren und die sich bereits in den Metamorphosen des Apuleius finden. So hat also die verliebte Menschheit, nie zufrieden mit dem, was sie besitzt, stets darnach gestrebt, die Klaviatur ihrer besonderen Empfindungen auf diesem Gebiete zu erweitern, sowie es etwa andere auf dem Gebiete der Töne in der Tonleiter getan haben. Dies ist nicht etwa eine leere Behauptung, sondern wer die Sache vom rein philosophischen Standpunkte durchgeht und diese oft so außergewöhnlichen und ganz merkwürdig komplizierten Stellungen prüft, muß notgedrungen zu dem erwähnten Schluß gelangen. Die Bilderdramatik, die Liebesalphabate, welche ein gewisser Kolportagehandel auf der Rückseite von Brüsseler Ansichten anzubringen liebt, in jenem üppigen Belgien, welches ein schamloser Klerikalismus zu einer äußerst widerlichen offiziellen Heuchelei verurteilt, würden allein genügen, den klaren Beweis zu erbringen, wie ohnmächtig gewisse Bestrebungen nach unbekannten Genüssen, nach neuen Empfindungen sind, welche die menschliche Natur zu geben unvermögend ist. Zu diesem Schlusse sind wir aber nicht als die Ersten gelangt, sondern schon gar viele vor uns haben diese Bemerkung gemacht. Viele vor uns und unter ihnen an erster Stelle Nicolas Chorier, der weise französische Rechtsgelehrte, als er unter dem Pseudonym eines Jean Morsiers seine sotadische Satyre über die Geheimnisse der Liebe und der Venus veröffentlichte.

*) Ils enclavent à Judith, Rosamon et Dorothée . . .

*) **Schwester Besoque sah man in dem Getümmel . . .**

21. Illustration zu Voltaire's La Pucelle

*) Dans le tumulte, on voyait soeur Besoque . . .

*) **Zu spät kehrt er zurück! . . .**

22. Illustration zu Voltaire's La Pucelle.

»Es gibt gar viele Stellungen, — so schreibt er — welche man nicht verwirklichen kann. Und wären Glieder und Lenden derjenigen, welche sich zum Mysterium der geschlechtlichen Umarmung vereinen, biegsam bis über die Grenze der Einbildungskraft. Gewiss vermag die Einbildungskraft viele Stellungen zu schaffen, welche man nicht ausführen kann. So wie nichts die Wünsche feuriger Sinne aufzuhalten vermag, so ist auch einer geilen Phantasie nichts schwierig. Sie schleicht sich ein, wo sie will; auf jedem Weg, den sie einzuschlagen versucht, und sogar zwischen unzugänglichen Felsen entdeckt sie einen ebenen Pfad. Der Körper natürlich, welcher diese gleichen Vorrechte nicht genießt, ist nicht imstande, die guten oder bösen Erfindungen des Geistes auszuüben.«**)

Resumieren wir:

Alle Wissenschaft über die geschlechtliche Vereinigung ist uns von den Alten übergekommen.

Alles, was der menschliche Körper an wollüstigen Empfindungen zu geben vermochte, hat er gegeben: auf diesem Gebiet erziehend zu wirken, gleich als würde es sich um die Entwicklung der Muskeln zu einer erhöhten Geschmeidigkeit und Geschicklichkeit handeln oder etwa zur Angewöhnung einer erhöhten Widerstandskraft, einer größeren Leistungsfähigkeit, ist ausgeschlossen.

Alles was die hier wiedergegebenen Bilder uns unter den mannigfachsten äußeren Formen zeigen werden, ist nichts anderes als die Anpassung der klassischen

---

*) Las! Il revient trop tard . . .

**) Il y a beaucoup d'attitudes qu'on ne saurait réaliser, les membres et les reins de ceux qui s'accouplent pour les mystères du baiser, fussent-ils élastiques au delà de ce que l'on peut imaginer. Certainement, il vient à la pensée beaucoup plus d'attitudes qu'on n'est capable d'en exécuter. Comme rien n'arrête les désirs des sens ardents, rien, non plus, n'est difficile à une imagination lubrique. Elle se glisse où elle veut, par tout chemin qu'elle essaie, au milieu même des rochers inaccessibles, elle découvre une plaine. Le corps qui n'a pas les mêmes privilèges, ne peut réaliser toutes les inventions bonnes ou mauvaises de l'esprit.

Stellungen der Alten an den Geschmack und die Idee der betreffenden Zeitperiode, ist nichts anderes als die Interpretation aller lasziven Stellungen, welche dem ganzen Altertum bekannt waren, ausgeführt von den Adepten einer raffinierten Zivilisation.

Die Wahrheit spricht der Mund jenes jungen Geschöpfes im Kostüme der Zeit Ludwig des Dreizehnten, welche, während sie ihre silberne Schale an dem jungen Männekenpiß füllt, uns ohne Umschweife erklärt:

»Ambrosia, Necktar und Lethe, Ihr
schönen Nereiden,
Von diesem Hahne allein fließet der
Göttertrank.«*)

Der Trank der Liebe, aufgefangen am Hahne der Liebe! Es hat den Anschein, daß sich in dieser Erklärung die ganze Gesellschaft der »Précieuses« begegnet.

)Seine unverschämte Hand schickt sich an, unter den Rock zu gleiten . . .**

23. Illustration zu Voltaire's La Pucelle.

Dieses Buch, ein kostbarer Beitrag zur Geschichte der erotischen Darstellung im Bilde (so wollen wir es nennen, da ja dem Kind ein Name gegeben werden muß), wird uns die Pforten zu allen verborgenen Geheimnissen der Gesellschaft des achtzehnten und neunzehnten Jahrhunderts erschließen und wird uns darüber aufklären, was uns die Gegenwart nach einem Künstler von der Grösse und Macht eines Rops zu bieten vermag.

Viel besser noch als wir es irgend zu tun vermöchten, werden diese Bilder in scharfer und packender Weise jene tiefen Gegensätze zu definieren bestimmt sein, welche die beiden Epochen voneinander trennen; die Gegensätze zwischen der Anmut, dem unvergleichlichen Liebreiz der verliebten Wollust des achtzehnten Jahrhunderts und der derben, oft abstoßenden Tendenz des neunzehnten Jahrhunderts bis zu dem Tage, an welchem sie sich durch philosophische Betrachtung oder extreme Originalität darüber erheben wird.

So kann man sagen, daß der Erotismus unter verschiedenen Formen in diesen

*) Léthé, Nectar, Ambrosie, o belles Néreïdes
Le breuvage des dieux vient de ce robinet.

**) Il va, glissant une insolente main sous les jupons . . .

Heinrich IV. und die schöne Gabrielle.

24. Diese Lithographie gehört zu einer Serie ähnlicher Motive, welche unter dem Titel »Les Rois de France« bekannt ist. Diese Serie kleineren Formates ist der großen Serie nachgebildet, nur manches Detail gemildert, so befindet sich in diesem Bilde der »roi vert« an der Pforte des Heiligtums, während er auf dem gleichen Bilde der großen Serie tief in dieses eindringt.

zwei Jahrhunderten als ein wichtiger Faktor der intimen Sitten angesehen werden muß. Diese ganz spezielle Darstellung im Bilde gibt somit nur einen gewissen Zustand der Seele — so will ich es nennen — wieder, indem sie auf dem einen Blatte uns Orgien vorführt, wie sie gewissen Gesellschaftsklassen eigen sind, und, wenn es nottut, nicht davor zurückscheut, gewisse bekannte Persönlichkeiten an den Pranger zu stellen, wie etwa in den beredten Polizeirapporten des Monsieur Piton, in seinem »Paris unter Ludwig XV«; auf anderen Blättern wieder die galante Literatur illustriert und interpretiert, kühn dort die Geschlechter aufdeckt, wo diese sie nur durchblicken ließ; an anderer Stelle sich wieder der erotischen Literatur in der Darstellung möglichst scharf pointierter Szenen extremer Ausschweifung bedient, um für immer einen König oder eine Königin, welche von ihrem Piedestal bereits herabgestiegen waren, oder einen ganzen Hof oder ein monarchisches Regime in den Kot zu stürzen und ihr Ansehen ein- für allemal bei den kommenden Generationen zu vernichten; an anderer Stelle endlich in erotisch-komischer Weise Götter und Göttinnen in ihren klassischen Stellungen vorzuführen.

Policinell und Arlequin.

25. Karikatur, gegen Mme de Polignac gerichtet. Es ist bekannt, daß zahllose erotische Blätter über die Freundin Marie Antoinette's im Umlauf waren. Man schrieb ihr jedes mögliche Laster zu und zeigte sie in den schamlosesten Stellungen. Polichinell behandelt sie im vorliegenden Bilde gleich der niedrigsten Dirne, da der geschilderte Vorgang als Ausdruck grenzenloser Verachtung gilt.

*)**Wie sich's geziemet, daß jedes Mädchen komme zu Fall . . .**

26. Illustration zu Voltaire's La Pucelle.

Dieser Geist der Mißachtung, des Spottes, extremster Verleumdung im erotischen Bilde wird sich im neunzehnten Jahrhundert in noch weit vollendeterer Entwicklung zeigen. Alles wird dann herangezogen werden: Menschen, Dinge, Kunst und Literatur, Phantasie und Tagesneuigkeiten, alles wird erotisch interpretiert. Der Ruhm, die Helden, Napoleon I., ebenso die Könige von Frankreich, alle bedeutenden Männer, alles alles wird seines Ansehens, seines Glanzes, seines Gepränges entkleidet und nackt in schlüpfrigen Stellungen gezeigt, beschäftigt mit der Vollziehung jener Akte, welche jeder gewöhnliche Sterbliche ausführt, und alles nur, um sie noch besser von ihrem Piedestal stürzen zu können. Man will nämlich immer mehr und mehr den Gedanken in das Bewußtsein der Massen dringen lassen, daß es vornehmlich die Regierenden sind, deren Sitten am meisten verderbt und deren Ausschweifungen die ärgsten sind.

Im achtzehnten Jahrhundert mußte erst die Revolution kommen, um aus dem erotischen Bild eine so fürchterliche Waffe gegen das neue Regime zu schaffen, im neunzehnten Jahrhundert hingegen ist die Arbeit der erotischen Karikatur eine konstante, gewissermaßen eine regelmässige: sie bemächtigt sich nicht nur aller Situationen, sondern sie gestaltet selbst das Sentimentalste und das Romantischeste zu extrem realistischen Szenen um.

---

*) Comme il faut que tombe toute fille . . .

*) **In dieser Verwirrung ohne Grenzen sah der gute König Karl All das tun, was er einst so sehr geliebt . . .**

27. Illustration zu Voltaire's La Pucelle.

*) Ce bon roi Charles, en ce désordre extrème
Voyait tout ce qu'il avait aimé.

28. **Illustration zu einem erotischen französischen Roman des siebzehnten Jahrhunderts.**

Da wird auch Monsignore Satan in eigener Person erscheinen und, von den reichen Mitteln, die ihm zur Verfügung stehen, unterstützt, sich allen Arten wahrhaft schwindelerregender Diablerie hingeben. In diesem Jahrhunderte werden sich hinter Türen und Fenstern, welche mit der größten Leichtigkeit zu öffnen sind, üppige Szenen der Liebe abspielen, gleich als befänden sich die Liebenden ganz ungestört und vor jedem indiskreten Auge sicher hinter geschlossener Tür. Daneben werden die klassischen Stellungen des Aretin jedem Geschmack angepaßt, während das Objektiv der Photographie in Tätigkeit tritt und die Liebespaare in ihrer Tätigkeit wiedergibt und bis zur Unendlichkeit die schon bekannten Motive immer weiter verbreitet, in den Grenzstädten jedermann kleine Bildchen — Visitkartenformat genannt — in die Hände drückt, auf welchen man die Helden des Tages und alle Großen der Erde verewigt sieht.

Von diesem Augenblick an tritt dann eine scharfe Trennung in der Darstellung des Erotischen im Bilde ein, welche sich nach zwei Richtungen hin teilt: die eine bildet ein historisches Dokument, die andere hingegen produziert nur das klassische wie auch das gemeine Bild zum Gebrauche kleiner junger Leute und impotenter Greise.

So betrachtet denn, ihr Männer, diese Blätter mit dem Lächeln des Philosophen; ihr Kinder aber rühret nicht daran!

Satyriasis.

29. Mit der kalten Nadel radiert von Félicien Rops.

Zweites Kapitel.

Die erotische Darstellung im Bilde während des achtzehnten Jahrhunderts.

I. Die Devise des achtzehnten Jahrhunderts: Lieben. Die leichtgeschürzte Muse: Le Morceau d'Ouverture, La Marmote, Le Joyau qui surnage. Trop et pas Assez. — II. Die Ballone und Rundungen: Vollmonde und Kugeln. Alle Welt »in der Luft« Flöten und Venusmuscheln. Erotische Bilder auf Tabatièren und Dosen. Erotische Bilder in den kleinen Almanachen. Die erotischen Bilder zu den Contes de la Fontaine und zu La Pucelle von Voltaire und zur erotischen Literatur des Tages. Das typische Werk: La Foutro-Manie. Das Forschen nach einem Dokumente, um der Nachwelt die wollüstigen Bilderkompositionen zu überliefern. — III. Orgiastische Szenen: Thérèse philosophe. Die Romane des Marquis de Sade. Der Sadismus. Die Wissenschaft im Aufbau obszöner Gruppen. Das erotische Theater. Die Geschlechtlichkeit in der Ausübung. — IV. Die Ausschweifungen der vornehmen Herren, der Generalpächter, der kirchlichen Würdenträger. Die Serails, die pornographischen Klubs. Die Onanie, Tribadie, Päderastie, Flagellation, obszöne Gruppen, im Bilde festgehalten. — V. Die erotische Darstellung im Bild als ein Mittel der Satire und Karikatur in der französischen Revolution. — VI. Unflätige Pamphlete auf die Königin, den Hof und die Personen vom Tage.

I.

Was wollte das achtzehnte Jahrhundert? — Lieben.

Man kann mit gutem Rechte sagen, daß dieser Wunsch voll und ganz erfüllt wurde, denn das achtzehnte Jahrhundert liebte bis zum Ende überall und in allem.

Vor allem liebte es in Wirklichkeit, was nicht gerade als die unangenehmste Form aufgefaßt werden kann.

30. **Illustration zu einem erotischen französischen Roman des siebzehnten Jahrhunderts.**

Sodann liebte es in der Kunst, in der Literatur, in seinen Liedern.

Die Moral, das Leben und Handeln nach den Grundsätzen, welche man unter dem Namen Moral zusammenzufassen pflegt, das überließ man dem kleinen Manne.

Das achtzehnte Jahrhundert — und damit meine ich die Gesellschaft, welche denkt und lebt, die feinen hochgebildeten Geister ebenso wie den einfachen Schmarotzer — hatte sich in seiner Art gar lange schon vor der Revolution emanzipiert.

Es hat sich über die Vorurteile hinweggesetzt, es hat sich aus dem Bannkreise der Moral, aus dem Bannkreise ererbter Gedanken entfernt und hat sich für seinen eigenen Gebrauch eine ganz individuelle Art zu leben geschaffen.

Das achtzehnte Jahrhundert fand das Leben unter gewissen Bedingungen angenehm und zog daraus nicht ohne Grund den Schluß, daß nur ein unvernünftiges Tier in einem solchen Falle sich nicht glückliche Tage schaffen würde. Merkwürdig genug und bisher noch nie bemerkt: es gelang ihm, seine Anschauung allen einzuimpfen, welche in ihm lebten. Sowohl jener Auslese der Geburts- und Geistesaristokratie, wie auch dem Bürger, dem kleinen Kaufmann, dem Handwerker, ja selbst der Landbevölkerung. Von oben nach unten, vom Niedersten bis zum Höchsten war alle Welt von dem einzigen Wunsche beseelt — zu lieben!

Colin und Colinette bestrebten sich, einen ganzen Apparat äusserlicher Sentimentalität zu konstruieren, welche keinen anderen Wunsch hatte, als auf dem üppigen Rasen zu Falle zu kommen.

Während nun die Emanzipierten untereinander Gesellschaften der Liebe gründeten, jene sehr aufregenden Gesellschaften, deren Geschichte M . . . . a geschrieben hat, deren Statuten, deren Glaubensartikel er uns schildert, praktizierten die Bauern auf dem Lande in bedeutend vergröbertem Maßstabe die Contes de la Fontaine.

Wollüstige Bilder, schlüpfrige Romane, eine mehr als leicht geschürzte Muse, alles dies führte natürlich zu einer erotischen Darstellung im Bilde, welche, fern von dem Bestreben etwas zu verschleiern, nur von dem Wunsche beseelt war, jedem Dinge seinen Platz anzuweisen, das heißt, »die kostbaren Werkzeuge« und die »unschätzbaren Kleinode« erscheinen zu lassen. Jene Werkzeuge, welche

***) Das Räucherwerk, die drei Blüten, dieser Hintern**
Erheitern Karl; nieder kniet er zum Gebet . . .

31. Illustration zu Voltaire's La Pucelle.

---

*) Cet encens, ces trois fleurs, ce derrière amusent Charles; il se met en prière.

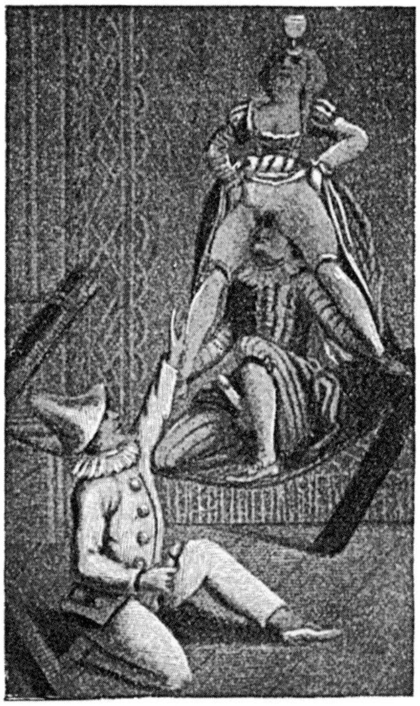

Die Akrobaten.

32. Illustration zu einem erotischen französischen Roman des siebzehnten Jahrhunderts.

nichts anderes begehren, als zur Hand genommen zu werden und gehörige Leistungen zu vollbringen, und jene Kleinode, welche tausende von indiskreten Augen eingehend beschauen.

Obwohl dem achtzehnten Jahrhundert die Photographie nicht zur Verfügung stand, wußte es doch glücklicherweise sein Objektiv sogleich vor diesen beiden wunderbaren Instrumenten aufzustellen. Es versteht zu pflanzen. Ist das nicht so, als ob die Natur selbst ein Werk schüfe? Und die Frauen, sind sie nicht dazu geschaffen, wie Restif de la Bretonne es uns in allen Tonarten unzählige Male wiederholt, auf den Rasen niedergeworfen zu werden?

So zeigt sich denn ein Schenkel nach der einen Seite, der andere nach der andern und der Schatz weit geöffnet. Die Frauen begehren ja nichts anderes, während die Männer als geschickte Schiffahrer so zu manövrieren wissen, daß sie den Hafen der Liebe bald und sicher erreichen.

Schenkt man den Dichtern Gehör, so hört man nichts anderes als Liebesarznei, Liebesfieber, Liebestrunkenheit, Liebesexstase, doppelte Trunkenheit und doppelte Exstase, soweit es eine einfache und doppelt starke Tinte der Petite Vertu gibt. Da gibt es keine anderen Ausdrücke als Berge unbefleckten Schnees, Rosenknospen, vollendeter Traum, galantes Horoskop, im Sturm genommene Festung.

Alle diese Schönen haben eine deutliche Vorliebe für Musik und keine von ihnen verheimlicht ihre Vorliebe für jenes Morceau d'Ouverture (Das Eröffnungslied), für das Stück, welches sie so gern zu wiederholen pflegen und, wenn es wiederholt wird, nie sagen, daß sie genug haben. Alles was dieses Morceau d'Ouverture an Gefühlen erregen kann, sagt uns der galante Dichter in den folgenden Versen:

Le Morceau d'Ouverture.

Damon . . . . me dit du ton le plus doux:
Tenez, ma charmante voisine,
Votre Voix est vraiment divine.
Faisons un accord entre nous.
J'y consens . . . je perds la mesure.
Et je m'écrie avec chaleur:

Dieu! il me va jusqu'au coeur
Ton Morceau d'ouverture.

* *
*

Belles jalouses des plaisirs
De la jeune et tendre Angélique,
Laissez-là le triste cantique
Et pour mieux charmer vos loisirs,
Moins à la voix qu'à l'encolure,
Choisissez votre précepteur,
Prenez d'un nerveux chanteur
Le morceau d'ouverture.

33. **Erotische Karikatur zu Voltaire's Bajazet.**

Das Eröffnungslied.

Damon sprach zu mir voll Liebe:
Vernehmet, liebliche Nachbarin,
Gar göttlich ist Eure Stimme, herrlich!
Laßt mit meiner sie erklingen
Ja . . . Doch bin ich aus dem Takte gleich
Und rufe mit gar vieler Wärme:
Bei Gott, bis zum Herzen gehet mir
Dein herrliches Eröffnungslied!

* *
*

Ihr Schönen, die Ihr neidet die Freuden
Der lieblichen Angelika,
Laßt ab von Euren traurigen Liedern,
Und besser zu genießen Eure Muße
Achtet der Stimme nicht so sehr,
Wenn den Lehrer ihr wählet für Euch:
Einen kräftigen Sänger nehmet,
Wenn Ihr singet Euer Eröffnungslied.

Alle diese überschwänglichen Ausdrücke, welche uns in der Literatur begegnen, wie sie früher zitiert wurden, jenes Morceau d'Ouverture, sie alle wurden von der erotischen Darstellung im Bild in der deutlichsten Weise übersetzt. Ein weiteres, besonders beliebtes Sujet sind die betrogenen Ehemänner. Sie werden dargestellt, wie man sie unter ihrer Nase und vor ihren Augen in der deutlichsten Weise betrügt.

Schon im siebzehnten Jahrhundert taucht die Maxime auf, welche der Dichter in den folgenden Versen verewigt hat:

. . . . souffre que je t'imprime
Cette belle maxime
Qu'aussitôt qu'un mari tourne un moment le cu,
Il est cocu.

Der Böttcher.

34. Vignette zu einer erotischen Illustrationsserie für La Fontaine's Contes (Gravelot zugeschrieben).

. . . . gestatte, daß ich dich lehre
Diesen schönen Satz,
Daß, wenn einen Augenblick der Gatte
wendet den Kopf,
Er schon betrogen ist.

So haben wir denn Bilder, welche uns das Liebespaar in Tätigkeit vorführen, und Gedichte, welche dasselbe tun, Gedichte, welche sozusagen das ohnedies so deutliche Bild, das die Handlung selbst darstellt, noch weiter ausführen und erklären. So schreibt ein Dichter an eine Schöne:

Vous me priez toujours de vous faire des
vers;
Je vous l'ai dit vingt fois, Madame, en
bonne prose;
Je les ferais tout de travers;
J'aime mieux vous faire autre chose.

Verse soll machen ich Euch, so flehet Ihr
stets;
Wie oft doch sagt' ich, schöne Frau, in
Prosa,
Daß mißglücken sie würden ganz.
Was Andres möcht' ich viel lieber Euch
machen!

Und diese andere Sache ist es, welche die erotische Darstellung im Bilde stets in voller Tätigkeit im Verein mit den Kleinodien der Liebe darstellen wird.

Da gibt es ein Jou-Jou der Demoisellen, ein Jou-Jou der Messieurs und es sind dies außerordentlich galante, um nicht zu sagen erotische Werke. Es gibt Kuriositäten und Schaukästen für Damen und es sind Bilder, welche nichts verheimlichen, sondern alles zeigen.

Diese Verse, diese Bilder geben ein ganz außerordentlich genaues Bild der Zeit, so wie wir es weiter unten im Theater der Liebesgesellschaft wiedersehen werden.

La Marmotte — Le Joyau qui surnage — Trop et pas assez bilden eine erotische Dreieinigkeit in der französischen Literatur des achtzehnten Jahrhunderts, welche gar manchem Bilde zum Vorwurf gedient hat. Was la Marmotte betrifft, so war dieses Gedichtchen, welches in den folgenden Zeilen im Original und in der Uebersetzung Raum findet, von hervorragender Bedeutung und wird es wohl auch bleiben. Es ist dasselbe kleine Murmeltier, dem wir im ersten Kaiserreich das Bildchen: La Montreuse de Marmotte verdanken. Es erklärt sich vollauf von selbst. Hier nun der Text:

La Marmotte.

Ma petite Marmotte est faite au badinage:
Quoiqu'elle ait pris naissance en un pays
sauvage,
On peut aisément l'approcher;
Et lorsqu'une main caressante
La flatte et daigne la toucher
Elle est docile et complaisante.
A peine ai-je pourtant de quoi
Me nourrir de pain noir, de fruits et
de laitage;
Tandis que mainte Iris, plus heureuse
que moi,
A dans le même goût gagné son équipage.

Das Murmeltier.

Mein Murmeltierchen liebt Scherz und
Neckerei,
Obwohl in fernen Landen es geboren,
Kann man leicht sich ihm nahen;
Wenn sanft eine Hand es liebkost
Ihm schmeichelt und es berührt,
Willfahret es gelehrig gern,
Doch sättigen kann ich mich kaum an
Brot und Wasser,
Wo andre Dirnen, glücklicher als ich,
In gleicher Weise gewinnen Kutsch'
und Pferd.

Die Stute des Gevatters Peter.

35. Vignette zu einer erotischen Illustrationsserie für La Fontaine's Contes (Gravelot zugeschrieben).

Dieses Mädchen, welches das Vergnügen um seiner selbst willen liebt, ist ja wohl eine Seltenheit, nach der man heutzutage vergebens suchen würde.

Hier nun das zweite aus dieser erotischen Dreieinigkeit: „Le Joyau qui surnage" (Das Kleinod, daß nicht sinkt). Man möge in der Lektüre der Verse selbst das Amüsante der Situation durchkosten.

Le Joyau qui surnage.

Un jeune gars entre deux jouvencelles
S'ébaudissait près d'un profond ruisseau,
Quand tout à coup à l'une des femelles
Le pied manquant, elle tomba dans l'eau;
L'amant, touché, craignant pour Isabeau
Plonge aussitôt, et ramène la belle,
Pendue après sa joyeuse allumelle,
Bien rencontré! l'égrillarde a raison
Reprit alors sa compagne fidelle,
Car tel joyau ne va jamais à fond.

Mazet de Lamporecchio.

36. Vignette zu einer erotischen Illustrationsserie für La Fontaine's Contes (Gravelot zugeschrieben).

Das Kleinod, welches nicht sinkt.

Ein Junge mit zwei frischen Dirnen,
Am Rande eines Baches sich erging,
Als plötzlich eins der beiden Mädchen
Strauchelte und ins Wasser fiel.
Voll Sorg' um Isabeau, sprang
Ins Wasser der Geliebte, tauchte,
Und bringt glücklich ans Ufer sie,
Die an sein Glied sich ängstlich klammert.
Recht so! — Ruft die andre da —
Denn nie wird solch ein Kleinod sinken.

In der erotischen Illustration verzeichnen wir dies unter den kleinen Nachrichten. Ein Gegenstand, der stets zum Lachen reizen wird, ist wohl auch der Juwelenhändler, der Wechselschmuck, der Probeschmuck, Viel und nicht Zuviel, — kurz für jede Neigung ist gesorgt. Ein Beispiel möge dem Leser zur Erläuterung dienen:

Trop et pas assez.

Un bon marchand prit pour femme une veuve,
Veuve gentille et de bon appétit;
Or, désirant, le soir, lui donner preuve
De son amour, il fut tout étourdi:
O ciel, dit-il, ô quelle chose étrange!
Mais . . . . on dirait une porte de grange!
La veuve, alors, lui répondit: Mon Dieu!
Pour plaire à tous faut être bien habile!
Feu mon mari, quand il hantait ce lieu,
Trouvait toujours la route difficile.

Zu viel und zu wenig.

Eine Wittib nahm ein biederer Kaufmann zur Frau
Ganz hübsch und von gar gutem Appetit.
Des Abends drauf wollt' seine Lieb' er zeigen
Und seine Kraft, doch ganz verwirrt er rief:
Himmel! Was ist dies? Nicht kann ich's fassen! Bei Gott!
Ein Scheunentor könnt' nennen man's mit Recht!
Das Weibchen drauf erwidert ganz gekränkt:
Mein Gott! Schwer ist's jedem zu gefallen!
Gar eng dünkt' meinem ersten Mann dies Tor!

Die Dichter inspirierten auf diese Art die Maler. Bestand dadurch nun zwischen Dichtung und Malerei nicht ein stiller Vertrag?

II.

Lassen wir nun das erotische Bild des XVIII. Jahrhundert an uns vorüberziehen, welches ein klerikal angehauchter Autor das Eros-Jahrhundert zubenannt hat. — Die Tage des auf die schlafende Venus lauernden Satyrs sind vorbei, sie sind fast ebenso entschwunden wie die so typische ergebene Frau, jene Frau, die tanzt wie der Mann pfeift, der ihr das schlummernde Kindlein in der Wiege zeigt. — Was ist wohl die Frau, die ihrem natürlichen Triebe folgt, anderes als das Dokument für gewisse intime Beziehungen, für die Art der damaligen Wünsche, denen sie gehorsam nachkam. — Man kennt die zwei Brunnen, die zwei Behälter von einst (denjenigen, den die Frau füllt und ihren, den sie sich ergießen läßt). Ebenso bekannt sind die zwei Quellen und die Flatterrose.

37. **Vignette zu einer erotischen Illustrationsserie für La Fontaine's Contes (Gravelot zugeschrieben).**

— — — — — — — — — — — — — — — —

La meunière contente de son devant
En arrière regarde d'où vient le vent.

— — — — — — — — — — — — — — — —

Die Müllerin vergnügt ihr Bäuchlein klopft,
Wendet sich und lugt, woher der Wind wohl kommt.

Immerhin gehören Momente, wie jener, in dem eine Frau dargestellt ist, wie sie gerade ihre Notdurft verrichtet, in das bezeichnende Gebiet der reinen naturalistischen obzönen Fantasie, welche allerdings über Sitten und Gebräuche unterrichtet. Die Frau, welche einen halbwüchsigen Burschen zu Dienstleistungen ihrer intimsten Toilette heranzieht und die den Wasserkrug durch ein Kind halten läßt, ist jedenfalls ein Kuriosum, welches uns zeigt, daß intime Toilettebedürfnisse bei gewissen Frauen schon damals usuell waren. — Die adelige Jugend wurde gerne zu solchen pikanten Diensten herangezogen. Ein galanter Abbé geht so weit zu sagen: «Kleinigkeiten (Mignardise) für unsere Kleinen».

38. **Vignette zu einer erotischen Illustrationsserie für La Fontaine's Contes (Gravelot zugeschrieben).**

Die Frau, die sich in einer solchen Situation zeigt, scheint ihres Erfolges sicher zu sein über jene, die sie gebrauchen werden, dank ihres rundlichen Posterieurs. Der Vollmond, den Graf Caylus so gerne befühlt, wird in seinen Poesien mit Begeisterung besungen. — Ja, der Vollmond, die Ueppigkeit, die dem XVIII. Jahrhundert so lieb, und die beiden Hemisphären, die sich im Wettkampf überbieten und ganz besonders die Ballons werden alle Köpfe verdrehen.

Das Jahr 1784, ein Markstein in der Eroberung der Lüfte, wird auch ein markanter Moment in der erotischen Illustration sein. Das Teleskop in der Hand werden alle ihre Nasen in der Luft haben. Die Schönen klettern nun auf die Mauern und die Röckchen fliegen. Da die Kleinen keine netten Höschen tragen, zeigen sie freimütig alles, was eine schöne Frau zeigen kann. Die ganze Welt läuft dem feisten Planiglobium nach. Seltenheiten und Kuriositäten sind zu besehen, wie man deren früher niemals sah. Die erotische Illustration nimmt daran teil und wie sie Priapus seinem Gefängnis entspringend darstellt, eröffnet sie nun allen Seltenheiten, Kleinodien, Schätzen die feurigen Lippen.

Binet zeichnete für die fliegenden Männer von Restif de la Bretonne einen Victorin, seine Christine entführend. Um nun dem Auftrag eines geilen Finanzpächters nachzukommen, entkleidete der Maler die zwei Personen und ließ das männliche Glied auf dem Venushügel ruhen. Ich bitte diese seltsame Situation zu glauben. Die Bilder werden uns im übrigen die ganze Welt gleich Vögeln durch die Lüfte ziehend darstellen. — Hier wird ein junger Physiker seine Liebeleien destillieren, ein anderer Liebesbrünstiger wird seine Geliebte in einem geschwellten Ballon entführen, der Vater segelt den Flüchtigen nach, großes Intermezzo in den Lüften. Alles wimmelt von Ballons, ja sogar Duelle werden in den Wolken ausgetragen. Die Liebe in den Höhen betrieben, läßt es nun natürlich erscheinen, daß Röckchen und alles, was drum und dran ist, in der Luft fliegt. Man spricht nur von Cytherens Hügel, nackt prangt die Liebeskugel, die stets jedem kecken Phallusträger geöffnet ist. Man muß nur sehen, was mancher treibt, während er in den Lüften umherschwebt. Mit den Fallschirmen wird es noch viel feiner.

Leicht beschwingte Grazien schießen durch die Lüfte und zeigen den begeisterten Bewohnern des Palais Royal, des Louvre die heimlichsten Kuriositäten und lassen sie für einen Louisd'or bewundern. Bei den Frauen in den Häusern dagegen wird man nur mehr durch den Rauchfang eindringen.

39. **Vignette zu einer erotischen Illustrationsserie für La Fontaine's Contes (Gravelot zugeschrieben).**

Toujours poussé par un bon vent
Et soutenu par l'atmosphère,
J'arrive je ne sais comment,
Sur le logis de ma bergère.

Ne craignons plus rien des jaloux,
Je sais où faire mon entrée,
Iris, j'arriverai chez vous
En passant par la cheminée.
Grâce à cet art de nos Argus
Les soins vont être superflus.

Von günstigem Winde leise getrieben,
Von lauen Lüften stetig getragen,
Gelang ich endlich, weiß nicht wie,
Zum Giebel von meines Liebchens Haus.

Eifersucht fürchten wir nicht mehr,
Weiß ich doch einen neuen Weg
Zu dir, Iris, mein süßes Lieb:
Und komme durch den Kamin herab,
Kein Argus ist dieser List gewachsen,
Keiner Vorsicht bedarf es mehr!

Auf dem Hügel von Montmartre ist die Zentralstelle der Ballon-Omnibusse etabliert und das Bild zeigt uns, wie Personen aufgeblasen werden, andere, die sich für Irrigationen bereit machen, um leichter zu werden und so die Möglichkeit zu haben, sich in die Lüfte emporzuschwingen. Die Irrigationen, welche Frauen anzuwenden pflegen, sind überhaupt ein beliebtes Motiv für die erotische Illustration: wir begegnen diesem Sujet in galanten Erzählungen, wie bei La Fontaine und bei Piron.

Jahre hindurch wird man die Reize des »en l'air« besingen. Eine zukünftige Poesie wird gerne folgende Reime einem Luftschiffer zuschreiben:

Sans cesse entrant dans ma nacelle,
Avec moi voguant de concert,
Il faut que, pour charmer sa belle,
Mon amant soit toujours en l'air.

40. **Vignette zu einer erotischen Illustrationsserie für La Fontaine's Contes (Gravelot zugeschrieben).**

Immer aufs neue dringt er in meine Gondel,
Schwebt dahin mit mir voll Harmonie,
Denn, auf daß sein Mädchen er bestricke,
Auf der Höh' muß der Geliebte sein.

Was will man noch mehr, was können die Adepten einer Literatur, die nur auf diesen Momenten basiert, noch mehr verlangen?

Zur Anbringung von pikanten Malereien boten sich drei Gebrauchsgegenstände dem kundigen Künstler.

Erstens: Tabatièren und Dosen.

Zweisten: Taschenkalender.

Drittens: Die Erzählungen von La Fontaine, la Pucelle von Voltaire und andere rein erotische Dichtungen.

Die Tabaksdose ist ein Gebrauchsgegenstand von unbedingter Notwendigkeit für einen Weltmann, ja er muß deren sogar mehrere in seinem Besitze haben.

Man zeigt sie vor, sie gehen von Hand zu Hand und die Frauen beschauen sie mit gar neugierigen Augen. Der Unterschied der Stände zeigt sich natürlich auch hier: Gouache- und Emailmalerei für die Vornehmen, bunte, ausgeschnittene Aufklebebildchen für die billigeren Dosen.

Schächtelchen zu allerlei Zwecken in den verschiedensten Größen sieht man in jedem galanten Intérieur, diese Art Nippes ist geradezu typisch für das Milieu dieser Zeit. So kann man in der Bibliothèque des petits maîtres die folgende Stelle nachlesen: »Haben sie schon die Bilder auf den Deckeln unserer kleinen Dosen gesehen, die äußeren sowohl wie auch die inneren, jene, welche sich den Blicken aller dartun, und jene, die nur für die Eingeweihten sind?« Die Deckel der Tabatièren und Dosen haben doppelten Boden, um indiskreten Blicken gar zu gewagte Bildchen zu entziehen.

Außen — Schelmerei.

Innen — tätige Liebe.

Auf dem äußeren Boden der Deckels gleichen die Sujets Liedern ohne Worte, reizenden Hüllen, die heimliche Reize ahnen lassen.

Auf dem inneren Boden, welcher sich nur auf einen bestimmten Druck dem Blicke zeigt, läßt die Darstellung nichts an Deutlichkeit zu wünschen übrig.

Wir sehen die Liebespaare in der Ausübung ihrer süßen Tätigkeit und selbst die geheimsten Reize bieten sich unserem Auge dar.

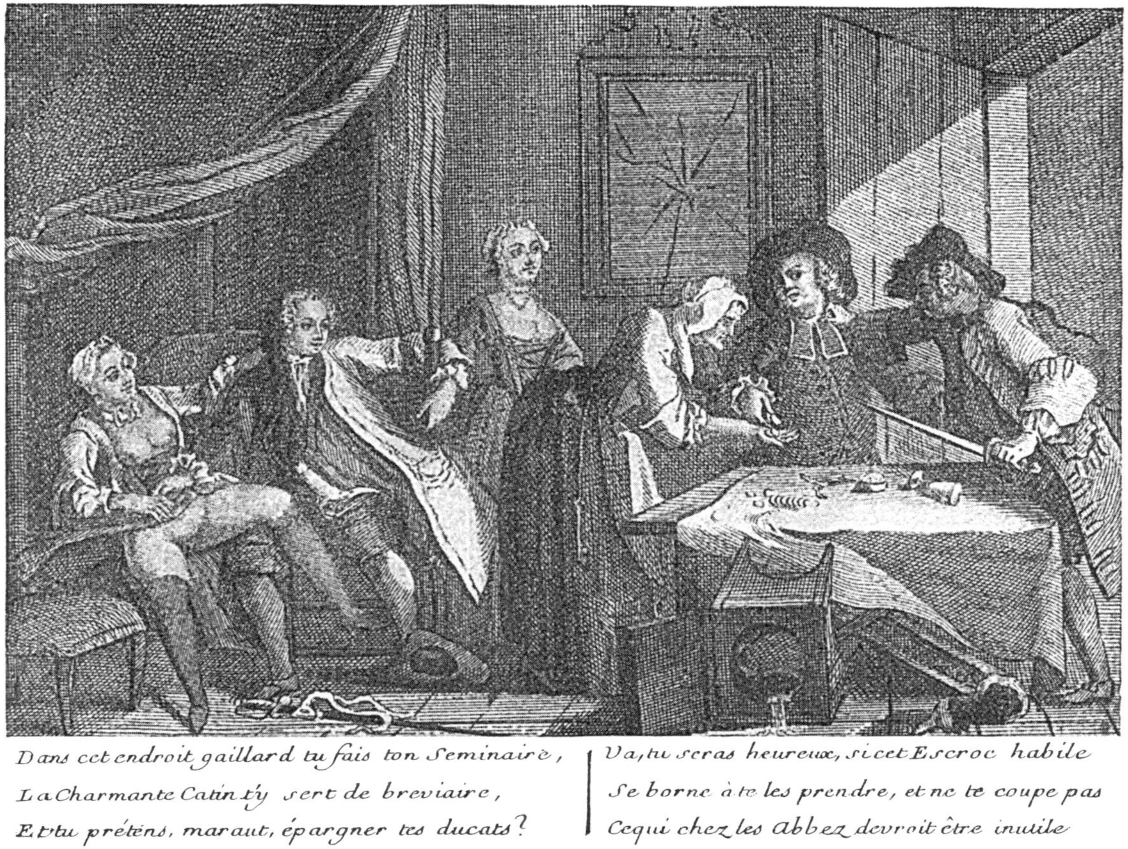

41. **Volkstümliches erotisches Blatt** (Kassettenfüllungen); dieselben existieren auch in dezenter Ausführung (couvertes).

42. **Vignette zu einer erotischen Illustrationsserie für La Fontaine's Contes (Gravelot zugeschrieben).**

Isabeau und Fanchan reiten auf einem Esel und in müdem Gähnen zeigen sie »la pièce curieuse«, so daß den Vorübergehenden der Mund gar wässerig wird.

Ein junger Abbé liest auf dem Venushügel, der sich freudig dem »frère perceur« öffnet, sein Brevier.

Soldaten ziehen ihre »Degen«, um die Dirnen eines Meierhofes erbarmungslos zu durchbohren, doch beruhigen wir uns, es wird kein Blut fliessen, »denn diese kurzen Degen nehmen nicht das Leben, sondern sie geben es«.

Beim Scheine eines hellen Kaminfeuers zeigt Isabeau ohne Scheu ein ganz reizend Ding, das von jeher den Opferflammen der Venus geweiht war, während ihr Geliebter hinter dem Vorhange voll Erregung es kaum erwarten kann, diese Opferflammen zu entzünden.

Hier werden Weintrauben gestampft, dort werfen sich lustige Abbés über ihre Schönen; ist die Tätigkeit nicht hier wie dort voll Natürlichkeit? Nur das Werkzeug ist ein verschiedenes, hier die Füße, dort der Phallus.

Hier überlassen es Liebende anderen, die kostbare Zeit mit »Hofmachen« zu vergeuden und wählen den viel kürzeren und besseren Weg, da es doch der einzige ist, welcher zum Ziele führt — und sollte auch alles zerreißen.

Hier wieder entkleidet Lissandre Phillis, schlagen wir die Seite um, so sehen wir, wie sehr er es sich angelegen sein läßt, sie ordentlich zu erwärmen.

Hier »spiest« ein Koch sein Wild auf, dort ein Galant sein Liebchen.

Hier ein Pärchen, das glücklich am Strande der Liebesinsel landet und allsogleich in die Gefilde seliger Freuden eilt. Es ist deutlich zu erkennen, daß der junge Galant bald die letzten Pfeile seines Köchers verschoßen haben wird. Hier entzündet der junge Léandre mit seiner heissen Hand alles, was er berührt, und Lison wird bald zum tätigen Vulkan werden. Oh, Reiz der geliebten Hand! -- wie Mirabeau sagt. Hier wieder sieht man Licidas sich so lässig und langsam neben seiner Schönen entkleiden, daß sein Rivale im Hintergrund vollauf Zeit und Gelegenheit hat, der Geliebten einen »unverrosteten Degen« zu bieten.

Vögel in Käfigen, denen man die Freiheit schenkt; als Gegenstück zeigt Alcipe seiner reizenden Silvie ein Vöglein, daß gerne wieder in seinen Käfig zurück möchte.

Dorante bietet sein Kleinod mit beiden Händen der Frau eines reichen Greises, während dieser seine klingenden Schätze zählt.

Hier ein kurzsichtiger Alter, welcher zu kurz kommt, da er die verborgenen Reize, welche Iris zeigt, nicht bemerkt.

Hier werden Fässer »angestochen«, dort Dirnen, aus beiden fließt himmlischer Nektar.

Dame Jeanne bügelt ihre Häubchen, während Doriment das Hemd von Dorise gar sehr zerdrückt, um seinen Weg ins Land der Venus zu finden.

Genügt dies noch nicht?

Iris vertieft sich in Eros' Portrait, das sie mit kunstvollem Pinsel malt, während ihr Gatte am Fuße des Bettes das Stubenmädchen aufs innigste umarmt.

Ein Dummkopf spielt Blindekuh (cache-cache-Mi-tout-là), läßt sich durch den verliebten Edelmann anführen, der die Gelegenheit aufs beste benützt.

43. **Vignette zu einer erotischen Illustrationsserie für La Fontaine's Contes (Gravelot zugeschrieben).**

Gegen Ende eines galanten Souper's werden alle Lichter ausgelöscht, da alle Gäste bereit sind, die Fakel der Venus zu entzünden.

Hier wieder fahren andere in einem Bote, (reiten, wäre vielleicht besser gesagt) nach dem seligen Hafen ersehnter Freuden. Blickt man genauer hin, so merkt man, daß sie von ihrem Ziele nicht weit entfernt sind.

Damon überrascht seine Iris im Schlafe und schickt sich an, ihr sein Schwert gefechtsbereit zu zeigen, damit sie sähe, daß es nach Arbeit verlangt.

Im fließenden Wasser badet Alcindor einem lustigen Fische gleich, bereit unter das Hemd der badenden Schönen zu schlüpfen.

Caline liegt hier im Stroh in gar gewagter Stellung und spricht zum dicken Guillot:

Contente ton envie:
Crains-tu de me donner la mort
Par où chacun reçoit la vie?

Befriedige deine Lust:
Fürchtest du mir da den Tod zu geben,
Woher jeder empfängt das Leben?

Endlich, denn alles muß ein Ende haben, hier nur mehr das Zifferblatt der Liebesuhr, auf welchem die menschlichen Zeiger die Schäferstunde anzeigen,

44. **Vignette zu einer erotischen Illustrationsserie für La Fontaine's Contes (Gravelot zugeschrieben).**

während alle anderen Stunden durch Venusmuscheln dargestellt sind, welche warten, bis an sie die Reihe kommt.

Eine ganze Galerie von lebenden Bildern, ein ganzes Museum voll Bewegung steckt in den Taschen der Kavaliere oder liegt zur Hand und auf den kleinen Tischchen, wie sie der Geschmack der Zeit geschaffen hat.

Der kleine Almanach, der Taschenkalender, für den in jedem Anzuge eine besondere Tasche vorgesehen war, wird in erotischer Beziehung eine andere Stellung einnehmen. Er wird eine ganz spezielle Stellung in bezug auf Format und Sujet der behandelnden Gegenstände haben.

Hier finden wir nicht das viereckige, ovale oder runde Format der Bildchen, sondern die Vignette mit zarter Umrahmung tritt nunmehr in ihre Rechte. Die Vignette meidet die Darstellung vieler Personen oder gar das erzählende Motiv in ihrer Darstellung.

Das Sujet bevorzugt das Pärchen entweder sitzend oder liegend auf Paradebetten oder auf dem Felde, wie es sich vollkommen entkleidet zum Liebeskampfe rüstet, oder etwa in voller Tätigkeit. Oft sind es akademische, erotische Stellungen, wenn der Ausdruck gestattet ist, bald wieder sehr natürliche oder klassische, kurz die ganze Tonleiter der extravagantesten Posen, die ganze Sinfonie der Küße und Liebkosungen. Sinnliche Stellungen stets graziös, herrlich, geschmeidig, würdig jener Zeit, die selbst in den sinnlichsten Akt etwas Keusches, Klassisches hineinlegen konnte.

Was heute leicht obszön wirkt und unter dem Pinsel des Malers und der Feder des Schriftstellers gar leicht abstoßend wird, hatte damals einen undefinierbaren Reiz der Natürlichkeit, sinnverwirrenden Liebesbesitz.

Oft sind auch die Personen etwas bekleidet; Draperien, zarte Schleier verhüllen leicht die Reize; sie sitzen auf Divans, Causeusen, Bergèren auf Ottomanen, alles Sitzgelegenheiten, die so verführerisch zu süßem Liebesspiel einladen.

Oft erblickt man im Hintergrund oder in irgend einem dunkeln Winkel, hinter einer halbgeöffneten Türe den typischen Zuseher, wenn es sich nicht wie in den Erzählungen Boccaccio's und La Fontaine's um besorgte Eltern handelt, welche die Liebenden mitten in ihren süßen Freuden überraschen; ein anderesmal ist es ein kleines Mädchen, das unschuldig mit ihre Puppe spielt und dabei Zeuge des anderen Spieles ihrer großen Schwester ist.

Das Teufelsspiel der heranwachsenden Jugend!

45. **Vignette zu einer erotischen Illustrationsserie für La Fontaine's Contes (Gravelot zugeschrieben).**

Was ist Wunderbares daran, wenn diese Stellungen im Bilde festgehalten wurden und in Gedichten besungen wurden. Bilder und Verse in kleinem Format gebunden gaben das Liebesbrevier und die hübschen Marquisen konnten nun mit diesem Brevier in aller Sammlung den kirchlichen Zeremonien und der Predigt folgen.

Dies ist buchstäblich wahr und ist durchaus kein logischer Gegensatz. Gott und der Teufel, die Messe und der Hexensabath — ein Sabath, der ja auch seine Messe hatte, la messe de Gnide.

Die kleinen Taschenkalender wurden durch galante erotische Almanachs ergänzt, eine wahre Schatzgrube für die von uns zitierten Bilder. Almanache, Kalender oder wie diese kleinen Bücher noch sonst heißen mögen, kamen um 1730 in Mode; hier seien einige von ihnen angeführt: l'Almanach du Mariage, l'Almanach Nocturne, l'Almanach perpétuel d'Amour, womit wir einige der noch relativ dezentesten genannt haben.

L'Almanach du Trou Madame, ein unschuldiges Spiel, um 1760 außerordentlich populär und beliebt, das natürlich zu ganz außerordentlich gewagten Stichen Veranlassung gab; diese laufen unter der Spitzmarke trou-trou.

Ferner der Calendrier de Vénus, Les Etrennes aux Fout . . . Les Aventures Parisiennes, Les Etrennes à Priape ou Recueil de Chansons foutro-énergico-lubriques, Le Calendrier d'Eros, Le Cadran des Plaisirs, bis endlich im Jahre 1791 l'Echo f . . . mane ou recneil de quelques scènes libres erschien.

Nach den Dosen und Almanachs könnte man glauben, daß dieses Thema endgültig erschöpft sei, doch ist dies durchaus nicht der Fall. Das ganze achtzehnte Jahrhundert strotzt von immer neuen Ideen auf diesem Gebiete, seine Literatur ist unerschöpflich an galanten Werken und eine geschlossene Reihe führt bis zu Marquis de Sade; vom natürlichen sinnlichen Genusse bis zum widernatürlichsten verbrecherischen Triebe, der nur in blutigen Orgien und im Anblick von Qual und Schmerz Befriedigung findet.

An Motiven zu schlüpfrigen und erotischen Bildern fehlt es wahrlich nicht.

In den Contes de La Fontaine, sowie in jenen von Boccaccio finden wir den gesunden, natürlichen, gallischen Witz. Hier finden wir feiste Weiber ohne Hinterlist, kurz die personifizierte Natur, nichts Perverses, nichts

46. **Vignette zu einer erotischen Illustrationsserie für La Fontaine's Contes (Gravelot zugeschrieben).**

Unnatürliches, die Freude an der Liebe allein und perverse Szenen sind dieser Erotik ganz fremd, und ist die natürliche Liebe nicht das gute Recht eines jeden Menschen? Voltaire, Diderot, Montesquieu und viele andere Große werden der natürlichen Liebe (l'Amour physique, wie Restif sie so treffend bezeichnet) ihre Achtung nicht versagen. So darf es uns nicht Wunder nehmen, daß eine ganze Literatur die Liebe als ihr vornehmstes Thema erkoren hat und in allen erdenklichen sinnlichen Genüssen schwelgt, die Dirne auf den Altar erhebt und den Leser in die Intimität der Bordelle einführt.

Literatur und Illustration zeigen uns ganze Folgen von geilen und sinnlichen Szenen. Hier L'art d'aimer (Die Kunst zu lieben) von Berhard, die Kunst jener lasziven Liebe, welche in L'Art de Foutre mit entsprechenden Illustrationen parodiert und bedeutend erweitert wird: eine stark gewürzte Tunke für einen faulen Fisch.

Hier Crébillon fils, der mit seinem Le Sopha commémoral das Vorbild zu einer reichen Literatur ähnlicher Werke schuf, deren unanständige Tendenz stets steigend war. Zu diesen gehören: Le Canapé couleur de feu, La Bergère ... de salon, offenbar um einer Verwechslung mit der Bergère des Alpes vorzubeugen, l'Ottomane couleur puce, les Amours de Zéo Kinizal roi de Cafirons, welche unter diesem Titel ganz einfach die Liebensabenteuer Ludwigs XV. schildern, la Nuit et le moment, wahres Rosenwasser im Vergleich zu den anderen, wenn man von einigen »freien« Bildchen absieht.

Ferner Thérèse Philosophe, das in der Zeit der Revolution 1791 Anregung zu Julie Philosophe gab, deren Schöpfer man mit einiger Sicherheit in Lucas Montigni vermuten dürfte.

Félicia oder Fredaines von Andréa Nerciat.

Von Mirabeau können und müssen wir anführen: l'Education de Laure, Ma Conversion, l'Entita Biblion.

Le portier des Chartreux wird dem strengen und kühlen Sénac de Meilhan zugeschrieben. Ferner die ganze Reihe der außerordentlich witzigen, beißenden Werke des Abbé's Dulaurens, l'Aretin moderne, in welchem die Bibel und die christlichen Sitten nicht eben gut davon kommen, wo der Sieur Godemiché in erbaulicher Weise die Erfindung eines Gegenstandes bespricht, welcher zur Erleichterung vieler strenger Klöster erfunden wurde.

Le Balai mit seinen achtzehn ultragewagten Gesängen, la Chandelle d'Arras eine heroisch-komische Dichtung äußerst leichtgeschürzt, illustriert

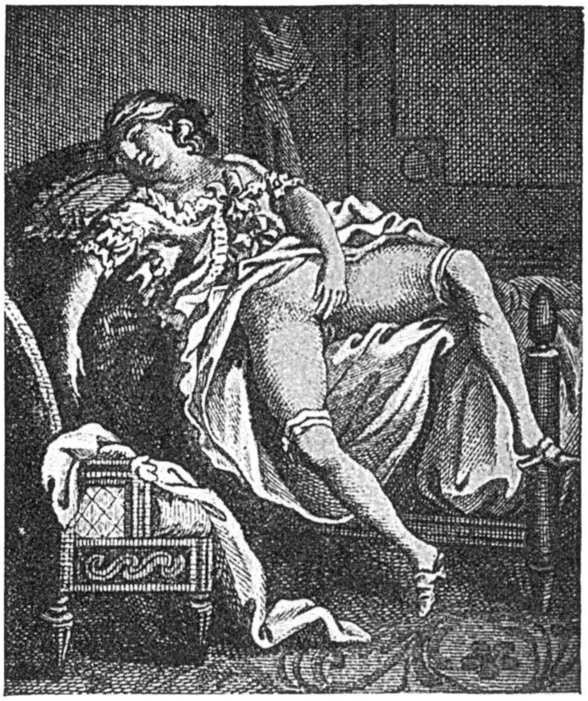

Vorbereitung zum Vergnügen.

47. Illustration zu Thérèse philosophique. (La Haye 1748.)

von Desrais (ich meine hier natürlich die als decouvert bezeichneten Bilder), der uns eine Kerze zeigt, die nicht zum Schmelzen zu bringen ist, dann le Compère Mathieu ou les Bigarrures de l'esprit humain schließlich nichts weiter als ein schlüpfriger Roman mit einigen ganz besonders erotisch angehauchten Bildern.

Les Quatre Heures de la Toilette des Dames vom Abbé Favre, der sich erotisch nennt, aber erst in dieser Weise wirkt, wenn man die freien Bilder Les Quatre Heures en action daneben legt.

Die Grenzen des krassesten Zynismus werden nach Restif's de la Bretonne eigenen Worten in seiner Ingénue Saxancour überschritten, worin er die Geschichte seiner Tochter und ihrer unglücklichen Ehe preisgibt.

L'Anti-Justine ou les Délices de l'Amour (1798), herausgegeben unter dem Namen des berühmten Advokaten Linquet, ein Werk, das von obzönen Schilderungen strotzt, nach des Autors eigenen Worten aber in der moralischen Tendenz geschaffen wurde, als Gegengift gegen l'infâme Justine zu wirken.

Die ganze an Nuancen so unerschöpfliche galante, sinnliche und obzöne Skala der Gefühle des XVIII. Jahrhunderts finden wir in den Poesien von Grécourt, Boufflers, Piron, Voisenon.

Muß man erst in Erinnerung bringen, daß Grécourt der Autor der Dichtung Philotanus ist, jener so beißenden und agressiven »polissonerie» gegen den Jesuiten, Philos anus genannt »Po«-philos, später vom Pariser Jargon mit »l'éntrée des artistes« bezeichnet.

Ebenso bekannt ist, daß Voisenon, Mitglied der Académie française, der zusammen mit dem Grafen Caylus die Aventures des bals de bois und Recueil de ces Messieurs geschrieben hat, noch viele Dichtungen und Erzählungen, die im freiesten Ton von den höchsten sinnlichen Genüssen und Freuden erzählen, zeichnete. Er war auch der Autor jener ganz besonders pikanten und gewürzten Sammlung von Erzählungen Les Exercices de dévotion de M. Henri Boch avec Madame la duchesse de Condor, welches treffender

Darstellung onanistischer Ausschweifungen.

48. Dieser Stich entstammt einer der zahllosen Bilderfolgen, welche die Sociétés d'amour seinerzeit herausgaben.

mit la dévotion à l'égard du Cul et du C . . . de Madame Condor bezeichnet wird.

Meister Diderot führt sich mit Jaques le Fataliste ein, einer äußerst gepfefferten Erzählung, welche den Reigen jener Geschichten des »Tribadismus« eröffnet, von ihm stammen auch la Religieuse, Bijoux indiscrets, bezeichnend für die sexuelle Vorliebe dieser Epoche. Les Liaisons dangereuses von Chorderles de Laclos mit der so beliebten Tintenfaß - Szene: Valmont schreibt an der Seite seiner Emilie, diese hält das Tintenfaß zwischen den Beinen. Ganz reizende Stiche variieren und transponieren nun diesen Federstiel und dieses Tintenzeug auf das rein menschliche Gebiet.

Parapilla, eine Übersetzung aus dem Italienischen Il Cazzo mit seinem Instrumentenhändler, der mit einem Schleier verdeckt phallische Gaben bringt und erzählt, was Priapus in Florenz trieb, wo er das Entzücken der berühmten Donna Capponi bildete, bis zu dem Momente, wo er in ein Kloster kam und in die ebenso lieblichen wie geübten Hände der Lucrecia Borgia geriet.

Endlich die Foutro-Manie, ein typisch laszives Werk, welches das Leben zahlreichen Nachahmungen gab, wie: L'Academie des Dames, Cantiques, Pots-Pourris, Etrennes aux Paillards, Esprit des Moeurs au dixhuitième siècle oder la Petite Maison und, wenn auch zeitlich vorangehend, L'Hipparchia.

Diese verschiedenen literarischen Erzeugnisse haben einen gemeinsamen Zug: sie sind Schmähschriften gegen hervorragende Zeitgenossen.

Hier jubelt man nicht mehr einzig der Liebe entgegen, preist das Laster in jeder Form, nein, man zielt auf Zeitgenossen ab und zeichnet sie in wenig schmeichelhaften Stellungen.

Erotische Geißelungszene (XVIII. Jahrhundert.)

49. Der Mann findet sein Vergnügen darin, die Frau zu verfolgen und mit Ruten zu schlagen.

Les Cantiques und Pots-Pourris (Paris 1789) begnügen sich wohl damit, uns die keusche Susanna, Agnes Lozal, Bethsabée, den keuschen Josef, die Jungfrau von Orléans und Judith in sinnverwirrenden Stellungen zu zeigen, doch ist dies ein Ausnahmsfall.

In Etrennes aux Paillards (1768) werden 26 Mitglieder der Oper und ihre Zuhälter angegriffen.

Esprit des Moeurs schont keinen der Grossen vom Jahre 1789. 1748 schreckt Lampsaque durchaus nicht davor zurück, die galanten Abenteuer des Kardinals de Bissy, der Herzoge Richelieu und de Brancas mit der Marquise d'Alincourt und der Herzogin Villeroy in der deutlichsten und ausführlichsten Weise seinen Lesern zum besten zu geben.

Doch trotz all dieser zahllosen Nachahmungen bleibt die Foutro-Manie mit ihren sechs Gesängen, jeder davon zu 600 Versen, immer noch ein typisches Vorbild; der Autor dieses Werkes dürfte — nahezu unbestritten — der sehr ernste Denker und Reformator Sénac de Meilhan sein.

Was ist nun eigentlich die Foutro-Manie?

Der Autor überhäuft alle berühmten Kupplerinnen und Zuhälterinnen, welche es verstanden hatten, in ihren Salons (besser bekannt unter der Bezeichnung «Serails») so viele schöne Damen zu vereinigen, wegen ihrer vollendeten Meisterschaft in der Kunst des »foutre« mit allen erdenklichen Schmeicheleien.

Was ist nun der Inhalt der sechs Gesänge?

Der erste Gesang vermittelt uns die Bekanntschaft mit den Glücklichen jener Zeit: Melle Dubois von der Comédie Française, Melle Arnoux, die Clairon mit dem Conte de Vabelle, Mme Allard mit dem Herzog von Mazarin, sogar Vestris, mit welcher sich Capon in seinem merkwürdigen Werke über die Dynastie der Vestris aufs eingehendste beschäftigt; ferner lernen wir die Herzoginnen und die Hofdamen kennen, darunter natürlich Mme Polignac, und alle diese unterhalten sich gar gerne mit ihren Kammerdienern und Lakaien.

Erotische Geißelungszene (XVIII. Jahrhundert)

50. Der Mann läßt sich, um seinen Genuß zu erhöhen und die Sinne mehr zu reizen, mit Ruten peitschen.

Im zweiten Gesang machen wir die Bekanntschaft einer jungen unschuldigen Novize, die der Leidenschaft eines jungen Wüstlings geopfert wird, eine beißende Satire der Ausschweifungen, welche in den Klöstern gäng und gäbe sind: Père Chrysostome dringt in ein Nonnenkloster ein und eine heftige Philippica gegen Tribadie, Pederastie und Syphilis schließt sich daran. Natürlich begegnen wir hier dem alten Duc d'Elboef, einem der hervorragendsten Anhänger der Pederastie.

Der dritte Gesang ist nahezu in seiner Gänze der Rolle gewidmet, die die Syphilis in der Liebe spielt, und der Autor konstatiert mit vieler Befriedigung, daß die Heilungsversuche dieser Geißel der Menschheit ganz ungeheure Fortschritte gemacht habe. Natürlich werden uns bei dieser Gelegenheit eine Reihe historischer Personen vorgeführt: M. de Montaget, der Erzbischof von Lyon mit der Herzogin von Mazarin, der Herzog von Orléans mit Mme de Montesson, über die ganz außerordentlich gepfefferte Geschichten im Umlauf sind. Weiland die Herzogin von Orléans, welche dem M. de l'Aigle und M. de Melfort, ihren Freunden, diese Krankheit gespendet hat.

Auch den Prinzen von Beaufremont lernen wir kennen und erfahren, daß er in Ungnade gefallen, weil man ihm allzu freundliche Beziehungen zu seinem Schweizer zum Vorwurfe machte. Der Gesang endet dann mit einer Lobeshymne auf Aretin, den Autor der posizioni.

Der vierte Gesang ist ein Loblied auf die Bordelle und deren bekannteste Göttinnen. Der Autor gefällt sich in der Schilderung der sinnlichen und wüsten Orgien, deren Schauplatz diese Serails zu sein pflegten. Der Verfasser setzt seine epikuräischen Lehren auseinander und lehrt, daß man vom Bett zu Tisch zu gehen habe: die deutschen Frauen seien nur deshalb «de si bonnes fouteuses», weil sie diesen Grundsatz hochhalten. Italien kommt bei dieser Gelegenheit schlecht weg: der Autor hat dort sein Geld und seine Gesundheit verloren!

Hier die Verse, in denen der Dichter die Tugenden und Reize der berühmtesten Freudenmädchen und Hetären seiner Zeit feiert:

Szenen der Ausschweifung von drei Geistlichen (Kapuzinern) mit einer Dame der Gesellschaft.

51. Stich aus der Serie: Amours et Galanteries, Intrigues des Capucins et Religieuses (1788).

Paris, Corlier, Maquerelles insignes,
Vous, Bokingston, Montigni, d'Héricourt,
Gourdan célèbre, où les gens les plus dignes,
Vont déposer le rang, le manteau court,
Et sans contrainte, immoler à l'amour,
Vous méritez qu'on vous immortalise,
Des préjugés méprisant la sottise,
Des inspecteurs buvant les yeux d'aspic;
Avec ardeur utile au public,
Dans vos sérails vous sûtes rassembler
Le militaire, et la Robe et l'Eglise,
L'épais Bourgeois, le Hautain Financier,
Avec honneur vous fîtes le métier.
C'est de notre âge, une des sept merveilles
Que ces réduis où l'on peut, sans façons,
En un instant se procurer des Cons.
Pour peu d'argent sans bayer aux Corneilles
Sans soupirer, sans craindre les rigueurs
De ces beautés qui n'en veulent qu'aux coeurs! . . .
Dans les panneaux des paillards dévotes
Bien sot qui va secouer ses culottes!
Moi, je prétends m'amuser sans langueur
Et sans ennui me livrer au plaisir,
J'entre à mon aise, à l'ècole publique,
Où le talent de foutre est en pratique
Où sans prélude, on peut soudain jouir!
Tent Putains, de cette République
Forment l'ensemble, et d'un air de gaieté,

Szenen der Ausschweifung von drei Geistlichen (Kapuzinern) mit einer Dame der Gesellschaft.

(Hier bekleiden sich die Kapuziner mit den Kostümen der vornehmen Dame.)

52. Stich aus der Serie: Amours et Galanteries, Intrigues des Capucins et Religieuses (1788).

D'un ton riant, m'offrent la
volupté
Leur art exquis réveille la
nature
Leūrs yeux lascifs distillent
la luxure
Leurs mouvements leurs dis-
cours, leurs chansons
Du tendre amour sont autant
de leçons.
Heureux Sultan, promenant
mes caprices,
Pressant des mains les têtons
et les cuisses
Sondant à nu les dadales
d'appas
Je fais mon choix sans crain-
dre que la belle,
A mes désirs ne se montre
rebelle
Quelle soit lente ou froide
en ses ébats.

Der fünfte Gesang ist beinahe ausschließlich den Syphilophoben gewidmet. Die Einleitung bildet eine lange Dithyrambe auf Dorat und Marmontel, den bekannten erotischen Dichter. Montesquieu, Rousseau und Marmontel werden zitiert, Spinola mit Rabestrina, Albani und Alfieri, Bernis mit Sainte-Croix de Borghese.

Von den Mächtigen auf dem Thron wird Kaiserin Katharina, der König von Polen und weiland die Königin von Dänemark erwähnt, die ja der Sache nicht ganz fremd gegenüberstanden.

Der sechste und letzte Gesang endlich ist dem Lobe der Verdienste d'Agyrony's, des Erfinders eines vegetabilen antivenerischen Heilmittels, gewidmet. Es war dies ein Arzt — mehr oder weniger Charlatan, wie soviele seiner Zeitgenossen —, der zu jener Zeit nicht wenig von sich reden machte. Der Autor geht dann noch, gleichwie im dritten Gesange bei der Syphilis, auf zahlreiche Details näher ein und schließt endlich mit einer Apotheose der Foutro-Manie, die er als «Seele des Weltalls» glorifiziert.

Szenen der Ausschweifung von drei Geistlichen (Kapuzinern) mit einer Dame der Gesellschaft.

(Man muß die Kapuziner mit kaltem Wasser begießen, um ihr Feuer zu löschen.)

53. Stich aus der Serie: Amours et Galanteries, Intrigues des Capucins et Religieuses (1788).

Aus dieser kurzen Inhaltsübersicht ersieht man wohl genügend, daß diese «Foutro - Manie» nichts anderes enthält, als die Kunst der «fouterie» in zierliche Verse gesetzt. Der Leserkreis, für den dieses Werk bestimmt ist, gehört natürlich nicht den Kreisen jener normalen naiven Menschen an, welche an badenden Nymphen, an einem verliebten Paar, das sich umarmt, und an dergleichen Dingen Gefallen findet; es sind dies vielmehr jene Elemente, welche des absolut Cynischen, des Unnatürlichen in Wort und Bild bedürfen, um aus ihrer blasierten Ruhe aufgerüttelt zu werden.

Von diesem Augenblick an läßt man die Maler «galanter Feste» weit zurück, vergessen sind die naiv sinnlichen Nuditäten, all die badenden Nymphen, all die mythologischen Schäferinnen.

Wie anders waren jene Bildchen, die Nymphen, Liebesgötter und Grazien zum Vorwurfe hatten und auf nahezu jeder Seite der Poësies Fugitives von Voltaire und bei anderen Autoren zu finden waren: zwischen ihnen und den Illustrationen zur Foutro-Manie und Thérèse Philosophe liegt eine Welt.

Um aus der großen Menge ein typisches Bild herauszugreifen, sei hier der ziemlich bekannte Stich «Venus und Liebesgötter» erwähnt. Der schelmische Liebesgott versucht auf jede Weise, in die geheimen Reize der Venus zu dringen; beflügelte Phallen schweben vom Himmel herab und scheinen in vollem Fluge gegen die Göttin loszustürmen. Dieses Bild und unzählige andere seinesgleichen verkörpern eine besondere Richtung der erotischen Darstellung im Bilde: die satirische Note von einer gewissen Dezenz begleitet.

Denselben Geist frischer Unverschämtheit, gesunder Erotik und argumentierender Philosophie finden wir auch in den Illustrationen zu La Pucelle.

Mit der Foutro-Manie und Thérèse Philosophe bricht eine neue Aera der Erotik an, die Zeit, wo jene Überreizung im Bilde festgehalten wird, welche binnen kurzem zu geschlechtlicher Perversität, zu den scheußlichsten erotischen

Venus mit Liebesgöttern.

54. Diese Darstellung erotischer Tendenz aus dem Ende des achtzehnten Jahrhunderts findet sich häufig in den Werken Voltaire's und der übrigen hervorragendsten Schriftsteller, stets mit dem gleichen Vorwurfe: Venus mit einem Liebesgotte an ihrer Seite und einem andern an der Brust ruhend.

Ausschweifungen führte und nur in dem, was außerhalb des Rahmens des normal Natürlichen lag, Befriedigung fand.

In Juliette von Marquis de Sade findet sich die folgende Stelle: «Erfindet, schenkt uns stets neue Freuden, stets neue Genüsse, die nur uns zu eigen sein können und dem gewöhnlichen Sterblichen immerdar verschlossen bleiben.«*)

Derselbe Autor legt die folgenden Worte in den Mund seines Saint Fond, der nach einer wilden Orgie ausruft:

«Ah! ein Meister hätte hier anwesend sein müssen, um dieses herrliche Bild göttlicher Wollust festzuhalten und der Nachwelt zu vermitteln.»**) Die plastischen Posen bedeuten die verschiedenartigen Stellungen, Umarmungen, die Darstellung immer neuer Genüsse oder orgiastischer Szenen. Nicht zu übersehen ist Saint Fond's Apell an den Kupferstecher zur Wiedergabe dieser Augenblicke höchsten Genusses: dieser allein von allen Künstlern jener Zeit kam in seiner Darstellungsweise der Natur am nächsten; dem Stichel allein gelang es, das Höchstmaß von Genauigkeit und Naturtreue in der Wiedergabe zu erreichen, diese mit — ich möchte beinahe sagen photographischer Genauigkeit — wiederzugeben.

Die Photographie ist es, nach welcher Saint Fond ganz unbewußt ruft. Die genaue Wiedergabe des photographischen Apparates allein würde ihm genügen, um in würdiger Form diese Vorführungen der hohen Schule der Liebe der Nachwelt zu erhalten, jener Liebesfeste, die für die Teilnehmer von solcher Bedeutung waren, daß ihnen alles andere daneben nichtig erschien.

Wir finden auf allen pornographischen oder erotischen Bildern — mag man sie nun so oder so nennen — kaum je ein Bett dargestellt. Das Bett war ein viel zu bürgerliches und nüchternes Hausgerät. Die Ottomane ist es, auf die der Künstler die Frauen stets hinlegt und zwar in ganz besonderer Weise, die Füße immer genügend in die Luft gestreckt, stets weit genug geöffnet, um für den Liebeskampf bereit zu sein. Auch das Sopha findet sich häufig und die Frau

*) »Inventez, donnez-nous des plaisirs et des jouissances nouvelles, qui soient bien à nous, que ne puisse jamais connaître le commun des mortels.«

**) »Ah! qu'un graveur eut été néccessaire, ici, pour transmettre à la postérité ce voluptueux divin tableau.«

Die Schaukel (Medaillon eines Dosendeckels).

55. Dieser von Fragonard erfundene Vorwurf fand unzählige Nachahmungen mehr oder weniger piquanter Natur. Die vorliegende Darstellung gehört wohl zu den gewagtesten, da sie ein Liebespaar darstellt, welches nach den Takte der Schaukel der Göttin huldigt.

ruht darauf in ganz exzentrischen Posen, ganz merkwürdig gekrümmt: das Sopha bedeutet das »Feldbett«, den Übungsplatz der Liebe, und was einst das Bett in den Erzählungen von La Fontaine war, das wird nunmehr das Sopha.

Die Sociétés D'Amour treten an die Stelle der ehemaligen Cours d'Amour und ihr Ziel ist die Kodifizierung der sinnlichen Genüsse und ihre weitere Ausbildung.

Die Mitglieder dieser Gesellschaften lassen sich in den laszivsten Stellungen zeichnen, radieren, in Aquarell oder Öl malen, und senden diese Bilder als hochgeschätzte Gabe, als kostbares Andenken anderen Jüngern des Venuskults.

Man mag es zugeben oder nicht: der Begriff, die Idee der Photographie liegt in der Luft. Schreibt doch Mirabeau: »Man zeigte mir die Marquise, in einer so wollüstigen, begehrenswerten Stellung abgebildet, daß ich noch immer ganz erregt bin.«

In einem Theaterstück, das unter dem Titel: »Les Petites Maisons» bekannt ist, legt der Autor einem der Darsteller die folgenden Worte in den Mund: «Vergessen Sie ja nicht, Darstellungen solcher Szenen zu senden, bei denen Sie auf Ihrem vornehmen Landsitz zu Chaillor aktiv mitwirken. Wenn es mir schon nicht vergönnt ist, zu den Mitwirkenden zu gehören, so lassen Sie mich doch wenigstens Zuschauer sein.»

Bedarf es da noch eines Kommentars? Nach einem solchen aus dem Leben gegriffenen Beispiel erübrigt wohl nichts weiter zu sagen, als daß der merkwürdige Ausspruch La Mettrie's in seinem L'Art de Jouir (1751): «Der Anblick fremden Genusses ist uns Genuß» (La vue des plaisirs d'autrui nous en donne) recht behält.

Man kann soweit gehen, zu behaupten, daß das entschwindende achtzehnte Jahrhundert, das von solchen Anschauungen durchtränkt war, in jene besondere Art von Sadismus verfiel, dessen Hauptziel darin besteht, alle Faktoren der Sinnlichkeit in Erregung zu versetzen — die Welt war gleichsam von einem erotischen elektrischen Fluidum durchzuckt, das sich allen mitteilte.

III.

Das Wort Sadismus ist gefallen und mit ihm zugleich erscheint vor unserem innern Auge die Gestalt des Marquis de Sade, des Schöpfers und

LONDRES
1783

Weibliche Gestalt auf einem Phallus reitend und in die Lektüre von „L'Art d'Aimer" oder „La Foutro-Manie" vertieft.

56. Diese Titelvignette, für ein erotisches Werk bestimmt, zeigt in Vorwurf und Ausarbeitung das Bestreben, den schönsten jener Zeit nachzueifern.

unbestrittenen Herrschers auf diesem Gebiete, das ja sein ureigenstes Werk war.

Die folgenden Worte, welche der »göttliche Marquis« seinen beiden Hauptwerken vorangestellt hat, charakterisieren ihn wohl genügend:

»On n'est pas point criminel
pour faire la peinture
Des bizarres penchants qu'inspire la nature.«

»Nicht kann Verbrechen es sein,
im Bilde zu malen,
Was seltsame Launen nur sind
der Mutter Natur.«

Diese Verse stehen am Kopfe seiner beiden berühmten Romane Justine und Juliette; das erstere Werk erschien im Jahre 1791, das letztere 1796 und im Jahre 1797 wurden beide zu einem einzigen Werke vereint und, wenn dies überhaupt möglich war, erweitert und stärker gewürzt.

Die Titel lauten nunmehr:

Histoire de Justine ou les Malheurs de la Vertu.

Histoire de Juliette ou les Prosperités du Vice.

Dem Geschmacke jener Zeit entsprechend enthalten diese Bücher nichts anderes als die Geschichte zweier beliebiger Mädchen; dem ergänzenden erklärenden Titel, dem wir später noch oft im Melodrama begegnen werden, kommt keine andere Bedeutung zu, als die philosophische und moralische Bedeutung — eine Modesache wie jede andere — zu betonen.

Gewagte Ideen, cynische Schilderungen konnten im «siècle philosophique» sicher niemand verletzen; so finden wir auch seltsame, komplizierte Darstellungen in den hundert gesucht erotischen Bildern, deren Titel von einer Deutlichkeit sind, die jede Möglichkeit eines Irrtums ausschließt und keinerlei Zweifel über die wahre Bedeutung der Liebe aufkommen läßt.

Es ist nicht meine Aufgabe, an dieser Stelle die Geschichte von Justine und Juliette zu erzählen. Justine muß ihr Brot verdienen, Juliette verführt ihre

NAPOLÉON ET MLLE GEORCES.

Une nuit au château des Thuileries in 1810

57. Lithographie aus der Serie: »Wie grosse Männer lieben.« (Les amours des grands hommes.) In der Dame, welche in der Türöffnung erscheint, vermutet man die Kaiserin.

Erotische Geißelung.

58. Illustration zu »Thérèse philosophique« (La Haye 1748).

Freundin und leitet sie auf den Weg des Lasters. Es genüge, hier darauf hinzuweisen, daß jene philosophisch - erotischen Thesen, welche sich durch dieses Werk hindurchziehen, die Vorzüge und Genüsse der Prostitution preisen, die Pederastie — zu jener Zeit, wie man erzählt, bei den Beichtvätern gar sehr in Mode — verherrlichen und Schilderungen satanischer Ausschweifungen bringen, die uns die verschiedensten Formen sexueller Pathologie vor Augen führen. So findet der eine seine sexuelle Befriedigung nur im Ohrfeigen von Weibern, ein anderer wieder erklärt, daß ihm die Frau nur während der Zeit ihrer Menstruation Genuß biete, der dritte endlich scheut sich nicht, seine Vorliebe für den penetranten Geruch des Achselschweißes einzugestehen. Noch seltsamer als die anderen ist die Figur des Pfaffen Jérôme, der von einer Frau erklärt: «In der Aufregung, in der ich bin, wäre ich im stande, sie zu verschlingen, sie bei lebendigem Leibe aufzufressen; habe ich doch schon seit langem Sehnsucht, eine Frau zu verschlingen und ihr Blut zu saugen!« Fürwahr eine sonderbare Begierde und eine ganz eigenartige Auffassung der geschlechtlichen Befriedigung.

Tritt uns hier nicht unter anderen seltsamen Schwärmern der Chemiker Aimani entgegen, ein großer Liebhaber von Ziegen, bei welchem die Erruption des Etna merkwürdigerweise einen sexuellen Sinnentaumel hervorruft, und der alte Verneuil, zu dessen Eigentümlichkeiten es gehört, arme Frauen zu bestehlen und reiche zu bezahlen!

Der Autor schleppt uns von einer Orgie zur andern: Er läßt uns zum Beispiel einer Versammlung von Anthropophagen beiwohnen, bei welcher zwölf Neger mitwirken. Oder ein anderes durchaus nicht gewöhnliches Schauspiel: Justine ist aufs Rad geflochten, unterzieht sich der sogenannten Infibulation*) und

*) Infibulation, eine Operation, die durch Anwendung mechanischer Mittel die Ausübung des Beischlafes und den Mißbrauch der Genitalien verhindern soll. Sie besteht beim männlichen Geschlecht

59. **Darstellung aus einer Folge, welche kindliche Spiele zum Vorwurf hat und die berühmte Serie Saint-Aubin's in erotischem Sinne interpretiert.**

wird endlich mit Ruten gepeitscht. Hierauf legen sich die Teilnehmer an dieser Prozedur auf ein mit spitzen Nägeln gespicktes Kreuz, ein Vorgang, der dazu dient, in ganz unnatürlich übermäßiger Weise Wollust zu erregen und in heftigen Ausbrüchen zur Auslösung zu bringen.

Das Leitmotiv in den Schriften des Marquis de Sade bildet überhaupt das intensive Suchen nach sinnlichen Ausschweifungen, die er mit Vorliebe als les grands forfaits bezeichnet, mag es sich nun um Juliette oder um Aline oder um La Philosophie dans Le Boudoir handeln.

Deflorationsszenen gefesselter junger Mädchen, die zu diesem Behuf mit Riemen gefesselt auf einem Tisch liegen, ausschweifende Lustszenen auf Särgen, Flagellationsszenen jeder Art, wie das Peitschen und Stechen nackter Weiber — Weiber, denen die Schamteile aufgerissen werden — Weiber, die ihre hintere Jungfrauschaft darbieten — nackte Knaben, nach Frauenart frisiert, welche während dieser geheimen Orgien aufwarten. Bei jedem Souper tötet man gewöhnlich drei Mädchen, etwas, was, wie der Leser sieht, eigentlich gar nicht der Rede wert ist. Brennende Kerzen werden kleinen Mädchen in anum gesteckt, so daß sie den

im Durchstechen der mäßig angespannten Vorhaut mit einer dicken Nadel und im Einheilen eines ringförmig gebogenen und an den Enden zusammengelöteten Metalldrahts (fibula) in die Vorhaut, beim weiblichen Geschlecht im Einziehen eines ähnlichen Ringes durch die kleinen Schamlippen, wodurch der Scheideneingang verschlossen wird. Die Infibulation, die früher im Orient sehr gebräuchlich war, wird gegenwärtig nicht mehr angewandt. Dagegen herrscht bei vielen Völkern Ostafrikas noch heute der Gebrauch, die Schamspalte der Mädchen in den ersten Lebensjahren durch Wundmachen und narbiges Zusammenheilen der Schamlippen teilweise zur Verwachsung zu bringen und erst kurz vor der Verheiratung auf operativem Wege wieder zu öffnen.

60. **Illustration zu einem erotischen französischen Roman des achtzehnten Jahrhunderts.**

Brandwunden erliegen (ein unbedeutendes Intermezzo, denn dann werden andere Mädchen — und das ist schon schlimmer — lebend am Spieße gebraten) — Männer lassen sich eine Unzahl Nadeln in die Geschlechtsteile und Weichen stoßen — wir wohnen Orgien in Klöstern bei, wo Satansmessen zelebriert werden — ländlichen Festen in üppigen Pavillons und wollüstig ausgestatteten Kiosken — Flagellationsszenen ohne Ende — wir lernen Phallusapparate mit automatischer Bewegung kennen. Im théâtre de cruautés führt man stets sieben Todesarten auf (das Feuer, die Peitsche, den Strick, das Rad, das Pfählen, die Enthauptung, das Vierteilen); die Zuschauer pflegt man überdies zur Erfindung neuer und unterhaltender Kombinationen aufzumuntern und Text und Bild wetteifern miteinander, alle diese Scheußlichkeiten in den glühendsten Farben zu schildern.

Ist dies etwa Alles? Noch lange nicht: zahlreich sind die Charaktere, welche der Autor in dieser Dreieinigkeit dem Leser vorstellt, dieser Dreieinigkeit, welche das Laster, die blutigen Orgien und das Verbrechen umfaßt, da ja diese sinnlose Sittenverderbnis (so wiederholt uns der Autor ohne Unterlaß) zum Verbrechen führen muß. Die Tribadistin mit männlichen Allüren lernen wir hier auch kennen. Sie trägt einen künstlichen Phallus, der für die verschiedenen orificia corporis eingerichtet ist.

Hier wieder ein berüchtigter Dieb, der, um die neuen Ankömmlinge zu bestehlen, sie durch seine Freudenmädchen betören läßt, den Zusammenkünften als unsichtbarer Zuseher beiwohnt und durch das Auge die Befriedigung des Geschlechtssinnes genießt.

Wieder ein anderer befriedigt seine Lust an kleinen Jungen, die aber von ihren Müttern oder Tanten begleitet sein müssen.

Erotische Geißelung (Flagellationsszene).

61. Illustration zu »Thérèse philosophique« oder Memoirs pour servir à l'histoire de M. Dirrag et Mlle Eradicci (Jesuitenpater Girard und Mlle Cadière) La Haye 1748.

Dieses Bild gehört zu jener Illustrationsserie, welche lange Zeit irrtümlich dem Comte de Caylus zugeschrieben wurde, obwohl die Bilder gar nichts von dessen Eigenart aufweisen. Der mutmaßliche Künstler dürfte der französische Maler Antoine Pasne sein, welcher am Hofe Friedrichs des Grossen lebte.

Eine Mißgeburt mit drei Aftern wird viel begehrt und dient nebenbei seinen pederastischen Brüdern als passiver Geliebter.

An anderer Stelle werden mit vieler Umständlichkeit die vier Säle eines Bordells beschrieben, deren jeder ganz besonderen Zwecken dient, nämlich der Masturbation, der Flagellation, der Tortur und der Exekution.

Selbstverständlich finden hier auch die pornographischen Bibliotheken volle Würdigung mit ihren godmichés, condoms und martinets.

Endlich alle diese überschwänglichen philosophisch tendenziösen Gespräche, die stets in die Frage auszuklingen pflegen, wer den höchsten Genuß habe: »le coviste«, »le bougre«, »le masturbateur« oder »le f... en bouche?«

Die wenigen Zitate genügen vollkommen, um diese Werke zu charakterisieren; wohl überraschen sie den Leser durch den Reichtum an Phantasie, doch stößt die Lektüre durch das Krankhafte ab, das ihnen innewohnt. Charakteristisch für das ganze Werk des Marquis de Sade bleibt die unaufhörliche Verbindung der sexuellen Beziehungen mit dem Verbrechen und mit dem Vernichtungstrieb.

Um über de Sade's Prinzipien volle Klarheit er erlangen, lese man das Vorwort zu seinem Werke «La philosophie dans le Boudoir ou les

Bijouterie.

62. Die Ausdrücke bijoux und bijouterie waren im achtzehnten Jahrhundert gäng und gäbe, um die geschlechtlichen Organe zu bezeichnen: es gab nicht nur die »bijoux« der Damen, auch die Herren nahmen die Bezeichnung für ihre Reize in Anspruch. Geflügelt oder nicht geflügelt wie hier wurde der Phallus der Antike zu einer »Bijouterie pour remplir le flanc« und man sieht die Damen, wie sie die Ware versuchen oder sich Maß nehmen lassen.

Instituteurs immoraux» (zum erstenmale 1795 erschienen). Das Buch enthält die Geschichte eines jungen Mädchens und deren Einführung in das Wesen des Lasters; das Ganze hat die Form von Dialogen und Dissertationen, die nur hie und da unterbrochen werden, um der Schilderung der ausschweifenden Szenen Raum zu geben, welche zur Illustrierung des theoretischen Vortrages aufgeführt werden. Eine geschickte Vereinigung von Theorie und Praxis.

Hier das erwähnte Vorwort:

Voluptueux de tous les âges et de tous les sexes, c'est à vous seuls que j'offre cet ouvrage, nourrissez-vous de ces principes qui favorisent vos

63. **Illustration aus einem erotischen Roman des XVII Jahrhunderts.**

passions, et ces passions dont de petits et froids moralistes vous effrayent ne sont que les moyens que la nature emploie pour faire parvenir l'homme aux vues qu'elle a sur lui; n'écoutez que ces passions délicieuses, leur organe est le seul qui doive vous conduire aux bonheur!

Femmes lubriques, que la voluptueuse Saint-Ange soit votre modèle, méprisez à son exemple tout ce qui contrarie les lois divines du plaisir, qui l'enchaînèrent toute sa vie!

Jeunes filles, trop longtemps contenues dans les liens absurdes et dangereux d'une vertu fantastique et d'une vertu dégoutante, imitez l'ardente Eugénie; détruisez, foulez aux pieds, avec autant de rapidité qu'elle, tous les préceptes ridicules inculqués par d'imbéciles parents.

»Et vous, aimables débauchés, qui depuis votre jeunesse, n'avez plus d'autres freins que vos désirs, et d'autres lois que vos caprices; que le cynique Dolmanci vous serve d'exemple, allez aussi loin que lui, si, comme lui, vous voulez parcourir toutes les routes de fleurs que la lubricité vous prépare, convainquez-vous à son école, que ce n'est qu'en étendant la sphère de ses goûts et de ses fantaisies, que ce n'est qu'en sacrifiant tout à la volupté, que le malheureux individu jeté malgré lui sur ce triste univers, peut réussir à semer quelques roses sur les épines de la vie.«

Ihr Lüstlinge jedes Alters und jedes Geschlechtes, euch allein ist dieses Werk gewidmet. Sättigt euch an seinen Leitsätzen, während wir euren Leidenschaften das Wort reden wollen. Kleinliche und kalte Moralisten wollen Euch diese Leidenschaften verekeln und sie sind doch nichts weiter, als Mittel der Natur, mit denen sie den Menschen nach dem gewünschten Ziele leitet. Schenket nur der Stimme dieser süßen Leidenschaften Gehör; denn einzig ihr Organ allein soll und vermag euch dem Glücke entgegenzuführen.

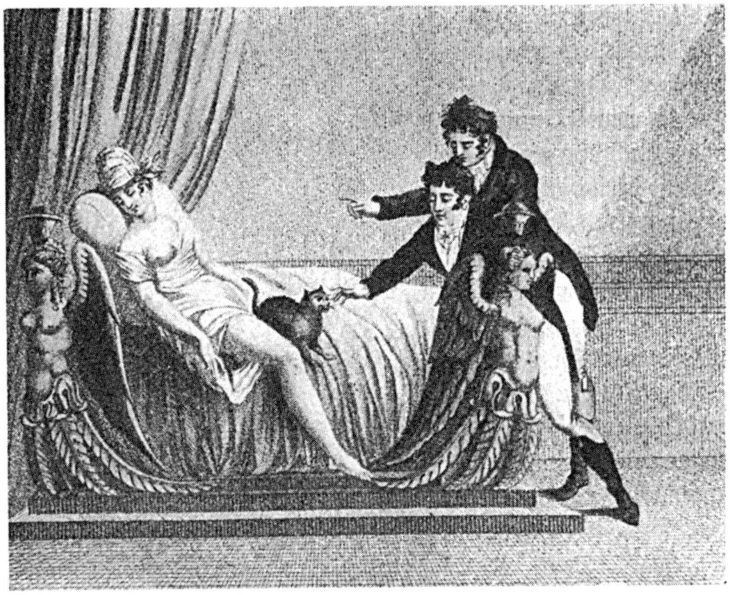

64. **Galante Karikatur aus dem Ende des achtzehnten Jahrhundert.**

Ihr, lüsterne Frauen, Euer Vorbild sei die wollüstige Sancta Angela. Nehmet Euch ein Beispiel an ihr und verachtet alles, was den göttlichen Gesetzen des Genusses, die sie ihr ganzes Leben lang in Banden hielten, widerstreitet!

Ihr, junge Mädchen, seid schon all zu lange in die unsinnigen und gefährlichen Fesseln einer ebenso fanatischen wie abstossenden Tugend geschlagen. Ahmet der feurigen Eugénie nach! Vernichtet, tretet mit raschem Entschlusse wie sie alles mit Füßen, was euch an unsinnigen Vorschriften von beschränkten Eltern aufgezwungen ist.

Und ihr, liebenswürdige Lüstlinge, die ihr seit eurer Jugend keine anderen Zügel fühlet als eure Begierden und keine anderen Gesetze anerkennt als der cynische Dolmanci: gehet soweit wie er, wenn Ihr gleich ihm alle Blumenpfade der Wollust durchwandeln wollt! Bekehret euch zu seiner Schule, zu dem Satze, daß das unglückliche Geschöpf, das gegen seinen Willen auf dieses traurige Universum geworfen wurde, nur dann einige Rosen in die Dornen des Lebens flechten kann, wenn es den Bereich seiner Genüsse, seiner Launen ausdehnt, wenn es alles der Wollust opfert.

Diese Rosen aber im Dornenpfad des Lebens sind nach Marquis de Sade's Ansicht — muss ich das noch besonders betonen? — alle Mysterien im Kulte der Venus und Sodomas, alle Künste der natürlichen und unnatürlichen Liebe, die Wissenschaft, obszöne Gruppen aufzubauen, die Verherrlichung der Pederastie, die Verherrlichung der Wollust im Verbrechen. Rosen von ganz eigenartigem Dufte, den man wirklich nicht gut schärfer präzisieren kann.

Erotische Darstellung mit historischen Personen.

65. Der Ausdruck »baiser sur les quatre pouces« ist dahin zu erklären, daß man annimmt, der Mann ruhe in dieser idealen Stellung auf den »vier Daumen« (den großen Zehen und den Daumen). Diese Stellung wurde auch die »englische« genannt, da sie gewissermaßen die korrekteste ist und der Engländer stets für besonders kühl galt. In unserer Zeit führt sie endlich auch die Bezeichnung »à la papa«.

Ich habe hier von dem kunstvollen Arrangement der obszönen Gruppen gesprochen und das führt uns unwillkürlich zu dem andern Teil des Werkes, nämlich zum illustrativen. Diese Illustrationen stammen von zwei recht mittelmäßigen Künstlern, von Chéry und Carrée.

Zwischen den groß angelegten Kompositionen eines Boucher, die in all ihrer Wollust doch künstlerisch wirken, und diesen kleinen, mühselig gearbeiteten Vignetten, mit ihrer unwahrscheinlichen Perspektive, ist ein himmelweiter Unterschied. Gerade hier wäre eine fruchtbare überschäumende Einbildungskraft am Platz, aber in Wirklichkeit sind es die gewissen sklavischen Illustrationen zu den Beschreibungen, die im Text gegeben werden.

Auf der einen Seite haben wir Meisterwerke, Kompositionen von wunderbarer Durcharbeitung, Blätter, die selbst die größten Namen der französischen Schule gerne zeichnen würden, auf der andern Seite nur erklärende Figuren, um nicht zu sagen die graphische Darstellung der einzelnen Gruppen, das nüchterne

Die Ausschweifungen des Klerus.

66. Aus »La Chasteté du Clergé devoilée« oder auch genannt »Procès verbaux des séances du clergé chez les filles de Paris« (1790—1791).

Festhalten extravaganter Stellungen. Mit vollem Recht bemerkt daher Delbêne, eine der Figuren des Romanes des Marquis: »Mettons un peu d'ordre dans nos plaisirs, on n'en jouit qu'en les fixant«. («Lasst uns ein wenig Ordnung in unsere Genüsse bringen, denn man genießt sie nur voll, wenn man sie festhält.«).

So finden wir auch in «La Philosophie dans le Boudoir», einer Abhandlung über geschlechtlichen Genuß, die Beschreibung des Aufbaus dieser Gruppen, bis in die geringste Einzelheit die Schilderung jener menschlichen Pyramiden, denen man nahezu auf jeder Seite des Werkes begegnet und welche sich an mehr als einer Stelle, wie zum Beispiel in der so berüchtigten »Cavalcade«, der Kunst der Equilibristik nähern.

Ein Kapitel für sich bildet die Einrichtung der Räumlichkeiten: die Sophas, die Ottomanen, die niedrigen und üppig gepolsterten Sitzgelegenheiten, die Draperien, Bilder, Ornamente und Arabesken. Sie alle tragen das ihrige zur harmonischen Ausgestaltung des Milieus bei. Hiezu kommen noch die Spiegel, welche eine große Rolle spielen, die großen Glasflächen, welche die geheimsten Reize der Frauen wiedergeben und in den »petites Maisons« wie auch in den «Sérails» so verschwenderisch angebracht sind, daß die Wände dieser Gemächer sich nahezu selbst in Spiegel verwandeln und «die Stellungen in tausend verschiedenen Variationen reflektieren,» wie man in »La philosophie dans le Boudoir« lesen kann. Diese Spiegel vervielfältigen einen und denselben Genuß ins Unendliche, so daß den Augen des Lüstlings nicht der kleinste Teil des einen oder des andern Körpers verborgen bleiben kann. Das ist

Erleichterter Zugang.

67. Ausschweifungen der vornehmen Kreise.

zur Erhöhung des Genusses unbedingt notwendig, denn diese Spiegel stellen ebensoviele unzählige Nachahmer und Mitgenießer vor, und zwar für diejenigen, die in Wirklichkeit die Liebesfreuden genießen. Den Augen dieser Genießer bieten sie eine Unzahl herrlicher Bilder.

Dieser Aufbau obszöner Gruppen, diese beweglichen Säulen, diese lebenden Bilder, diese wollüstigen Ketten, zeigen nicht selten einen wirklichen Kunstsinn, der zuverlässig eine Eigentümlichkeit der erotischen Darstellung im Bilde im achtzehnten Jahrhundert ist.

Die Parodie und die Karikatur haben in der Literatur dieser Zeit einen viel zu bedeutenden Rang eingenommen, als daß sie nicht notgedrungen auf die erotische Darstellung im Bilde Einfluß gehabt hätten. Was dieser Geist auf dem Gebiete der graphischen Kunst zu leisten vermochte, erkennen wir am besten an jener Karikatur aus Bajazet, welche in diesem Werke reproduziert ist. Erinnern diese ragenden Ruten nicht ein bißchen an das eine oder andere der zahlreichen Histörchen, die man sich in Deutschland über die bizarren Launen Friedrichs des Großen zu erzählen pflegt? Ich meine damit das Geschichtchen von den Grenadieren. Anläßlich eines Empfanges bei Hofe ordnete nämlich der König an, daß eine mit Löchern versehene spanische Wand aufgestellt werde, durch deren Öffnungen die Grenadiere ihre Glieder zu stecken hatten, damit sie als Rechen für die Umhänge der Damen dienten. Als die Damen dann diese originellen Kleiderhaken tatsächlich benützten, blieb einer der Grenadiere, trotz des strengen Befehles stille zu halten, einer gewissen Berührung gegenüber nicht unempfindlich und verletzte den strengen Befehl in einer Weise, daß die Dame, welche ihm ihren Umhang anvertraut hatte, einigermaßen in Verlegenheit kam.

La bonne dame .... serre les fesses et emporte la canulle d'un coup de croupe

„Sie schliesst die Schenkel und reißt das Rohr mit sich . . .“

68. Vignette zu einer erotisch-satirischen Geschichte.

Gar rasch drang das Gerücht über diesen Zwischenfall zu den Ohren des Königs, der sofort dem Grenadier seine Unzufriedenheit über den Vorfall zu verstehen gab. Die Antwort des Mannes: »Was wollen Eure Majestät, er setzt auch seinen eigenen Kopf auf« muß den König wohl entwaffnet haben, wenn auch die Geschichte uns nichts darüber berichtet.

Glieder in Erektion, Glieder in Tätigkeit, das ist ja wohl auf der männlichen Seite das einzige und stets wiederkehrende Motiv der erotischen Darstellung im Bilde. Das achtzehnte Jahrhundert mit seinem stark entwickelten Sinn für Unabhängigkeit, in seiner ständigen Sucht nach Originalität, ging natürlich noch weiter und brachte alles, was es sonst nur in Büchern und Bildern darstellte, öffentlich auf die Szene.

IV.

Üppige Diners und Soupers, orgiastische Szenen in den »petites Maisons«, Szenen raffinierter Ausschweifung in den Bordellen — den Palästen des Genusses —, in dieser Verbrämung präsentieren sich die intimen Sitten des XVIII. Jahrhunderts, aber nicht etwa nur in den galanten Geschichten, welche den Grundstock seiner Literatur bilden, sondern auch im wirklichen Leben. Dazu kommen noch dramatische Aufführungen in den Gesellschaften. Diese Produktionen greifen dermaßen um sich, daß sie tatsächlich zur Monomanie werden und daß jeder Grandseigneur mehr oder weniger gerechtfertigte Anforderungen an das Können seines dramatischen Autors stellt.

Die Theaterwut war zu jener Zeit des Verfalles so krankhaft entwickelt, daß sie zu einem typischen Merkmal der Epoche wird. Handelt es sich doch hiebei nicht allein um das Auftauchen immer neuer Stücke, sondern ganz besonders darum, daß es Dilletanten waren, die sie in Szene setzten und auf der Bühne darstellten. Schon Bachaumont schreibt in seinen Memoiren: »Jeder Procureur will sein Haustheater und seine Schauspielertruppe haben«. Wenige Jahre später, wenn man anders den Berichten des l'Espion Anglais Glauben schenken will, hat die Leidenschaft für das Theater so überhand genommen, daß selbst die kirchlichen Kreise ihre Haustheater hatten.

Wie nun jede Sache von dem ursprünglichen einfachen Ziele leicht abweicht

La Fayette und Marie-Antoinette.

69. Erotische Satire, deren eine Unzahl verbreitet war.

und entartet, so kam auch für die Haustheater eine Zeit, wo die Bühnen, die von geschlossenen Gesellschaften oder von reichen Finanzleuten gehalten wurden, durch die grenzenlose Freiheit der Sprache auffielen, bis man eines schönen Tages einfach obszönen Komödien gegenüberstand, welche anfangs in ihrer Anlage und im Dialog, später auch in den Gesten, schließlich in den Bühnenhandlungen selbst die überhaupt mögliche Grenze der Indezenz erreichten. Ein Beispiel hiefür ist die bekannte Sammlung Théâtre Gaillard (London 1788), mit Stücken von Grandval, Caylus und Piron. Ja, wenn Mercier und besonders Reichardt recht hat, so ist diese Schamlosigkeit, oder besser gesagt der Mangel an jedweder Zurückhaltung, die früher nur das Privilegium eines kleinen Kreises war, aus den verborgenen Räumen geschlossener Gesellschaften schon seit dem Jahre 1790 in die breite Öffentlichkeit gedrungen und die Darstellung schamloser Stücke fand nunmehr vor einem gemischten Publikum beider Geschlechter statt.

Oh! c'est par trop charger mon rôle!

Erotisch-politische Karikatur.

70. Das Bild zeigt, daß Adel und Bürgertum das Volk mißbrauchen, indem sie auf seinem Rücken der Liebe pflegen.

Mercier erwähnt im April 1791 ein Theater des Palais Royal, wo ein sogenannter Wilder und eine Wilde in reinem Naturzustand auf der Bühne den Akt geschlechtlicher Vereinigung ausführten, und zwar vor den Augen eines Publikums, welches sich fragte, ob es nicht das Opfer der Illusion sei, die darin besteht, daß man den Zuseher einen Traum für Wirklichkeit nehmen läßt. Das krankhafte Bedürfnis nach Exzentrizität und Originalität, das die Ursache aller Übertreibungen in der damaligen Epoche war, brachte auch den Geschlechtsakt auf die Bühne. Da man ihn schon im Bilde dargestellt hatte, ohne Scheu davon sprach, warum sollte man ihn nicht in Fleisch und Blut zur Darstellung bringen? Sein Anblick konnte in der einen Form nicht unmoralischer wirken als in der andern.

Wertvolle Belege für dieses besondere Kapitel aus der intimen Sittengeschichte findet man in dem Werke Les Théâtres Clandestins von Capon und Yve-Plessis, die das Théâtre d'Amour von Delisle de Sales, für den Prinzen Hénin verfaßt, in ausführlichster Weise besprechen. In dieser Sammlung von »Priapéen« ist besonders ein Stück hervorzuheben, eine Art »folie érotique«, wenn man so sagen darf. Es ist in Dialogform abgefaßt; der Geliebte singt die zwei ersten Verse und die Geliebte erwidert mit zwei anderen

Die Darstellerin der weiblichen Hauptrolle war Mlle. Sophie Arnould, eine berühmte Künstlerin, von der die Geschichte zu berichten weiß, sie sei vom Prinzen Hénin souteniert worden und »niemals Jungfrau gewesen«. Die Rolle des Geliebten übernahm ein Malteserritter, ein Abkömmling des ruhmvollen Grammont, der Verfasser der »Mémoires« und Sophies Geliebter.

71. **Illustration aus einem erotischen Roman aus dem achtzehnten Jahrhundert.**

Der Dialog nun ist so gewagt, daß der Chevalier in der Oper vor einem ihm unbekannten Publikum nur die ersten sechs Strophen zu singen wagte, und auch dies nur unter anderem Namen. Den sechs Strophen fügten Capon und Yve-Plessis sechs weitere hinzu, aber auch diese beiden Dichter wurden durch das Gewagte in dieser »wollüstigsten aller Pantomimen« (la plus voluptueuse des pantomimes) durch die bisher noch nicht dagewesene Ungezwungenheit abgeschreckt und wagten es nicht, mehr zu veröffentlichen.

Ort der Handlung: Badezimmer der Sophie, später öffentlicher Ball in der Oper.

(Sophie Arnould était dans son bain, quand son boudoir mal fermé, peut-être à dessein, s'ouvre de lui-même: à la vue de son amant, elle ne peut que jeter avec une heureuse gaucherie sur son corps parfumé une robe de gaze qui voilait moins qu'elle ne dessinait ses charmes.)

I.

Grammont.

Enfin je vous vois, Arnould, sans défense,
La pudeur seule a voilé ces appas . . .

Arnould.

Non . . . non . . . D'intelligence,
Mon coeur ému va voler dans tes bras.

II.

Grammont.

Ta main, Arnould, me cache mal tes charmes,
Laissez mes yeux parcourir ta beauté . . .

L'ENFANCE.

D'un œil rempli d'indifférence
Vous regardez, jeunes Iris,
Le bijoux qu'avec innocence
Vous montre le petit Alis,
Mais attendez en patience,
Le tems lui donnera du prix.

Der Sprößling.

72. Obszöne Karikatur aus dem achtzehnten Jahrhundert.

Arnould.

Non . . . Non . . . Vous m'alarmez;
Je crains mon coeur ardent de volupté.
(Grammont fait un pas en arrière et tombe aux genoux de Sophie.)

III.

Grammont.

Charmante Arnould, je suis fait pour t'entendre
J'étais ton maître, et je te rends tes droits . . .

Arnould.

Quoy . . . quoy . . . Tu n'es que tendre.
Je ne crains plus de rentrer sous tes lois.
(Sourire amoureux de Sophie; elle fait signe à son amant de se rapprocher.)

IV.

Grammont.

Sur cette bouche où s'entr'ouvre la rose,
Laisse-moi prendre un baiser amoureux . . .

Die königliche Prise.

73. Ludwig XVIII. nimmt eine Prise Tabak von der Haut der Mme Cayla.

Die Überraschung.

74. Galante Lithographie aus dem Ende des achtzehnten Jahrhunderts.

Arnould.

Prends . . . Prends . . . (Avec un sourire agaçant) Même autre chose;
Pour ta réserve on a droit d'être heureux.

V.

Grammont.

Quoy, je pourrais, de ta gorge d'albâtre,
Sans t'offenser, effleurer le satin?

Arnould.

Ouy . . . Ouy . . . quand l'idolâtre,
Je ne crains pas qu'on profane mon sein.

VI.

Grammont.

Sein de Vénus, que ta pudeur ignore,
En palpitant tu redoubles mes feux . . .

(Arnould passe une main autour du cou de son amant et l'invite par ses yeux ardents à être téméraire.)

Arnould.

Vas . . . Vas . . . Poursuis encore;
Le bonheur même amène d'autres voeux.

(Grammont est ému, il s'incline vers le dos de Sophie, à demi entr'ouvert.)

VII.

Grammont.

A mes transports livre, Arnould, d'autres charmes

(Se tournant du côté de la gorge de sa maîtresse.)

Mon coeur palpite et n'ose s'exprimer . . .

Arnould.

Dis . . . dis . . . Sois sans alarmes !

(Elle replace la tête de son amant dans sa première attitude.)

Offense-t-on lorsqu'on sait aimer ?

VIII.

Grammont.

(Lui montrant le faisceau de myrtes.)

Tu vois ces fleurs, c'est ainsi qu'à Cythère,

Tout doucement, Vénus punit l'Amour.

(Sophie conduit le chevalier sur un fauteuil où elle le fait asseoir, se met à ses genoux, et se découvre avec une ingénuité feinte, mais pleine de charmes.)

Arnould.

Ouy . . . Ouy . . . je te suis chère ;

Souris, pardonne et frappe tour à tour.

Not kennt kein Gebot.

75. Obszöne Karikatur aus dem achtzehnten Jahrhundert.

IX.

Grammont.

Ces coups charmants redoublent mon ivresse,

Relève encore tous ces voiles jaloux.

(Sophie se prête avec grâce ; le chevalier, avec un feint courroux, la parcourt avec son myrte amoureux depuis la naissance du dos, jusqu' à l'extrémité de ses deux demi-globes d'albâtre.)

Arnould.

Dieu ! . . . Dieu ! . . . Quelle caresse !

De volupté je meurs à tes genoux !

X.

Grammont.

(Il relève Sophie.)

Fille d'amour, un bijou reste encore,

Gaze indiscrète, écarte-toi soudain.

(Il fait de tendres efforts pour enlever ce dernier voile : Arnould résiste, mais avec le désir d'être vaincue.)

76. **Obszöne Karikatur.**

Arnould.
Non!... Non!... Toi que j'adore,
(La résistance devient de plus en plus faible.)
Puisque je n'ose, ôte-la de ta main.
(Le dernier voile disparaît.)

XI.

Grammont.
Céleste Arnould tu rougis d'être nue,
Ton oeil ému se détourne de moi...

Arnould.
Ah! . . . Ah! . . . Baisse la vue!
Ou mon délire est indigne de toi...

XII.

Grammont.
Oui, tout me dit d'être plus téméraire:
Ma bouche ardente ici va se poser.

Arnould.
Dieu!!! Dieu!!! Que vas-tu faire!
Je suis en feu par ce nouveau baiser.

*

(Sophie Arnould sitzt im Bade, als sich plötzlich die Tür ihres Boudoirs, vielleicht mit Absicht schlecht geschlossen, öffnet. Beim Anblick ihres Geliebten hat sie kaum noch Zeit, mit verschämter Grazie ein Gewand von durchsichtiger Gaze überzuwerfen, das ihre Reize eher hervorhebt als verbirgt.)

I.

Grammont.
Endlich seh' ohne Schutz ich dich, Arnould,
Die Scham allein verhüllet diese Reize . . .

Arnould.
Nein, doch . . . Nein . . . dich versteht mein Herz
Und flieget tiefbewegt in deine Arme.

II.

Grammont.
Nur übel verhüllt, Arnould, deine Hand die Reize,
Vergönn meinen Augen, deine Schönheit zu genießen.

Arnould.
Nein doch . . . Nein! In meiner Erregung fürcht' ich
Mein Herz, das lohet in der Wollust Feuer . . .
(Grammont tritt einen Schritt zurück und fällt Sophien zu Füßen.)

LE TEMS PERDU

A quoi s'occupe ce guerrier?
Près du beau sexe un militaire
Prétend-il obtenir le mirthe de Cithere
En faisant un si sot metier?
A la fille ce jeu ne doit pas beaucoup plaire,
En employant si mal un tems si précieux
On sent que le fumeur qui frappe ici nos yeux
Doit fumer d'une autre maniere.

77. **Aus einer Serie von zwölf Bildern, dem achtzehnten Jahrhundert entstammend.**

III.

Grammont.

Liebliche Arnould, ich gehorche dir,
War dein Meister und beug mich nun deinem Willen.

„Ce trio Masculin, dans ses goût ingénieux,
Vous retrace ô lecteurs, des vrais Bougr . . . les Jeux . . .“

78. Gestochenes Titelblatt zu »Les Enfants de Sodome à l'Assemblée Nationale ou Députation de l'ordre de la Manchette aux représentans de tous les ordres pris dans les soixante districts de Paris et de Versailles y réunis. A Paris il se trouve chez le Marquis de Vilette, Grand-Commandeur de l'Ordre (1790).

Arnould.

Wie . . . Wie zärtlich bist du doch, Geliebter,
Nicht fürcht' ich fürder, deinem Gebot mich zu fügen.

(Sophie lächelt voll Liebe und winkt den Geliebten näher zu sich heran.)

IV.

Grammont.

Und von diesem Mund, der einer Rose gleich,
Sich öffnet, laß einen Kuß mich nehmen voll Liebe.

Arnould.

Nimm doch . . . Nimm . . . (Mit nervösem Lächeln) selbst andres, so du willst,
Gibt deine Zurückhaltung doch Anspruch auf Glück.

V.

Grammont.

Wie, deines Alabasterbusens Seide
Könnt berühren ich, ohne dich zu kränken?

Arnould.

Ja doch . . . ja . . . wenn man vergöttert ihn,
Nicht kann ich fürchten da, daß man ihn entweiht.

VI.

Grammont.

Oh Venusbusen, voll Unschuld entfachest du,
Zuckend in Scham, zu erhöhter Glut mein Feuer.

(Arnould legt ihren Arm um den Hals des Geliebten und ihre glühenden Blicke muntern ihn auf.)

Arnould.

Weiter . . . Weiter . . . Folge deinem Drange,
Neue Wünsche birgt das Glück in sich.

(Grammont beugt sich in tiefer Erregung auf den Rücken Arnoulds, der halb entblößt ist.)

VII.

Grammont.

Meiner Glut würdest andre Reize du bieten,
(Wendet sich zur Brust der Geliebten)

Mein Herz es pocht und wagt es nicht zu
sagen . . .

Arnould.

Sprich doch . . . Sprich . . . Sei ohne Sorge nur,
(Bringt das Haupt des Geliebten in seine frühere Stellung.)
Wie kann beleidigen der, so zu lieben versteht.

VIII.

Grammont.

(Zeigt ihr einen Strauß Myrten.)
Diese Blumen, sieh, mit ihnen strafte
Venus Amour zärtlich auf Cythere.
(Sophie führt den Chevalier zu einem Fauteuil, läßt ihn niedersitzen, kniet vor ihm nieder und entblößt sich mit gesuchter Unschuld, doch voll Reiz.)

Arnould.

Ja doch . . . Ja . . . Ich bin dir doch so gut,
So lächle, verzeih und schlage, wie du magst.

Die Brille.

79. Illustration zu La Fontaine's Contes.

IX.

Grammont.

Noch trunkener macht mich dieser Schläge Reiz.
Diese neidischen Schleier, willst nicht entfernen
du sie!
(Sophie gibt sich anmutig hin, während der Chevalier in gemachtem Zorn sie vom Beginn des Rückens bis zum Ende der beiden Alabasterhügel sanft streicht.)

Arnould.

Gott! . . . Mein Gott! Oh welch ein süßes Gefühl!
Vor Wollust sterb' zu deinen Füßen ich!

X.

Grammont.

(Zieht Sophie empor.)
Tochter der Liebe, noch ein Kleinod erübrigt:
Verräterischer Schleier weiche sofort!
(Er bemüht sich zärtlich, diesen letzten Schleier zu entfernen: Arnould widerstrebt, doch mit dem Wunsch, besiegt zu werden.)

Arnould.

Nein doch . . . Nein . . . Oh du, den ich vergöttre,
(Der Widerstand wird immer schwächer.)
Da ich's nicht wage, nimm du die letzte Hülle.
(Der letzte Schleier fällt.)

Titel für eine Serie über Maryland in London herausgegeben.

80. Diese Darstellung aus der Zeit der Restauration hat zum Vorwurfe den Liebesgott und die Göttin der Natur (Frauengestalt mit vielen und üppigen Brüsten); oben drei schnäbelnde Tauben; als Guirlande Rosen gemischt mit geschlechtlichen Emblemen; in der Mitte beleuchtet der Liebesgott mit seiner Fackel den Akt der geschlechtlichen Vereinigung, das strahlende Symbol der Erhaltung des Menschengeschlechtes.

XI.

Grammont.

Vor deiner Nacktheit errötest Göttliche du,
Von mir wendet sich dein feuchtes Auge . . .

Arnould.

Oh . . . Oh . . . Senke doch deinen Blick, Geliebter,
Sonst ist meiner Wollust Rausch unwürdig dein . . .

Dosendeckel oder, genauer, Innendeckel einer Tabatière.

81. Die Hauptfigur ist hier durch die Zusammenstellung dreier Frauengestalten erhalten, deren oberste mit ihren Schenkeln Nase und Wange des Muselmannes bilden, während ihre Spalte zu seinem Auge wird. Das wehende Haar der dritten unteren bildet seinen Bart.

XII.

Grammont.

Ja, kühner zu sein heißt mich Alles,
So will meinen glühenden Mund hieher ich drücken.

Arnould.

Gott!!! Mein Gott!!! Was willst du tun, Geliebter!
In Flammen gerat ich durch diesen neuen Kuß.

Mit diesem Dialog hätte Chirac sicher sein Glück gemacht, als er 1890 sein théâtre réaliste en action gründete.

Der Hausdramaturg des Prinzen Hénin fügt seinem Berichte bei, daß dieser Dialog, ohne Gesten zum Vortrage gebracht, die Zuhörer vollständig kalt ließ.

Capon und Yves Plessis fahren dann fort:

»Anders stand es mit dem Chevalier de Grammont und mit Sophie: beide beendeten den Dialog in höchster Erregung. Kaum eine Stunde später suchte der verliebte Chevalier die Schauspielerin in ihrer Wohnung auf und hier wiederholten sie die Szene noch einmal, ohne auch nur eine Geste zu streichen.«

Was man bisher der Phantasie des Publikums überlassen hatte, vielleicht infolge eines kleinen Restes von Schamgefühl, wahrscheinlicher aber aus Scheu von dem Ungewohnten nicht gewagt hatte, auf die Bühne zu bringen, kam nun ganz ungezwungen zur Darstellung. Die Sociétés d'Amour sind durchaus keine Mythe und ließen es sich angelegen sein, ihrer auserwählten Schar von Zusehern ein scharf gewürztes Schauspiel vor Augen zu führen.

Diese Gesellschaften führen meist recht bezeichnende Namen: Ordre de Félicité, Société des Hermaphrodites (dieser gehörte die Voisenon an), Société d'Aphrodite, Société du Moment, Compagnie des Réjouis, Lesbos, Arracheurs des palissades (ein Ausdruck, der noch heute im Pariser Argot häufig ist) usw.

Diese dem Uneingeweihten unzugänglichen geschlossenen Gesellschaften hatten natürlich ihre Statuten, ein bis in jede Einzelheit festgesetztes Zeremoniell, ihre besondere Sprache, nur dem Eingeweihten verständlich, und ihr Zweck war

Bei den Göttinnen des Olymps.

82. Nach einem klassischen Gemälde Girodet's.

einzig und allein, »die Wollust und den geschlechtlichen Genuß zu einem Gegenstand des Studiums zu machen und untereinander der Liebe zu pflegen«. Es waren für die vornehme Welt regelrechte Hochschulen der Liebe, von denen man die Liebesakademien der Gelegenheitsmacherinnen streng getrennt halten muß.

Die Liebesakademien der Gelegenheitsmacherinnen bestanden nur zu dem Zwecke, um den Damen von Rang und Adel die Möglichkeit zu bieten, sich zu prostituieren, mit ihren Reizen Handel zu treiben, ohne aus ihren Kreisen herabsteigen zu müssen, alle Zweideutigkeiten, welche die Atmosphäre der zeitgenössischen Salons erfüllten, in die Tat umzusetzen. Ihr höchstes Glück bildet, gründlich, auf jede erdenkliche Weise »fourragées« zu sein, während sie bei dem Schauspiele handelnde Person und Zuschauer zugleich sind (actives und voyeuses).

Les Amours de Cythère, Les Lettres historiques et galantes de Mme. C... liefern uns genügende Einzelheiten über alle Vorgänge, die sich dabei abspielten. Diese Werke schildern uns die wollüstigen Orgien, welche — ein richtiger »Temple de la Félicité« — in dem »Tempel« der betreffenden Gesellschaft gefeiert wurden; Statuen des Priap, der Sappho und des Apollo, neben allen anderen Symbolen sexueller Genüsse, gehören zur Einrichtung dieser Lokalitäten.

ANTOINE ET CLEOPATRE

Antonius und Kleopatra.

83. Stich nach einer Komposition Annibale Caracchi's für die große Ausgabe des Aretino erschienen bei Didot.

Die berüchtigte Société des Amis du Crime, deren Organisation wir in Marquis de Sade's Juliette eingehend beschrieben finden, verfügte über ein eigenes Serail von Knaben und Mädchen, ein anderes mit erwachsenen Männern und Frauen, ja sogar eines mit Tieren, um jedem Geschmacke gerecht zu werden. Das Ganze ist eine glänzende Satyre auf jene Klubs mit pornologischer Tendenz — wie man sie zu bezeichnen pflegte — oder wie die Goncourts sich derber ausdrücken: »Sociétés de Cynisme.«

In den Räumen dieser Klubs fanden die unglaublichsten Darstellungen jener geheimen Theater statt, über welche seinerzeit soviel geschrieben wurde; hier lernten die Damen der hohen Gesellschaft an Schauspielerinnen und Tänzerinnen alle Geheimnisse des Venusdienstes durch Anschauungsunterricht kennen.

Zu jener Zeit waren die Schauspielerinnen, Tänzerinnen und Ballerinen der Opéra die Königinnen der Pariser Prostitution und wohlerprobte Meisterinnen in der Kunst, den Männern Genuß zu verschaffen (l'art de faire jouir les hommes).

Nicht selten ließ sich eine von diesen Damen an dem einen Tage beim Maréchal Prinzen Soubise oder beim Abbé Cerrai oder beim Herzog von Artois als Aktmodell bewundern; saß am folgenden Tag einem berühmten Meister zu einem Porträt für irgend einen großen Herrn und zeigte sich schließlich an einem dritten Tag in irgend einer lasziven Stellung unter den Gruppenbildern einer Société d'Amour.

Der Espion Anglais ist überreich an Einzelheiten über die Geschäfte, welche die berüchtigsten Dirnen der Residenzstadt auf diese Art trieben, und voll von zynischen Anekdoten über ihre Erlebnisse.

Es sei mir gestattet, hier eine von ihnen zu erzählen:

La Chanterie, ein Mädchen von seltener Schönheit, wurde von den Malern meist als Modell zu Madonnen und Heiligenbildern verwendet. Als nun ein Engländer, der einen etwas bittern Nachgeschmack von den »curiosités« der

Vorführung und Prüfung der Reize.

84. Inneres eines öffentlichen Hauses zur Zeit der Restauration in Paris.

Nach einer Radierung T o n y J o h a n n o t's.

Opéra bewahrt hatte, eines Tages die kirchlichen Sehenswürdigkeiten von Paris besuchte und in die Kirche von St. Thomas von Quin kam, rief er beim Anblick eines herrlichen Madonnenkopfes: »Ah! voilà la Vierge qui m'a donné la Chaude-pisse.«

V.

Die hier wiedergegebenen Illustrationen aus dieser Zeit sind Phantasiegebilde des Künstlers, geben aber einen tiefen Einblick in die intimen Sitten und das geschlechtliche Leben — das wichtigste Moment des XVIII. Jahrhunderts.

Notgedrungen übt die Phantasie einen gewissen Zwang auf den Ideengang aus und zaubert auf diese Art manchmal eine Wirklichkeit vor, welche die Phantasie in den Schatten stellt. So ist das in diesem Werke wiedergegebene Blatt keine Ausgeburt der Phantasie, sondern nackte Wirklichkeit. Es stellt den Bankier P e i x o t t e dar, die D e r v i e u x, eine der kostspieligsten Dirnen à la mode, mit sechs Pfauenfedern schmückend, die er ihr im Anus befestigt. Die komisch angehauchte Geschichte, die aber für ihn eher peinlich war, findet hier im Original Raum.

«Peixotte arrive un matin chez la Dervieux, fille jolie comme l'amour, toute jeune et très connue. Il offre cent louis si l'on veut dévoiler tous ses appas; on les accepte, on se déshabille en folâtrant, et le vieux satyre après quelques éloges sur une gorge et des charmes plus secrets qui méritoien des autels, s'extasie sur une chute de reins admirable; il admire, il touche, il palpe, il caresse, il se met à genoux devant des fesses qui le disputoient à celles de Vénus Callipige, lunettes sur le nez; représentez-vous l'infâme en délire et portant un doigt profane . . . — »Ah monsieur! retirez-vous, je n'en suis pas!« — »O belle enfant, je te donnerai ce que tu voudras, laisse-moi un instant!« — Il s'enhardit, elle se fache, sourit, et il s'en va avec la promesse de revenir.

»Le soir, la Dervieux conte à la T*** — un de ses bons amis, attaché au barreau — son aventure et conclut par dire qu'elle ne veut plus le voir. – »Tu es une sotte, tire-moi plutôt parti de ce goût hétéroclite. — Comment, tu voudrois? – Repose-toi sur moi et donne rendez-vous à ce vieux coquin. — Mais... s'il allait vouloir assouvir sa fantaisie? — J'entends, sois tranquille, je veillerai avec notre ami.«

Der Lebensfluß.

85. Philosophische Allegorie nach einer Radierung, welche man Grandville zuschreibt. Die Frau öffnet mit ihrer Hand die Lippen des »Lebensflusses«, welchem alle Wünsche, alles Begehren der Menschheit zustrebt.

«Rendez-vous donné et cent autres louis apportés et reçus, Peixotte demande pour toute grâce qu'on lui laisse placer entre ces belles fesses qu'il idolâtre, un petit étui de nacre de perle, très mignon et très joli. Après bien des contorsions risibles, la Dervieux laisse placer ce qu'on lui présente. Les deux amis étaient cachés, mais quel est leur étonnement de voir le sapajou tirer six grandes plumes de paon, déboucher l'étui et les faire entrer dans des trous faits exprès. Il se met ensuite à un bout de la chambre, la fait promener à quatre pattes et commence avec lui-même l'opération d'Onan, en contemplant la jolie perspective qu'il s'était faite. Sur ces entrefaites, et pendant que la petite folle se mirait dans les glaces et riait de tout son coeur, le vilain propose de remplacer l'étui. La belle, bien conseillée, se montre moins difficile, mais propose un autre rendez-vous et met cet étrange pucelage à 500 louis. Peixotte n'est point effrayé, il accepte: on prend jour, on se sépare et l'homme emporte son étui et ses plumes.

Im Atelier des Malers.

86. In der Ruhepause wird das Modell zum Weibe.

Nach einem Stiche Tony Johannot's (um 1828).

Alors la T*** bâtit un projet. Il suivait encore le barreau; au jour nommé, ils arrivent, son camarade et lui, chez la petite, en robe du palais. Son valet de chambre, garçon robuste et d'une riche taille, qui parfois, courait sur les brisées de son maître avec la voluptueuse Dervieux, portait un habit rouge, avec une tresse d'or et une épée, ce qui approchait beaucoup d'un surtout, uniforme de nos anciens inspecteurs de police. Deux grands et vigoureux laquais, en habit gris, composaient le reste de l'escorte. La petite, bien instruite de son rôle, surtout de faire déposer sur la cheminée les 500 louis, nos deux roués passent dans une autre chambre, aussitôt qu'ils entrevoient Peixotte qu'on annonce.

«La scène s'ouvre par la génuflexion, la contemplation et les adorations. L'étui revient sur jeu; le paon se promène pour mettre monsieur en train; mais au moment où les lèvres de l'aimable Dervieux touchaient le verre de l'Israëlite d'une manière trop brusque pour ne pas aspirer en entier la liqueur qu'il renfermait, les portes s'ouvrent inopinément avec bruit, et l'on annonce MM. les commissaires du Roi avec un inspecteur de police. La fille à qui, par un caprice singulier, l'expression de la passion de Peixotte cessait depuis quelques instants de lui paraître désagréable, reste immobile et se prête avec un certain plaisir aux mouvements du voluptueux banquier; celui-ci, entraîné par un feu dévorant, accélère la vivacité de ses mouvements, jette des regards troublés sur tout ce qui l environne, fait pâmer sa compagne et ne lâche prise qu'au moment où ses flammes cessent d'avoir de l'aliment. La Dervieux revenue à elle, veut alors se retirer; mais l'inspecteur l'arrête, la T***, de son côté, coupe le chemin au vieux fol qui commençait à s'intriguer de l'aspect de tant de personnes inconnues, et le magistrat se place auprès de la cheminée pour veiller à la sûreté de l'or qu'on y a déposé.

Alors, de l'air le plus grave, la T*** dit à Peixotte:

»Monsieur, la Cour informée des déportements qui se commettent chez mademoiselle, a délibéré que nous nous transporterions ici pour y procéder, à l'effet d'arrêter des débauches aussi scandaleuses que nuisibles à la population; reprenez vos sens et asseyez-vous.«

»Plus mort que vif, Peixotte s'assied dans un fauteuil et se remet dans un état décent, ainsi que sa jolie complice qui avait toutes les peines du monde à contenir ses ris. On apporte une table, le Conseiller au Parlement tire du papier de sa poche et la T*** dicte un procès-verbal où rien n'est omis . . .«

PELERINAGE DE LISET

Lisettens Pilgerfahrt.

87. Stich Tony Johannot's zu dem berühmten, gleichnamigen Liede Béranger's.

In Wirklichkeit sind es wüste Ausschweifungen, an denen sich zwei oder mehrere Personen beteiligen, seien es nun hohe Herren vom Hofe oder Kirchenfürsten, Kapuziner oder Jesuiten; mag es sich um Onanie oder Päderastie handeln, um Flagellation oder Tribadie, kurz: um diejenigen Arten des geschlechtlichen Genusses, die dem Geschmack jener Zeit ganz besonders entsprachen.

Onanie ist der ziemlich abstoßende terminus technicus für eine Reihe blumenreicher Ausdrücke, die der verschwenderischen Rhetorik des XVIII. Jahrhunderts zu Gebote standen, wie die folgenden Beispiele zeigen mögen: La voluptueuse approche des doigts libertins, l'art d'accoûtumer ses doigts à répondre aux désirs de la tête oder auch La façon la plus aisée de se donner de plaisir sans risques oder wie ein ebenso geistreicher wie boshafter Dichter, La Mettrie, in einem hübschen Reimspiel definiert:

Il est des Dames cruelles,
Et l'on s'en plaint chaque jour:
Savez-vous pourquoi ces belles
Sont si froides en amour?
Ces Dames se font entre elles
Par un généreux retour
Ce qu'on appelle un doigt de cour.

Lamartine und Elvira.

88. Erotische Karikatur von der Hand Nicolas Maurin's, die eine Lithographie zum Vorwurfe hat, auf welcher der berühmte Dichter dargestellt ist, wie er Elvira umarmt.

Die künstliche — Onanie genannte — Befriedigung der Sinne erfreute sich im achtzehnten Jahrhundert eines ganz besonderen Kults, schon deshalb, weil die Onanie zu den ständigen Gebräuchen in den zahlreichen Klöstern gehörte. Jedenfalls verstanden es die Künstler, dieser Freude der Einsamen eine ganz wunderbare sinnliche Atmosphäre zu geben.

Marquis de Sade, der allem Anscheine nach zur Gattung der »masturbé« gehörte, erfand eine eigene Bezeichnung hiefür: »branler«; und darin liegt nichts besonders Auffälliges, da ja »le branlage« ein Laster à la mode war. Zu jener Zeit schrieb Tissot ein Traité de l'Onanisme, eine Abhandlung, die bald außerordentliche Verbreitung und riesigen Erfolg hatte.

Viele berühmte Männer vom Tage waren Adepten der Onanie, die schon unter den ersten Christen soviele Anhänger hatte. Ihr Leben lang haftete ihnen die charakteristische Befangenheit an, die durch jenes geheime Laster hervorgerufen wird.

Daß viele Künstler der damaligen Zeit Anhänger der Onanie waren, erklärt es auch, warum sie gerade gewisse Szenen mit einer so außerordentlich

Le Peintre et son modèle.

Der Maler und sein Modell.

89. Das Blatt ist einer Sammlung entnommen, welche sich mit den verschiedenen Berufen befaßt und zahlreiche Blätter ähnlicher Art enthält.

ALFRED! ARRÊTE IL VA TROP VITE.

90. Dieses Bildchen — wie auch die beiden auf Seite 91 und 92 — sind Interpretationen »sans voile« (das heißt mit hochgeschobenen Röcken) der bekannten **Lithographien Nicolas Maurin's.** Die Kompositionen decken sich in beiden Fällen, nur die Platten sind seitenverkehrt.

wollüstigen Atmosphäre beim Reproduzieren zu umgeben wußten, besonders wenn sie Frauen darstellten, die einen Phallus liebkosen oder sich seiner mit einer Meisterschaft bedienen, mit einer Leidenschaft und einem so merkwürdigen Feuer, daß die Stärke ihrer Begierde keiner weiteren Betonung bedarf. Von diesen Frauen kann man sicherlich nicht behaupten, daß sie sich jener Beschäftigung temperamentlos hingeben; denn die Art und Weise, wie sie auf den Bildern das männliche Glied kräftig erfassen, beweist zur Genüge das Gegenteil.

Nicht mit Unrecht kann man wohl diese Bilder professionelle Ikone nennen, besonders wenn die weiche und geübte Hand einer wollüstigen Frau dabei mit im Spiele war.

Ein Kapitel für sich ist natürlich die Päderastie. Will man sich über ihre Bedeutung, über ihre ganz beträchtliche Entwicklung im Laufe des achtzehnten Jahrhunderts ein Urteil bilden, so muß man vor allem les Anecdotes pour servir à l'histoire secrète des Ebergors und die Werke des Marquis de Sade durchfliegen, der der Päderastie in allen Tonarten das Lob singt, mag es sich nun um das männliche oder weibliche Geschlecht handeln.

So erklärt der »göttliche Marquis« in seiner Justine, daß es absurd sei, diese Leidenschaft strafrechtlich zu verfolgen, da sie die Folge einer durchaus verschiedenen Anlage und natürlichen Beschaffenheit ist. »Die Idee der Päderastie«, wenn dieser Ausdruck gestattet ist, entwickelt er in der folgenden Weise:

»Ah! sacredieu, si l'intention de la nature n'était pas que nous f . . . des c . . . aurait-elle aussi justement proportionné leur orifice à nos membres; cet orifice n'est-il pas rond comme eux, quel être assez ennemi du bon sens peut imaginer qu'un trou ovale puisse avoir été créé par la nature pour des membres ronds. Ses intentions se lisent dans cette difformité.«

Diese Theorie gestattet die Schlußfolgerung, daß runde Oeffnungen für runde Glieder geschaffen sind, und verurteilt ohne Gnade gerade jenes bijoux, für welches das achtzehnte Jahrhundert so unendlich viel geopfert hat. Die berüchtigte Duvergier geht soweit, daß sie in Juliette zu ihrer Tochter sagt: »Les cons ne valent plus rien; meine Tochter, man ist ihrer überdrüssig, niemand verlangt mehr darnach.« Glücklicherweise hat ja Venus mehr als einen Tempel auf Cythere und es scheint, daß der Zeitpunkt psychologisch bewirkte, daß der Tempel auf der Rückseite mehr Anbeter fand als jener auf der Vorderseite.

Unter Heinrich III., unter Ludwig XIII., unter Ludwig XIV. hatte die Päderastie, die mit einem Schwarm von Hofleuten von Italien herübergekommen war, ihre eigenen Gesetze und eine regelrechte Organisation. Heinrich IV. handelte als echt französischer König, als er versuchte, dem schmählichen Brauch Schranken zu setzen. Auch zur Ehre Ludwig XIV. sei es gesagt, daß er nichts damit gemein hatte und sich einer solchen Verhöhnung der Naturgesetze energisch entgegenstellte, denn wenn die von Sade entwickelte Theorie einige Wahrscheinlichkeit hätte, wäre es ja ganz überflüssig, daß die Welt von Geschöpfen mit verschiedenen Geschlechtern bevölkert würde.

Am Hofe des Regenten Philipp von Orleans aber gelangte die Päderastie zu neuer Blüte, trotzdem ein spezielles Verbot für die Pagen lautete, daß es ihnen nicht gestattet sei, »de se besoigner ni branler la pique«, dagegen stand ihnen der Verkehr mit Frauen nach Belieben frei.

Wenn uns die berühmte Lanterne Magique du Régent mit ihren dreihundert Stichen erhalten wäre, würden wir alle Stellungen, alle geschlechtlichen Verirrungen an uns vorüberziehen

Der Vergleich.

91. Freiere Wiedergabe der Lithographie N. Maurin's, welche zwei Frauen zum Vorwurfe hat, die die Stärke ihrer Schenkel vergleichen. Der Vorgang erinnert lebhaft an das reizende Gedicht Grécourt's Ave Maria, welches mir hier am Platze erscheint.

L'Ave Maria

(Conte)

. . . .
Jésus, ma soeur, dit la jeune Sophie,
Qu'on voit en vous les merveilles de Dieu!
Quelle beauté! vous tes accomplie.
Voyez ce sein! le globe en est parfait.
Que ce bouton de rose-là me plaît!
J'y vois la main de la Toute-Puissance.
Et vous, mon coeur, reprit la soeur Constance,
Peut-on vous voir et ne pas l'adorer!
Tout est parfait, tout en vous m'édifie.
Lors le pieux examen sur Sophie
Va son chemin. On admire ceci,
Et puis cela, tant que par aventure
En certain lieu que la folle nature
Fit à plaisir, l'examen vint aussi.
Pieux élans, obligeamment mystiques,
Naissent alors, à cet objet frappant.
Ma chère soeur, l'agréable portique!
Le beau dessein! qu'il est simple et piquant!
Chez vous, ma soeur, lui réplique Sophie,
Mêmes appas, mon âme en est ravie;
Rien de si beau ne s'offrit à mes yeux.
Vous allez rire, il me prend une envie;
C'est de savoir un peu qui de nous deux,
A, plus petit, ce chef-d'oeuvre des cieux.
C'est vous, ma soeur: Non, ma soeur, je vous jure,
C'est vous. Eh bien! prenons-en la mesure,
Votre Rosaire est tout propre à cela.
On y procède. Eh, bon Dieu! dit Sophie,
Qui l'aurait cru? Vous l'avez, chère amie,
Plus grand que moi d'un *Ave Maria.*

GRÉCOURT.

Die Landpartie.

92. Montmorency, Sceaux, Robinson, les Bois de Romainville und wie die Ausflugsorte von Paris alle heißen mögen, welche durch die Romane Paul de Kock's so in Mode kamen, dienten unzähligen freien Bildchen als Unterschrift, welche stets ein Liebespaar in der Ausübung seiner Freuden zeigen. Im Gegensatz zu diesen standen ähnliche Liebesdarstellungen dezenterer Form.

sehen und hätten ein Dokument zur Geschichte der menschlichen Verirrungen von hervorragendem Werte. Die päderastische Ikonographie, die an sich wenig Interesse bietet, ist trotzdem ziemlich reichhaltig, wenn man die Illustrationen zu Marquis de Sade und anderen erotischen Werken in Betracht zieht.

Besonders die Armee und die Geistlichkeit standen in einem zweifelhaften Rufe und dienten, wie so manche der Illustrationen beweist, gar oft erotischen Kompositionen zum Vorwurf.

Was soll man über die Flagellation sagen? Über jene geschlechtliche Aufreizung, die, nach den Versicherungen der Eingeweihten, die höchsten Freuden zu spenden vermag?

Die Flagellation ist in Wirklichkeit eine erotische Monomanie, nicht ohne einen starken Zug zur Grausamkeit. Sie ist von England nach Frankreich herübergebracht worden. Im achtzehnten Jahrhundert erreichte sie eine außerordentlich große Verbreitung und bei der Gourdon, bei Justine Paris, bei der Richaud, kurz bei allen berühmten Kupplerinnen jener Zeit befand sich ein, namentlich für die Impotenten bestimmter, üppig ausgestatteter Saal, »salle de da flagellation« genannt, ganz besonders zu diesem Zweck hergerichtet und mit parfümierten Ruten reichlich versehen.

Aus der Korrespondenz der Madame Gourdon kann man leicht ersehen, daß die flagellantistische Art geschlechtlicher Befriedigung nicht allein von den Impotenten geübt wurde, die es nötig hatten, »sich das Blut in Bewegung bringen zu lassen, damit die schlaffen Organe ihrer Wollust einige Stärke erlangten«, sondern daß dieser Gebrauch auch sonst zahlreiche Anhänger hatte. Damals wie heute teilten sich die Flagellanten in zwei streng getrennte Gruppen: solche, die gern selbst peitschen, und solche, die ein besonderes Vergnügen dabei finden, gepeitscht zu werden. Natürlich schließt dies nicht die dritte Gruppe aus, die gleiche Freude am Geben und Nehmen, an beiden Arten der Operation, hat. So schreibt ein Kunde an die Gourdon:

»Paris, ce 2 Janvier 1774.

Je me rendrai demain chez vous, Je veux une autre fille pour me donner le fouet. Celle que j'avais l'autre jour, était gauche et ne connaissait

Appelle moi encore scélérat !.... si fait .... si fait .....
ca me fait plaisir....

Die heimlichen Liebschaften des M. Mayeux, von ihm selbst erzählt.

93. Eine Folge von 12 erotischen Lithographien mit Text, Brüssel 1832.
Die Blätter sollten 1835 aufs Neue erscheinen und zwar unter dem Titel »Die zwölf Liebestage des Mayeux.«

pas son métier, Je paie assez, pour être bien servi. Quant à celle que j'ai fouettée, je suis assez content. Prévenez-là qu'à la première séance je resterai plus longtemps, et la fouetterai beaucoup plus. Si cela ne lui convient pas, ayez-en une autre.«*)

An anderer Stelle sendet ein Mädchen, deren Dienste von der »Maman Gourdon« ständig in Anspruch genommen wurden, fünf Louis, die sie ihr von den zehn empfangenen abliefern mußte. Der Begleitbrief schildert die Eindrücke, die sie von dem Souper mit dem alten Banquier empfing, folgendermaßen:

»Wahrhaftig, für meine Leistungen ist diese Zahlung nicht zu groß. Ich mußte mich nackt ausziehen und mich rücklings auf seinen Rücken setzen, während er nackt auf allen vieren umherkroch. Den Kopf hatte ich seinem Hintern zugekehrt und während er mich rings im Zimmer herumtrug, mußte ich ihn mit

*) »Paris den 2. Jänner 1774.
Morgen komme ich zu Ihnen. Ich will aber ein anderes Mädchen, das mich peitschen soll. Das Mädchen, das ich das letztemal hatte, war ungeschickt und ihres Handwerks vollkommen unkundig. Ich zahle wohl genug, um Anspruch auf gute Bedienung zu haben. Was dagegen jene betrifft, die ich gepeitscht habe, so bin ich mit ihr recht zufrieden. Verständigen sie sie, daß ich länger bleibe und sie viel mehr peitschen werde. Wenn es ihr nicht paßt, sorgen Sie für eine andere.«

Elle n'est pas piquée des vers nom de D

Die heimlichen Liebschaften des M. Mayeux, von ihm selbst erzählt.

94. Eine Folge von 12 erotischen Lithographien mit Text, Brüssel 1832.

Die Blätter sollten 1835 aufs Neue erscheinen und zwar unter dem Titel »Die zwölf Liebestage des Mayeux«.

voller Kraft peitschen. Das dauerte zumindest eine Stunde. Ich konnte mich nicht enthalten, bis zu Tränen zu lachen, so oft ich mich im Spiegel erblickte. Was haben doch die Männer für sonderbare Launen!«

In den Exercices de Dévotion de M. Henri Roche avec Mme la Duchesse de Condor gibt uns Vaisenon die amüsanteste und wohl auch wollüstigste Darstellung der Liebe, die sich in Züchtigungen äußert, die amüsanteste und wollüstigste, die wohl je geschrieben wurde. Das religiöse Moment ist nur ein Vorwand mehr, den Vorgang reizvoller zu machen.

Madame de Condor: »Wissen Sie, mein lieber M. Roche, daß es mir äußerst peinlich wäre, wenn Sie verdammt würden, und noch dazu jetzt, wo wir eine so außerordentliche Hitze haben. Aber ich glaube, es wird nicht der Fall sein. Ist es nicht um der Liebe Gottes willen, daß Sie meine Vapeurs zerstreut haben? Haben Sie denn nicht das Vergnügen, das Sie daran gefunden haben, Gott aufgeopfert, wenn Sie überhaupt ein Vergnügen daran hatten?«

M. Roche: »Gewiß, Madame, ich habe ein großes Vergnügen empfunden, ein himmlisches, unvergleichliches Vergnügen, ein Vergnügen, wie es nur Engel empfinden können. Ich fürchte gar sehr, daß ich es nicht ganz Gott aufgeopfert habe und daß ich doch ein wenig der Verdammung anheimgefallen bin, als Sie mich in Ihre Arme drückten und als meine Hände Ihre Brüste drückten, die schönsten Brüste, die der Himmel je geformt hat. Wenn ich eine Rute hätte, würde ich mir die Schultern zerfleischen, um für jene Fehler zu büßen, welche ich etwa begangen habe, während ich an ihrer Heilung arbeitete.«

Madame de Condor: »Hier eine Rute. Doch ich bedauere, daß Sie sich vielleicht einer Strafe für eine Sünde unterwerfen, deren Sie sich am Ende nicht schuldig gemacht haben. Und so will ich denn das Tedeum singen, während Sie Ihre Bußübung vornehmen, auf daß Gott Ihnen verzeihe.«

Nun nimmt M. Henri Roche die Rute, während Madame la Duchesse das Tedeum intoniert. Doch schon nach der ersten Strophe ruft sie: »Halten Sie ein,

Monsieur, Ihre Gewissensbisse entfachen die meinen; wenn Sie gesündigt haben, so war ich die Ursache davon und ich bin es, die gestraft zu werden verdient. Und wenn das Vergnügen Verdammung nach sich zieht, so muß ich Verdammung befürchten, denn ich habe gar viel Vergnügen empfunden. Ich fürchte so wie Sie, daß ich dieses Vergnügen nicht ganz Gott aufgeopfert habe. Ich beichte und gestehe, daß ich nicht immer, wenn ich Ihre Liebkosungen empfing, besonders nicht in dem Augenblicke, wo sich unsere Herzen vereinten, ganz gesammelt war, daß ich leider Augenblicke hatte, wo ich nicht ausschließlich an Gott dachte. Von Ihrer Hand empfing ich Vergnügen und Heilung, so muß denn auch von Ihrer Hand die Strafe kommen. So nehmen Sie denn diese Rute und schlagen Sie mich.«

Nach diesen Worten streckt sich Madame de Condor auf einer Ottomane aus und ruft wiederholt: »Strafen Sie, Monsieur, strafen Sie doch die Sünderin!«

Beim Anblick so vieler Reize fällt M. Roche auf die Knie und sagt: »Ich will mich einen Augenblick sammeln, um Gott diese heilige Handlung,

Appèle moi encore Scélérat.... si fait.... si fait.... nom de D....

Die heimlichen Liebschaften des M. Mayeux, von ihm selbst erzählt.

95. Eine Folge von 12 erotischen Lithographien mit Text, Brüssel 1832.

Die Blätter sollten 1835 aufs Neue erscheinen und zwar unter dem Titel »D i e z w ö l f L i e b e s t a g e d e s M a y e u x«.

Mayeux chez la Saint-Ernest une des pourvoyeuses célèbres de l'époque. Il y rencontre une jeune et jolie personne qui était venue s'offrir, comme fille d'amour et la novice au Bordel fut bientôt chiffonnée par lui. L'infidélité de son septième amant avait forcé cette fille (que Mayeux baptisa du doux nom d'Octave) à embrasser la carrière de la jouissance chemin de raison et de philosophie, où jouir est tout, où le jour qui passe est la vie!

La belle craignait qui son instituteur ne s'aperçut des sept brèches faites au trou divin, mais lorsqu'il eut découvert et placé dans sa main douce et potelée de sacrificateur[1]) la novice laissa échapper un de ces scéélérat!! qui annoncent à la fois douce surprise et un certain contentement qui, chez Octavie, n'étaient que l'effet du plaisir qu'elle ressentait de penser que la huitième brèche effacerait les sept autres.

[1]) C'est à dire le membre viril.

AH! SEDUTRICE, TU FROTTES LA BOSSE A MAYEUX.

Die heimlichen Liebschaften des M. Mayeux, von ihm selbst erzählt.

96. Eine Folge von 12 erotischen Lithographien mit Text, Brüssel 1832. Die Blätter sollten 1835 aufs Neue erscheinen und zwar unter dem Titel »Die zwölf Liebestage des Mayeux«.

die ich auszuführen im Begriffe bin, aufzuopfern, ich will Gott bitten, daß er sie gütig entgegennehme.«

In dieser Stellung betrachtet er alle Reize der schönen Sünderin, wovon der geringste hinreichen würde, wie man zu sagen pflegt, den Papst und seine siebzig Kardinäle aus der Fassung zu bringen. Der Vollmond hat weniger Glanz. Marmor ist nicht so fest und Seide nicht so angenehm zu berühren. Eine leise Röte belebt zwei kleine Grübchen auf jeder Wange und rings um diese Grübchen sind zwanzig blaue Äderchen, die sich nach verschiedenen Richtungen kreuzen und nach zwei Säulen hin verlaufen, die die Natur nur mit Aufbietung all ihrer Kunst so vollendet zu schaffen vermochte.

M. Roche: »Verzeihung, Madame, meine Augen sind ganz geblendet, ist er der Sünder?«

Madame de Condor: »Ja, er ist es. Schlagen Sie, schlagen Sie fest.«

Und der gute Herr Roche schlägt, schlägt mit vieler Liebe so fest und so trefflich, daß er endlich eindringt. Das Wortspiel des Originals, das auf die Worte der heiligen Schrift hinzielt:

»Frappez et l'on vous ouvrira«

ist im Deutschen nicht wiederzugeben.

Doch dieser Herr Roche, der so umständliche Vorbereitungen trifft, ehe er straft, und dessen Lust dadurch in so hohem Grade erregt wird, ist nichts weiter als ein Phantasiegebilde. Die anderen Flagellanten aber, welche uns sonst entgegentreten, sind in ihrer Physiognomie, in ihren Stellungen dem Leben entnommen und geben kostbare Illustrationen zur Geschichte dieser sonderbaren Leidenschaft ab.

Nicht weniger instruktiv ist für uns Le catéchisme libertin à l'usage des filles de joie et des jeunes Demoiselles qui se décident à embrasser cette profession. Dieser Katechismus klärt in präzisen Fragen und Antworten über alle notwendigen Einzelheiten auf. So besagt er, daß das Freudenmädchen hinter seinen Spiegel eine ganze Reihe merkwürdiger Gegenstände

Ah! Seductrice tu frottes la bosse à Mayeux! vas!............... vas!!............vas!!!..............

Die heimlichen Liebschaften des M. Mayeux, von ihm selbst erzählt.

97. Eine Folge von 12 erotischen Lithographien mit Text, Brüssel 1832.

Diese Blätter sollten 1835 aufs Neue erscheinen und zwar unter dem Titel »Die zwölf Liebestage des Mayeux.«

»Le champagne mousse, les chansons gaillardes se succèdent, entre autres la suivante:

Vite un coup d'poignet
C'est la devise de Nanette,
Vite un coup d'poignet
C'est si tôt fait.

et Mayeux, placé entre deux filles charmantes, veut essayer si les légères oscillations d'une jolie main valent d'autres plaisirs. Sa main droite chatouille un c . . de carmin et un poil d'ébène, tandis que la gauche pelotte des fesses adorables. Posé, plutôt qu'assis, sur un divan il laisse aller sa tête dans un des bras de celle qui titille le nerf érecteur[1]), chacune de ses partenaires cherche un nouveau moyen d'augmenter ses transports, lorsque celle que Mayeux fourageait en plein c . ., pour lui rendre le plaisir qu'elle ressentait, s'imagine de passer légèrement la main sur l'énorme protubérance qui le distingue et fait sentir à cette bosse, jusqu'alors insensible, tout le plaisir qu'éprouve une paire de couilles[2]) quand une main exercée lui fait la patte[3]) d'araignée. Alors, Mayeux sue la jouissance par tous les pores, son visage' s'anime, son poil se hérisse, et s'adressant tour à tour à chacune des belles, selon l'exercice de ses fonctions, il leur dit d'une voix entrecoupée. »»Ah! séductrice! . . tu frottes la bosse à Mayeux . . . vas! . . vas! . . vas!!««

[1]) C'est-à-dire le membre viril.
[2]) Les bourses.
[3]) C'est-à-dire les chatouille.

Tu n'es pas piquée des vers, nom de D.......

Die heimlichen Liebschaften des M. Mayeux, von ihm selbst erzählt.

98. Eine Folge von 12 erotischen Lithographien mit Text, Brüssel 1832.

Diese Blätter sollten 1835 aufs Neue erscheinen und zwar unter dem Titel »Die zwölf Liebestage des Mayeux«.

Suivons M. Mayeux dans la chambre d'une grisette qu'il vient d'enlever à un sergent de la garde municipale.

Un Roquelaure se fut couché, eut dérangé une chaise, un rien, qui aurait trahi l'infidélité de la maîtresse du soldat chargé de la morale publique, mais Mayeux place la belle en batterie et termine en l'admirant le couplet de Désaugiers.

La lune dans son plein
De ton beau ciel est le parfait modèle.
La lune est blanche, et ton cul de satin
Est aussi blanc, aussi joufflu qu'elle!
Ah! si la lune de ton cul
Avait la hauteur importune
Je serais un homme perdu
Car aujourd'hui, je prends ton cul,
Et je ne puis prendre la lune.

mais la jouissance le suffoque et il décharge*) en disant: Tu n'es pas piquée des vers, nom de D . . .

*) Achever le plaisir, en éjaculant.

haben müsse, in den Laden seiner Komode aber alle Arten von Ruten und Geißeln, die man sich nur denken kann. Dieser Katechismus, der auf das sorgfältigste ausgearbeitet ist, bringt jede, auch die kleinste Einzelheit zur Sprache. So liest man unter anderem daselbst den folgenden Passus:

»Von der Geschicklichkeit einer Dirne allein hängt es ab, ob sie einen Mann zur dauernden Kundschaft bekommt. Besonders die Abbés haben eine hohe Vorliebe für die Geißelung. Es gibt Abbés, die sich fesseln lassen und nicht eher befriedigt sind, als bis die Dirne ihnen den Hintern vollkommen zerfleischt hat.«

Auf die Frage:

»Hat die Dirne das Recht auf doppelte Bezahlung für eine so ermüdende Tätigkeit?« gibt der Katechismus die folgende Antwort:

»Selbstverständlich; denn wenn es der Dirne auch Vergnügen macht, einen schönen Hintern zu peitschen, so kann der Mann sie doch über ihre Kräfte in Anspruch nehmen, und sie hat dann das Recht, eine besondere Entlohnung zu beanspruchen und Ersatz für die Ruten zu verlangen, die bei dieser tragikomischen Zeremonie abgenützt worden sind.«

Es ist ein sehr treffender Ausdruck, diese frappage de revers de médailles als tragikomische Zeremonie zu bezeichnen, umso treffender, wenn wir gleich darauf im Katechismus die Antwort auf die Frage lesen: »Was soll die Dirne reden, während sie geißelt?« Das folgende muß man lesen und sich merken; denn schwerlich ist etwas Komischeres im Arsenal de la Dévotion à messire Luc (Cul) zu finden als die folgende Antwort:

»Ihre Unterhaltung muß dem Charakter und der Laune des Mannes sich anpassen, den sie geißelt. Es gibt Geschöpfe, die verlangen, daß man auf ihren Hintern fluche wie auf einen Karrengaul, daß man sie mit den schmutzigsten Namen traktiere und jedes Schimpfwort mit einem wohlgezielten Hiebe begleite.

Andere wieder sind ganz im Gegenteil von sanfter Gemütsart und verlangen, daß man wieder die unschuldigen Spiele der Kindheit treibe, indem man vorgibt, bei ihnen kindliche Strafen in Anwendung zu bringen, und nichts erregt sie mehr als solche Worte, die aus dem Munde von Frauen so mächtig wirken: Kleiner Schelm, kleiner Racker, . . . man wird dich bis aufs Blut peitschen, . . . vorwärts, herunter mit den Hosen, folge schnell . . .« und tausend andere Redensarten in diesem Sinne.

allons nous faire des Scélératesses, nom de D....

Die heimlichen Liebschaften des M. Mayeux, von ihm selbst erzählt.

99. Eine Folge von 12 erotischen Lithographien mit Text, Brüssel 1832.

Diese Blätter sollten 1835 aufs Neue erscheinen und zwar unter dem Titel »Die zwölf Liebestage des Mayeux.«

»Mayeux, souple comme un gant, facile comme un écureuil pose dans un même moment, sa pine dans une bouche, et sa langue dans un con, et fait passer par tous les plaisirs celle qui le possède hélas! un seul instant. Et les femmes pourraient préférer à ce mouvement perpétuel de fouterie, à ce bonheur donné par un bossu, les caresses bourgeoises, froides et guindées d'un homme qu'on trouve superbe parce que sa colonne vertébrale est droite comme un 1. Non les gaillardes s'y connaissent; elles prient, elles pressent, elles obscèdent Mayeux et savant tout ce qu'il promet tout ce qu'il peut tenir quand il leur dit avec un charme irrésistible: »Allons nous faire des scélératesses! Nom de D . . . !!

In der Bilderausstellung.

100. Diese erotische Karikatur beschäftigt sich mit den Bilderausstellungen unter Louis-Philipp, welche in den Sälen des Musée du Louvre stattfanden. Doch darf man darin nicht nur eine Verspottung des bei den Ausstellungen dieser Zeit überwiegenden Nackten und der Besucher sehen; der Künstler zeigt uns auch die unvermeidlichen Folgen einer erotischen Ausstellung auf die Besucher.

Und siehe da, es handelt sich hier durchaus nicht um kleine Schelme, sondern gewöhnlich um recht alte, welche uns die Darstellung im Bilde vorführt, wie sie Mgr. Luc den Streichen der Ruten darbieten, während La bonne Putain sie von vorne bearbeitet. Andere allerdings machen mit der Rute in der Hand Jagd auf die arme Dirne und finden erst dann ihre Befriedigung, wenn sie das arme Geschöpf blutig geprügelt haben.

Daß die Abbés, wie überhaupt die Mitglieder des Klerus, eine besondere Vorliebe für das Peitschen hatten, darf uns nicht besonders wundernehmen, seitdem wir die Liebhaberei der Pfaffen aus dem heute so wohlbekannten Buche von Pierre Manuel, La police de Paris (1794), kennen gelernt haben. Dieses Buch enthält ein eigenes dem Klerus gewidmetes Kapitel mit der Ueberschrift: De la police sur les prêtres. Es ist besonders in der letzten Zeit stark geplündert worden.

Unglaublich ist es, was für erschütternde Dokumente, was für Zeugnisse der Ausschweifungen jener Zeit diese Protokolle der Polizeiinspektoren enthalten, die von der zitternden Hand des Schuldigen unterfertigt sind.

Alle Orden finden sich darin vertreten, die Cordeliers, Bernardins, Carmes, Dominicains, Capucins, Récollets, Minimes, Piquepuciens, Feuillants, Augustiner, Premonstratenser, Théatins, Célestins, Oratoriens, Pénintents de Nazareth, Hermutes, kurz Geistliche aller erdenklichen Orden, die Jesuiten mit inbegriffen, und alle Rangstufen der kirchlichen Hierarchie.

Die Illustrationen, die in dieses Werk aufgenommen sind, können bis zu einem gewissen Grade diese inhaltsreichen Protokolle erläutern, weshalb eines hier in der Übersetzung Platz finden möge. Es ist vom 26. Oktober 1765 datiert.

Donnez moi du colou a faire

Lithographie, J. Schäfer zugeschrieben.

101. Das Schild in der unteren Ecke sagt: Foutrichard, éditeur d'anatomie (Foutrichard gebildet vom Zeitworte foutre, welches v . . . . . bedeutet); eine womöglich deutlichere Erklärung geben die Bilder an den Wänden.

Ich, der endesgefertigte Honoré Regnard, 53 Jahre alt, ordentlicher Priester des Augustinerordens und Pfarrer von Ste. Cathérine, bestätige hiemit, daß mich der sieur Marais bei der St. Louis, rue du Figuier, getroffen hat, zu welcher ich aus freiem Willen gestern gekommen bin, um mich mit der Felix zu unterhalten, die ich von ihr entkleiden ließ und die ich mit meiner in den Zipfel meines Mantels gewickelten Hand berührte. Heute unterhielt ich mich mit der Felix und mit Julie, ihrer Gefährtin, die mir die geistlichen Gewänder auszogen. Sie haben mich als Frau verkleidet, mir Rot aufgelegt und Schönheitspflästerchen. Der Inspektor hat mich in diesem Zustande überrascht. Ich gestehe hiemit, daß ich seit mehreren Jahren diese Laune mit mir herumtrug, die ich früher nicht befriedigen konnte. Urkund dessen habe ich diese Erklärung gezeichnet, welche die volle Wahrheit enthält.

Diese Polizeirapporte, ferner die Bulletins »des Nuits de Paris«, die dem König Ludwig XV. jeden Tag vorgelegt wurden und über die von 1755 bis 1766 Register vorhanden sind; ferner »Les confessions d'une jeune fille« in der berühmten Sammlung »l'Espion Anglais« sind außerordentlich ausführlich und, was die wahren Herkulesarbeiten betrifft, die der Klerus leistete, überaus reichhaltig. Es mag wohl auffallen, daß man in diesen Berichten nur selten einem Jesuiten begegnet. Doch berechtigt dies nicht etwa zu dem Schlusse, daß die Jesuiten dem Laster weniger ergeben waren, sondern bloß, daß sie sich hüteten, sich in den Bordellen öffentlich bloßzustellen.

Sie machten ihrem Ruf eben damals schon Ehre und zeigten sich schon damals als echte Jesuiten.

Die Lektüre der heiligen Bibel.

102. Erotische Karikatur eines Gemäldes, welches im »Salon« unter Louis-Philipp ausgestellt war.

Die allgemeine Verderbtheit des Klerus im achtzehnten Jahrhundert ist übrigens eine allgemein viel zu bekannte Tatsache, als daß man länger dabei verweilen müßte.

Was die Vorgänge in den Klöstern betrifft, so gibt es auch da gerade genug Dokumente, die die Sittenverderbnis in den krassesten Farben schildern. Diderot's »La Religieuse« und die außerordentlich klaren Mitteilungen, welche Marquis de Sade in der »Juliette« über die Mädchen bringt, deren Erziehung im Kloster Panthémont besorgt wurde, sind in dieser Beziehung erschöpfend. Dieses vornehme Kloster erzog die schönsten und schamlosesten Frauen jener Zeit. Zahlreiche Stiche waren im Umlauf, welche die Unterschrift bijou des religieuses führten. Sie lassen an Deutlichkeit nichts zu wünschen übrig. Im übrigen wurde ja über dieses Thema der merkwürdigen Vereinigung von fleischlicher Lust und Frömmelei schon hinreichend viel geschrieben.

Hier nun die letzte Form geschlechtlicher Ausschweifungen, die Tribadie. Fand schon der Venuskult vielen Anklang, was muß man erst von dem Kult von Lesbos denken, dem alten, feierlichen, von dem ein Schriftsteller berichtet, daß er niemals so sehr gepflegt wurde wie im XVIII. Jahrhundert.

Tribaden finden wir überall, im Leben wie im Roman, und Szenen lesbischer

Vom „Bal de l'Opéra" unter dem zweiten Kaiserreich.

103. Im Logengang: Der Tanz der Schäferin.

Aus einem Zyklus erotischer Lithographien.

oder sapphischer Liebe, tribadische Orgien, werden mit schlecht verhehlter Befriedigung in einer ganzen Reihe von Werken und kleinen Büchern berichtet, um deren Besitz sich die Liebhaber des Devin plaisir erbittert herumbalgten. Es war ein Vergnügen, das nicht nur seine Bewunderer und Anhänger hatte, sondern auch seine »voyeurs«. La Confession d'une jeune fille, die im Espion Anglais, von Mairobert, erschien, ist geradeso bezeichnend und belehrend wie die ungeheuerliche tribadische Szene, die Mirabeau in seinem Werk Ma Conversion (London 1783) mit allen Einzelheiten wiedergibt. Dreissig Hofdamen beteiligen sich daran. Die unter dem Schutze des strengsten Inkognitos sich abspielende Szene hat aber natürlich trotzdem ihre Zuschauer, privilegierte Hofleute, welche dem exklusivsten Hofzirkel angehören.

Die Tribaden sind ob ihrer »langen Clitoris« (Drei Zoll Clitoris), die abnorm groß ist, sehr gesucht, auch deswegen, weil sie mit ihrer sapphischen Anlage natürliche Neigungen zur Päderastie verbinden; aktiv zeichnen sie sich durch die Länge ihres Organes aus; passiv weil sie infolge der außerordentlichen Reizbarkeit ihrer Sinne sich so überaus leicht den Leidenschaften der Männer fügen.

Die berüchtigte Sekte der Anandryne, die ihre Orgien im »Tempel der Vesta« feierte, wurde schon früher erwähnt. An dieser Stelle möge noch hinzugefügt werden, daß der charakteristische Apparat dieser geheimen Feste in der zeitgenössischen Literatur wiederholt mit minutiöser Genauigkeit beschrieben wurde: Statuen des Priap, Gruppen von Männern und Frauen in allen erdenklichen Stellungen und Verschlingungen, Fresken, klassische Szenen des Tribadismus dar-

Partie zu Vieren.

104. Erotische Lithographie von Henry Monnier.

Die beiden Frauen, welche sich von vorne umschlingen, werden von den beiden männlichen Gestalten von rückwärts umfaßt.

stellend. Vestalische Feuer auf den Opferaltären, die mit der Büste Sapphos geschmückt sind, rings umgeben von den berühmtesten griechischen Tribaden. In diesem Milieu vereinigen sich die Paare, Mütter und Novizen sitzen à la turque im Kreise, während die Präsidentin mit ihrer Schülerin auf einem großen Diwan thront. Das Amt einer Präsidentin war durchaus keine Sinekure, besonders wenn es so ernst genommen wurde, wie von der berühmten Raucourt von der Comédie Française. Des übrigen zählte dieser Vesta-Kultus zu seinen vornehmsten Adepten Mme. de Furieul, die Frau des General-Prokurators, die Clairon, die Marquise de Téchal, bekannt durch ihre raffinierten Verkleidungskünste, durch die sie sich erst den vollen Genuß ihrer Launen bereitete, die Schauspielerin Arnould und viele andere.

Die Sekte der Anandryne hatte ihre Archive, in denen die Protokolle über die geheimen Feste niedergelegt wurden, sie hatte auch ihre offizielle und geheime Literatur. L'histoire de la secte Anandryne, l'histoire intime de Melle Raucourt, l'Apologie de la secte Anandryne ou Exortation à une jeune fille tribade par Melle Raucourt, prononcée le 23 Mars 1778 sind Dokumente für die Sittengeschichte des achtzehnten Jahrhunderts, fast wäre man versucht zu sagen für die Geschichte der öffentlichen Sitten, weil ja die Kunst der lesbischen Liebe und die vielfältigen

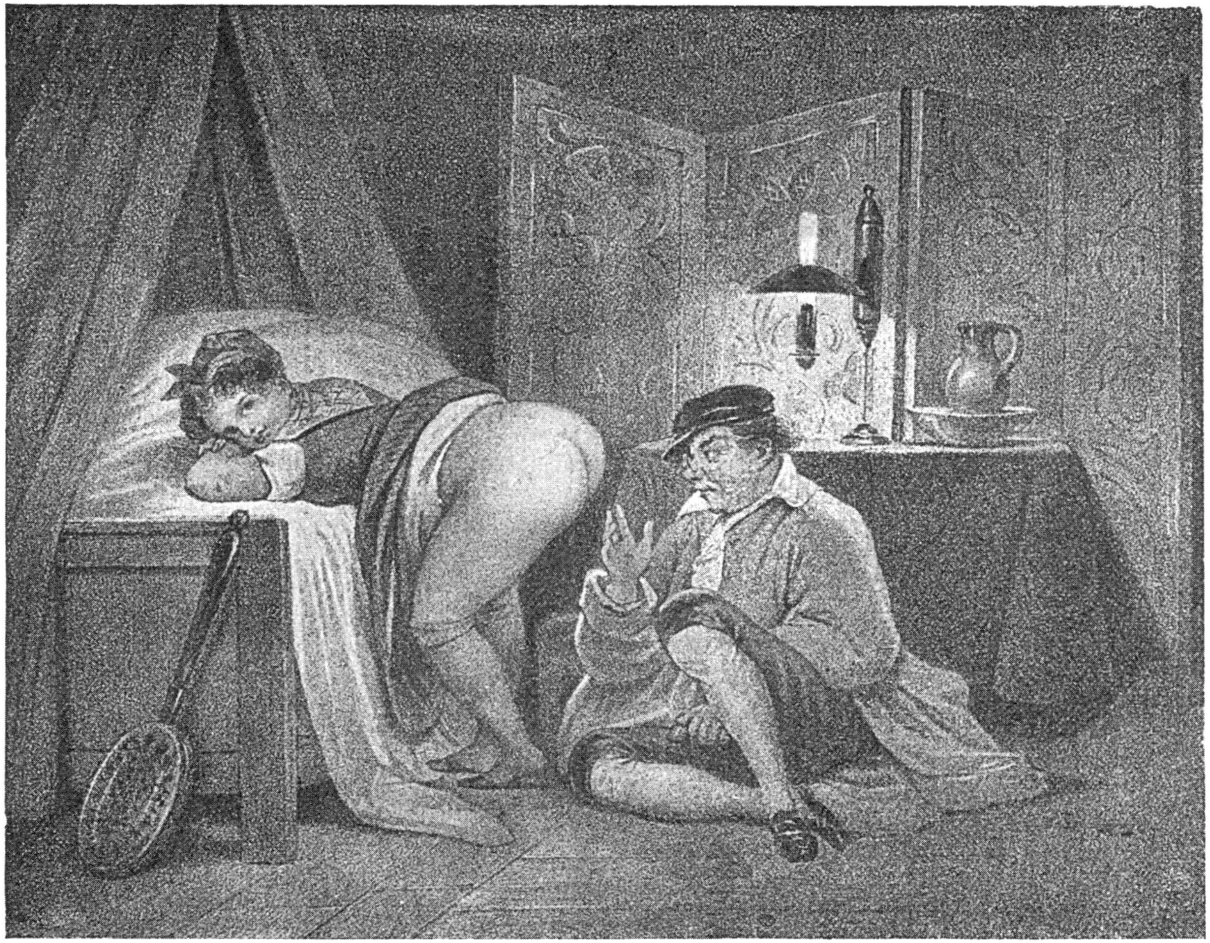

eh bien? êtes vous prèt

„Nun, sind Sie bereit?“

105. Lithographie aus einer Sammlung, welche die verschiedenen Stellungen des geschlechtlichen Verkehres zum Vorwurf hat und als Unterschriften führt: »Ist es so bequem?« »Hören Sie nicht auf, nur weiter!« und andere.

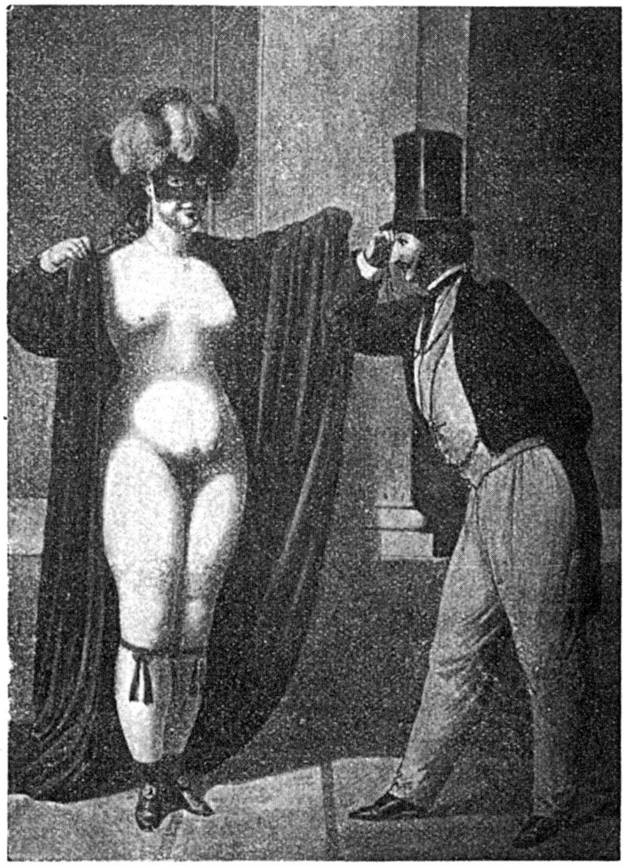

Vom „Bal de l'Opéra" unter dem zweiten Kaiserreich.

106. Im Logengang: Das Anbot.

Aus einem Zyklus erotischer Lithographien.

Genüsse des Tribadismus schon längst aufgehört hatten, Geheimgut zu sein.

Die »Exortation«, auch unter dem Schlagwort »Le discours de la Raucourt« bekannt, wurde tatsächlich im »Espion Anglais« ungekürzt nacherzählt und niemand, so scheint es, nahm an diesen ausführlichen und ganz unverschleierten Aufklärungen Anstoß.

»Das Vergnügen des Tribadismus ist uns durch die Natur eingeimpft, es verstößt nicht wider die Gesetze; es ist der Tugendwächter der Mädchen und Witwen; es erhöht unsere Reize, erhält sie, bewahrt sie frisch und verlängert ihre Dauer. Das Vergnügen des Tribadismus ist der Trost unseres Alters, es streut endlich Rosen ohne Dornen auf unseren Lebenspfad.«

Darnach darf man sich nicht darüber wundern, daß der Tribadismus, vom Fuß bis zum Gipfel der sozialen Stufenleiter, von sovielen Frauen des achtzehnten Jahrhunderts ausgeübt wurde und daß soviele unter ihnen in Büchern wie L'Almanach des Demoiselles, L'Almanach des citoyennes les plus actives de Paris mit dem bezeichnenden Beiwort »tribade« stehen. Und diese Bezeichnung erregte einen besondern Appetit bei denjenigen, die nicht von der Partei waren.

Die berühmte Raucourt mußte ihre Züge oft im Bilde reproduziert sehen; manchmal stellte man sie sogar dar, wie sie ihre Funktionen ausübte. Die Raucourt bei ihrer Tätigkeit hieß ein bewegliches Kartonbild, unter das man, zu Ehren der großen Tribadistin, folgende pikante Verse gesetzt hatte, die von der Chronique scandaleuse aufgezeichnet worden waren:

Pour te fêter, belle Raucourt,
Que n'ai-je obtenu la puissance

De changer vingt fois en un jour,
Et de sexe et de jouissance.
Oui, je voudrais, pour t'exprimer
Jusqu'à quel degré tu m'es chère,
Être un jeune homme pour t'aimer
Et jeune fille pour te plaire.

Vielleicht hätte auch das einer so hochbegabten Frau am Ende noch nicht genügt. Die Gesellschaft war ja beim Paroxismus der Ausschweifung angelangt. Es gab Frauen- und Männer-Bordelle mit Sälen, in denen für die Befriedigung jeder Art von Geschmack gesorgt war. Frauen der Aristokratie, von höchster Geburt, setzten sich's in den Kopf, den Zynismus soweit zu treiben, daß sie Ehre darein setzten, gelegentlich bei einer öffentlichen Kupplerin wie der Gourdan zu hospitieren. Zweifellos gaben sie sich dabei zu jeder Laune her und benahmen sich als vollkommene Dirnen, »um in der Übung zu bleiben«.

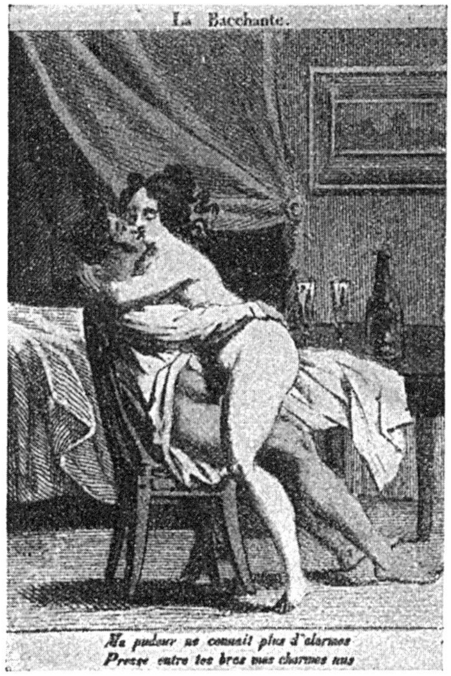

Die Bacchantin.

107. Aus einer erotischen Illustrationsfolge zu »Les Chansons de Béranger«, in Brüssel erschienen.

V.

»Verloren ist jeder Tag, der nicht dem Vergnügen geweiht war« — so reden in der Justine des Marquis de Sade die Eltern auf dem Sterbebette.

Als das achtzehnte Jahrhundert in Kot und Blut zusammenbrach, wären wohl wenige Tage zu streichen gewesen, denn es stand unter der Herrschaft des ununterbrochenen Genusses. L'art de jouir, von La Mettrie, erscheint, an diesem Genuß gemessen, recht ärmlich.

Und das Ideal des Weiblichen scheint die sinnliche Frau gewesen zu sein, die das Liebesspiel bis in die geringsten Details versteht, sie nach den Bedürfnissen der gegebenen Gelegenheit zu verwerten weiß, die Frau, die in der Kunst, dem Manne das Maximum von Wollust und raffiniertesten Genüssen zu bieten, Meisterin geworden ist. In Wahrheit war also, ob verheiratet oder nicht, ob öffentlich oder privat, das Ideal die Hure, der Mirabeau, der Verfasser der Philosophie du Boudoir, eine so eminent soziale Rolle zuschreibt.

Man sagt mit lautem Appell so: diese öffentlichen Opfer männlicher Ausschweifung, die immer bereit sind, sich ihrem Temperament oder ihrem Geschäftsinteresse auszuliefern, sind glückliche und verehrungswürdige Wesen, die nur leider von der großen Meinung gebrandmarkt werden. Aber die Wollust setzt ihnen die Krone aufs Haupt; auch sind sie für die Gesellschaft notwendiger als die Keuschen, weil sie den Mut haben, der Gesellschaft zu dienen, trotzdem diese

Die Entbindung.

108. Aus einer erotischen Illustrationsfolge zu »Les Chansons de Béranger«, in Brüssel erschienen.

ihnen ungerechterweise die Anerkennung versagt. Hoch leben alle, in deren Augen das Wort Hure eine Ehrung ist! Die Hure ist die wahrhaft liebenswürdige Frau, die einzige wahre Weltweise!

Die Rehabilitierung der Dirne durch den Hinweis auf die soziale, höchst wichtige Aufgabe, die sie erfüllt, ist ein Dogma, das auch dem Restif teuer ist. Er kommt an mehreren Stellen seiner »Werke« darauf zurück und nur ein Schriftsteller des achtzehnten Jahrhunderts vermochte diese durchaus nicht banale Idee auszuhecken und die Ausführung zu unternehmen.

Wir sagten am Anfang dieses Buches, daß die höheren Stände schon geraume Zeit vor dem Jahre 1789 ihre eigene Revolution gemacht hatten, die Revolution der Sitten und der Ideen, daß sie sich über alle Gesetze menschlicher Schicklichkeit hinwegsetzten, genau so wie die sadistischen Orgien der mit genugsam bekannter Wut ausbrechenden Revolution nur als die Wirkung aufzufassen sind, die mehrere Jahrhunderte laut ausposaunter Unsittlichkeit im Gefolge gehabt haben. Die Sodomie, die Bestialität und andere Laster in Restifs Vorwort zu Dom Bougre aux Etats Généraux ou Doléances du Portier des Chartreux entwürdigen die Franzosen seit fünf oder sechs Generationen.

Jeder weitere Kommentar wäre zwecklos; besonders nach der These der Doktoren Cabanès und Mars in ihrer Névrose révolutionnaire, obgleich diese These weder allgemein noch im rein wissenschaftlichen Sinn haltbar ist; die beiden Gelehrten ließen sich nämlich dazu verleiten, aus dem Worte révolutionnaire Folgerungen zu ziehen, die im Hinblick auf gewisse politische Ideen und gewisse Regierungsformen unrichtig sind.

La névrose révolutionnaire ist in Wirklichkeit nicht das Ergebnis der neuen demokratischen oder republikanischen Ideen — wenn man sie so nennen will —, die um 1789 vorherrschten, nein, sie ist vielmehr die Folge, die unausbleiblich notwendige Wirkung der Laster, die die ganze Gesellschaft vor dem Jahre 1789 mit Fäulnis durchsetzt haben.

Flüchtiger Schaum! — Aber eine Gesellschaft, die sich in der Bildung befindet, gleichsam im Zustande der Schwangerschaft, kann keinen »Schaum« haben. Dagegen ist es den faulenden, verbrauchten, absterbenden Gesellschaften eigen-

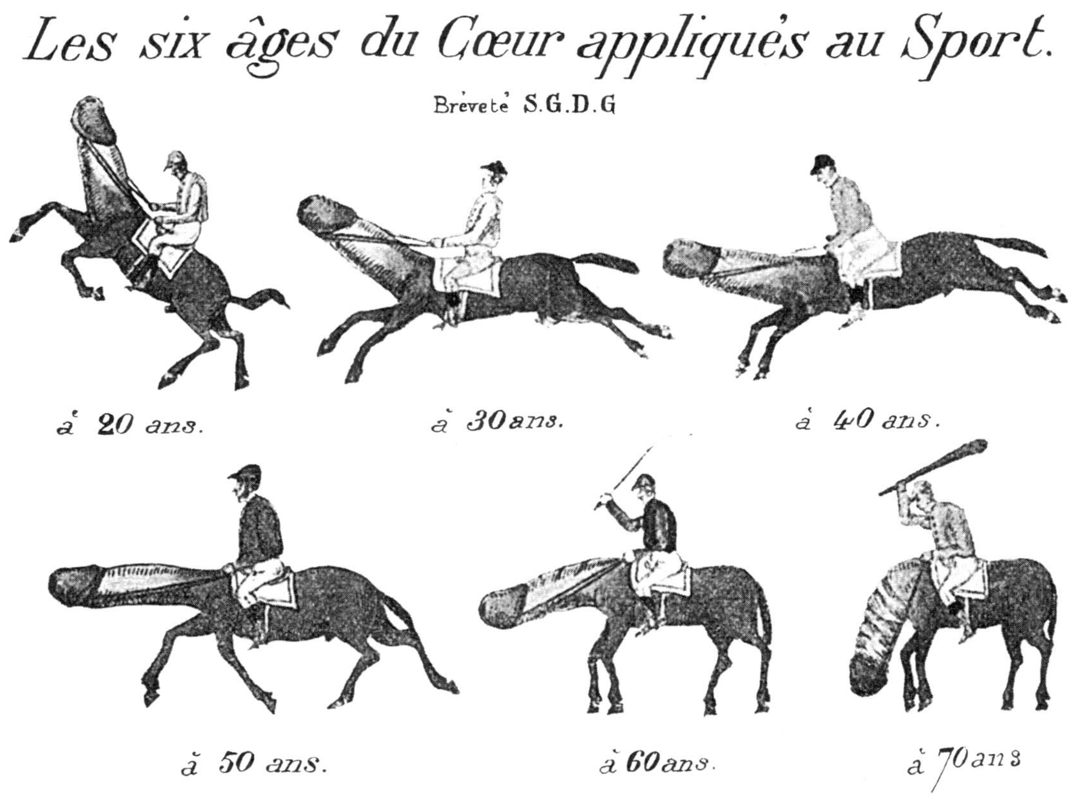

Die Lebensalter des Mannes.

109. Uralte immerwiederkehrende Darstellung.

Am Ufer.

110. Lithographie von Henry Monnier.

tümlich, daß sie notwendigerweise die Spur ihres Niederganges und gleichzeitigen Verschwindens hinterlassen.

Die Gemeinheiten und Schändlichkeiten, die Sade in seinen dreckigen und unlesbaren Romanen niedergeschrieben hat, sind durchaus nicht das Produkt einer zügellosen Phantasie allein. Freilich hört man nicht auf, darüber zu schreiben, und diejenigen, die mit inbrünstiger Heuchelei in dem göttlichen Marquis am liebsten einen Propheten neuer Ideen sehen möchten, wiederholen es in allen Tonarten. Aber Restif, der unserem erotophilen und erotomanischen Schriftsteller durchaus nicht besonders geneigt war, gibt sehr deutlich zu verstehen, daß die Schauderhaftigkeiten des Sade nichts weiter als die Beschreibungen der skandalösen Niederträchtigkeiten waren, die sich täglich in einem gewissen Bordell des Foubourg Saint-Antoine abspielten, wo der Herzog von Orléans, der Graf Artois und viele andere Hofleute ein- und ausgingen.

Früher konnten die unflätigen Epigramme und Chansons aus einem bestimmten Milieu nicht hinaus, aber in den letzten zwanzig Jahren des Königtums wurden alle Zuchtlosigkeiten, unverschämten Hetzlieder, geschlechtlichen Unehrerbietigkeiten, die man auf die Großen und auf den Hof verfaßt hatte, unters Volk gebracht und öffentlich gesungen.

Als Beispiel diene das folgende Lied, das anläßlich des Einzuges der Gemahlin des Grafen Artois in Paris (1775) aufkam und sich im L'Espion Anglais abgedruckt findet:

Célébrons tous à Paris,
Un vaillant enfant de France;
Au moment qu'il entre en danse
Zeste, il nous a fait un fils!
C'est un v i . . . c'est un . . . v i . . .
C'est un vigoureux mari!

La moitié que nous voyons
On dirait qu'elle n'y touche,
Mais un nuptial couche,
A des talents non moins bons.
Le beau c o n . . . le beau c o n . . .
Ah! le beau concert, dit-on.

Pour chanter les deux époux,
En riant Bacchus s'avance:
Déjà dans la cuve immense,
S'entassent ses raisins doux
Allons f o u . . . allons f o u . . .
Allons fouler tous.

*) **Die Ronde.**

111. Aus einer erotischen Illustrationsfolge zu »Les Chansons de Béranger«, in Brüssel erschienen.

Was ist denn diese zweideutige Schelmerei, die dem französischen Nationalgeist so eigen ist und unserer etwas leichtfertigen Poesie unaufhörlich neuen Stoff bietet, anderes als der Ausfluß der öffentlichen Meinung über die hochgeborenen Herren. Diese Herren führten mit Vorliebe drei übelriechende Worte des Argot, der gemeinen Liebessprache des Pöbels, im Munde: Vi — Con — Foutre, drei Worte, die auch in den Publikationen der Revolution, wie z. B. in den Etrennes aux Fouteurs ou Calendrier de Trois-Sexes und in La France Foutue, eine große Rolle spielen.

Foutre, fouteur, foutue — das ist eine Dreieinheit von Worten, deren sich Revolutionär und Antirevolutionär mit gleichem Feuereifer bedienten. Die Jakobiner werden nicht müde, den Aristokraten das »Foutre« an den Kopf zu werfen und diese wieder machen sich — von ihren sadistischen Ideen beherrscht — ein boshaftes Vergnügen daraus, zu zeigen, daß Frankreich vom Herzog von Orléans, von diesem Hurenwirt, und von seinen Liebhabern gef . . . . . (foutue) worden ist. Die »Liebhaber« sind der König von Preußen, der deutsche Kaiser, der König von Spanien.

»Die Revolution«, sagt Rivarol in einem Wortspiel, das der Nachwelt erhalten blieb, »ist ganz voll von »foutre«**) (foudre)«. Sei dem auch, wie ihm wolle, so

*) Und in einer Ecke hält die Schlägel sie
Der beiden Tamboure des Regiments.

**) Wortspiel mit »foudre« (Blitz-, Donnerschlag).

Trostesworte.

112. Aus einer erotischen Illustrationsfolge zu »Les Chansons de Béranger«, in Brüssel erschienen.

sind doch die foutu des Père Duchesne dieselben wie der Aristokraten, aber freilich in einem ganz andern Sinn angewendet.

Wollte man sich heute einer gleich eleganten Ausdruckweise bedienen, so könnte man sagen, daß das Frankreich, das damals »foutue« war, das Frankreich des »alten Regimes« ist; dasselbe Frankreich, das unter der Führung der im Solde des Herzogs von Orléans stehenden Pamphletisten und anderer Leute vom selben Kaliber vor den niederträchtigsten Literaturerzeugnissen nicht mit Ekel zurückfuhr; dasselbe Frankreich, dem diese Literatur gerade recht war, um Ludwig XVI. und Maria Antoinette mit Kot zu bewerfen. So sieht das Frankreich aus, das Leute wie der »galante Marquis« repräsentieren, der gar keinen Anstand nimmt, die Königin als die erste Dirne des Reiches (la première putain de France) hinzustellen, allerdings mit der Einschränkung, daß ihr Mirabeaus Lob nicht gebühre, weil sie weder im Dienste der Nation, noch im Dienste der leidenden Menschheit wirke.

Was ist denn die Schreckensherrschaft anders, als daß das niedrige Volk die heillosen Theorien, mit denen die höheren Stände gespielt hatten, in die Tat umsetzte? Was sind denn die »orgies théosophiques de la volupté«, die unter Chaumettes Leitung in Szene gingen, was sind denn die »tricoteuses« von Robespierre, was sind denn die »furies« von 1793, wenn nicht die Nachfolgerinnen jener ausschweifenden Hysterie, jener Perversität und satanischen Wollust, jener in körperlichen Leiden und blutiger Grausamkeit schwelgenden Liebe, der die Grandseigneurs jener Zeit ihr Leben weihten. Wenn wir hier den Herzog von Choiseul, den Marquis von Louvois, den Comte de Frise nennen, so sind das nur leitende Vorbilder, Repräsentanten des Sadismus. Die Befriedigung der sinnlichen Begierden nach den Gesetzen der Natur genügt nicht mehr. Im Gegenteil, die Sucht nach widernatürlicher Befriedigung dominiert, aufgepeitscht durch die Freude an den Leiden und Schmerzen anderer. Alle Schleußen sind geöffnet, Blut und Unrat überfluten alles, was noch Bestand hat, und die vermeintlichen Rächer der Nation, die da glauben, die »königliche Kloake« aufzuzeigen, das heißt die königliche Familie, nackt und mit seelischem Schmutz besudelt, merken in ihrem blinden Hasse nicht einmal, daß sie Frankreich selbst besudeln.

Und die erhöhet waren, sollen erniedriget werden — so mag wohl die

113. **Groteske Karikatur von Traviès aus der Mitte des 19. Jahrhunderts.**

*) **Die Marquise von Pretintaille.**

114. Aus einer erotischen Illustrationsfolge zu »Les Chansons de Béranger«, in Brüssel erschienen.

ehrliche Meinung einiger Leute gewesen sein. Aber die laszive Tendenz in Literatur und Bild, die alles andere unterdrückte, war nur die Konsequenz der unflätigen Sitten der höheren Gesellschaft. In seinem Nouveau Paris, 1796, schreibt Mercier:

»On n'étale plus que des livres obscènes dont les titres et les estampes repoussent également la pudeur et le bon goût; l'on vend ces monstruosités partout, sur des mannes, le long des ponts, à la porte des spectacles, sur les boulevards. Le poison n'est pas cher: 10 sols le volume. Toutes les productions du libertinage et les plus licencieuses, renchérissent les unes sur les autres, et ont attaqué sans frein et sans crainte l'honnêteté publique. On dirait que ces vendeurs de brochures sont des marchands priviligés d'ordures: tout titre, qui n'est point infâme semble être exclu de leur montre.«

»Man stellt nur mehr obszöne Bilder in die Auslagen, mit Titeln und Bildern, die gleicherweise das Schamgefühl und den guten Geschmack verletzen. Überall verkauft man diese Ungeheuerlichkeiten, in Schaubuden, auf Brücken, an den Theatertüren, auf den Boulevards. Dieses Gift ist gar nicht teuer, 10 sols ein Band. Die zügellosesten Erzeugnisse der Ausschweifung überbieten einander und haben fessel- und furchtlos die öffentliche Wohlanständigkeit verletzt. Man wäre versucht, diese Broschürenverkäufer als privilegierte Dreckhändler zu bezeichnen: wenn ein Titel nicht unverschämt genug ist, bleibt er von ihrer Auslage ausgeschlossen.«

In Wahrheit stammt das Aufblühen der obszönen Literatur und der gleichartigen Darstellung im Bilde schon von früher her. Sie geht bis zum Jahre 1789 zurück und war die Waffe, die man gegen die Monarchie erhob. Kurz, sie ist da und wir haben nur noch die Qual der Wahl! Ein paar Beispiele sind die unflätigen Stücke gegen Maria Antoinette, gegen Ludwig XVI, gegen Mme de Polignac, gegen den Grafen von Artois, gegen den Hof überhaupt.

---

*) Und mein Diener
War ein strammer Bursch.

Einige Proben von Gedichten
Béranger's:

Une épouse fait ma gloire;
Rose a de si jolis yeux!
Je lui dois, l'on peut m'en croire,
Un ami bien précieux.
Le jour où j'obtins sa foi
Un sénateur vint chez moi.
Quel honneur!
Quel bonheur!
Je suis votre humble serviteur.

De ses faits je tins registre,
C'est un homme sans égal:
L'autre hiver, chez un ministre,
Il mena ma femme au bal,
S'il me trouve en son chemin
Il me frappe dans la main.
Quel honneur!
Quel bonheur!
Ah! monsieur le Sénateur,
Je suis votre humble serviteur . . . .

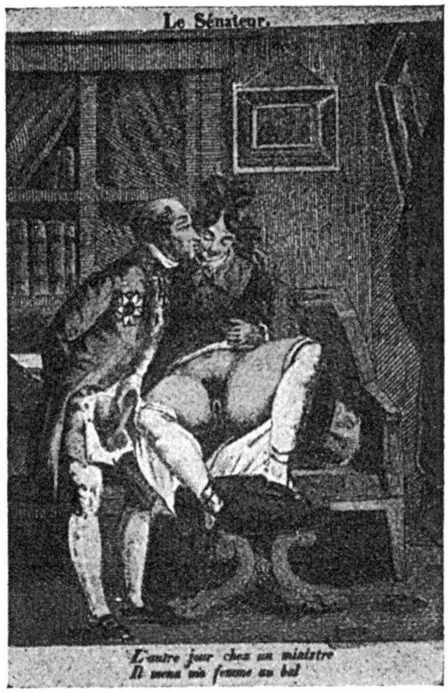

Der Senator.

115. Aus einer erotischen Illustrationsfolge zu »Les Chansons de Béranger«, in Brüssel erschienen.

Chez moi qu'un temps effroyable
Me retienne après dîner,
Il me dit d'un air aimable:
Allez donc vous promener!
Mon cher, ne vous gênez pas,
Mon équipage est en bas! . . .

Certain soir à sa campagne,
Il nous mena par hasard;
Il m'enivra de champagne,
Et Rose fit lit à part,
Mais de la maison, ma foi
Le plus beau lit fut pour moi.

A l'enfant que Dieu m'envoie
Pour parrain je l'ai donné
C'est presque un pleurant de joie,
Qu'il baise le nouveau-né,
Et mon fils, dès ce moment,
Est mis sur son testament.

A table il aime qu'on rie;
Mais parfois, s'y suis trop vert
J'ai poussé la raillerie
Jusqu' à lui dire au dessert:
»On croit, j'en suis convaincu,
Que vous me faites c . . .«
Quel honneur!
Quel bonheur!
Ah! monsieur le Sénateur,
Je suis votre humble serviteur.

Béranger.

Lisettens Pilgerfahrt.

116. Aus einer erotischen Illustrationsfolge zu »Les Chansons de Béranger«, in Brüssel erschienen.

A Notre-Dame de Liesse,
Allons, me dit Lisette un jour,
J'ai peu de foi, je le confesse,
Mais Lise, malgré plus d'un tour,
Ferait tout croire à mon amour.
Ami, notre joyeux ménage
Scandalise le voisinage
Prenons, dit-elle, prenons donc,
Pour aller en pélerinage,
Prenons, dit-elle, prenons donc
Coquilles, rosaire et bourdon.

Voilà les pélerins en route:
A pied nous chantons en marchant;
A chaque auberge, quoi qu'il coûte,
Nouveau repas et nouveau chant;
Partout trinquant, partout couchant
Le dieu, qui d'aï nous asperge,
Sourit sous des rideaux de serge.
Ma lisette, prenions-nous donc,
Pour mettre l'Amour à l'auberge.
Ma Lisette, prenions-nous donc
Coquilles, rosaire et bourdon?

A un pied de la Vierge des vierges,
A genoux enfin nous voilà.
Vient un diacre allumer nos cierges;
Lise se dit: A Loyole,
Je veux souffler cet abbé-là,
Je me fâche et de ses poursuites:
Lui montre, hélas! les tristes suites.
Quoi! volage, preniez-vous donc
Pour vous mettre à dos les jésuites
Quoi! volage, preniez-vous donc
Coquilles, rosaire et bourdon?

Mais à souper, Lise l'attire,
Le fait boire, jurer, chanter
De l'enfer il ose plaisanter;
Moi, je m'endors à l'écouter.
A mon réveil, Dieu! le peindrai-je
En jurant ses goûts de collège? . . .
Ah! traitresse, vous preniez donc,
Pour les plaisirs du sacrilège:
Ah! traitresse, vous preniez donc,
Coquilles, rosaire et bourdon?

. . . .

Béranger.

Ma grand-mère un soir à sa fête;
De vin pur ayant bu deux doigts,
Nous disait en branlant la tête;
Que d'amoureux j'eus autrefois!
    Combien je regrette
    Ma jambe bien faite,
    Mon bras si dodu,
    Et le temps perdu!

Quoi! maman, vous n'étiez pas sage!
— Non, vraiment, et de mes appas;
Seule, à quinze ans, j'appris l'usage;
Car la nuit, je ne dormais pas
Combien, je regrette etc. . . .

Maman, vous aviez le coeur tendre?
Oui, si tendre qu'à dix-sept ans,
Lindor ne se fit pas attendre,
Et qu'il n'attendit pas longtemps.

Maman, Lindor, savait donc plaire?
— Oui, seul il me plut quatre mois;
Mais bientôt j'estimai Valère
Et fis deux heureux à la fois.

Quoi! maman, deux amants ensemble!
— Oui, mais chacun d'eux me trompa.
Plus fine, alors qu'il ne vous semble
J'épousais votre grand-papa.

Maman, que lui dit la famille?
— Rien, mais un mari plus sensé
Eut pu connaître à la coquille
Que l'oeul était déjà cassé.

Maman, lui fûtes vous fidèle?
— Oh! sur cela je me tais bien.

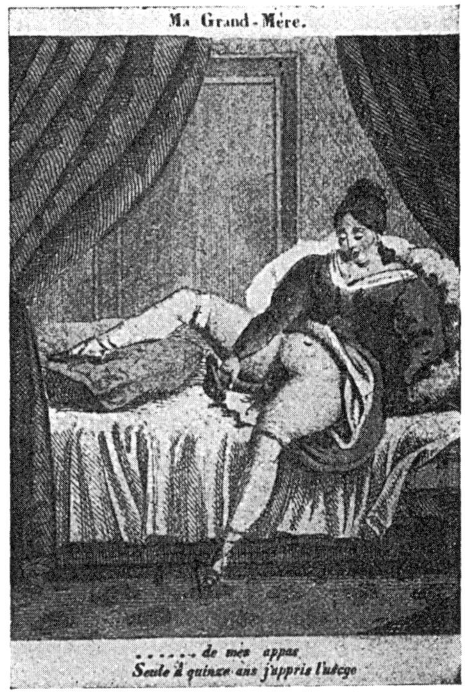

Meine Großmama.

117. Aus einer erotischen Illustrationsfolge zu »Les Chansons de Béranger«, in Brüssel erschienen.

A moins qu'à lui Dieu ne m'appelle;
Mon confesseur n'en saura rien.

Viens tard, vous fûtes veuve?
— Oui, mais grace à ma gaité.
Si l'église n'était plus neuve,
Le saint n'en fut pas moins fêté.

Comme vous, maman, faut-il faire?
— Eh! mes petits enfants, pourquoi
Quand j'ai fait comme ma grand-mère,
Ne feriez vous pas comme moi?

Béranger.

Die Marketenderin.

118. Aus einer erotischen Illustrationsfolge zu »Les Chansons de Béranger«, in Brüssel erschienen.

Ferner sind zu nennen: La Lettre de la Comtesse Valois de la Mothe à la Reine de France (1789), weiters La Garce en pleurs (1790, mit einem lasziven Bilde), ein Buch das noch im selben Jahr Anlaß zu Les derniers soupers de la Garce en pleurs (mit einem lasziven Bilde) gab, einer der heftigsten Schmähschriften gegen Maria Antoinette, Philippe-Egalité, Juigné und den Abbé Maury; ferner Les Fureurs utérines de Maria Antoinette, femme de Louis XVI (1791, mit zwei obszönen Bildern); La Journée amoureuse oder Les Derniers plaisirs de Maria Antoinette, Komödie in drei Akten (1793, mit drei erotischen Bildern auf Maria Antoinette, Louis XVI und die Prinzessin von Lamballe); Les Amours de Charlot et Toinette, pièce dérobée à V. (Versailles, lies Maria Antoinette und der Herzog von Artois, 1789); »Le Bordel Royal«, womit der Hof von Versailles gemeint ist, anläßlich der Geschichte des Halsbandes veröffentlicht; dieses Buch fand 1790 seine Fortsetzung in Le Bordel National sous les auspices de la Reine à l'usage des Con... fédérés provinciaux, einer Komödie, in welcher spielen: Théroigne de Méricourt, Maria Antoinette, Lafayette, Mirabeau, Danton, Marat. Ferner Les adieux de Lafayette à Maria Antoinette (1792) und Les adieux de la reine à ses mignons et mignonnes (1793).

Das ist noch nicht alles. Jugement de toutes les putains françaises et de la reine des garces par un envoyé du Père Eternel (1793); l'Arétin de la Révolution (1790), mit vielen erotischen Bildern über Maria Antoinette, Louis XVI., den Grafen von Artois, über Bailly und Lafayette. Doch es wird immer ärger: Les deux jumeaux de l'engin artificiel et usage voluptueux d'une redingote à l'anglaise (1791) mit 12 erotischen Bildern gegen Maria Antoinette und die hervorragendsten Personen des Hofes.

Pamphlete, Komödien, Vaudevilles: nichts fehlt, ja Parodien auf Opern und Musikpiècen müssen auch zum selben Zwecke herhalten.

Unter diesen sind zu erwähnen: L'Autrichienne en goguette ou l'orgie Royale, opéra proverbe composé par un garde du corps et mis en musique par la Reine (1789); Le branle des Capucins ou le 1001e tour de Maria Antoinette, petite opéra aristocrato-comico-risible (1791). Aus Le Boudoir de la Duchesse de P... wird natürlich Le Foutoir von derselben Herzogin, ein Beweis dafür, daß diese Bezeichnung, die einige für modern halten, schon über hundert Jahre alt ist; im übrigen wird der großen Freundin Maria Antoinettens eine ganze Kollektion solcher Ausdrücke serviert.

Agonie de Mme de Polignac, son acte de contrition et son rétablissement par le moyen du vinaigre des quatre voleurs (1798).

La Messaline française ou les Nuits de la duch... de Pol... et aventures mystérieuses de la Pr...se d'He-(nin) et de la..... Ouvrage fort utile à tous les jeunes gens qui veulent faire un cours de libertinage, par l'Abbé compagnon de la fuite de la Duch... de Pol... A Tribadie, de l'Imprimerie de Priape (1789), mit einem Bilde des Autors, wie er die Prinzessin in einer Laube von Versailles — bearbeitet.

Adieux de la duchesse de Polignac aux Français par l'auteur de sa maladie (1789). — La dernière ressource de Mme de Polignac (1780) und andere Titel von nicht geringerer Unzweideutigkeit.

Auf Maria Antoinette, auf Mme de Polignac, auf den Hof folgt nun die Nationalversammlung; die Mitglieder der Rechten. Sie beschuldigt man, die Monarchie zu f.....; dann kommen die Mitglieder des

Die Schlüssel des Paradieses.

119. Aus einer erotischen Illustrationsfolge zu »Les Chansons de Béranger«, in Brüssel erschienen.

Les clefs du Paradis.

Ah! je vais, Margot,
Passer pour un nigaud.
Illustration pour les Chansons de Béranger.
Saint-Pierre perdit l'autre jour,
Les clefs du céleste séjour.
(L'histoire est vraiment singulière)
C'est Margot qui, passant par là,
Dans son gousset les lui vola.
Je vais, Margot,
Passer pour un nigaud:
Rendez-moi mes clefs, disait Saint-Pierre.

Margot sans perdre de temps
Ouvre le ciel à deux battants.
(L'histoire est vraiment singulière)
Dévots fieffés pêcheurs maudits,
Entrent ensemble en paradis?
Je vais, Margot,
Passer pour un nigaud;
»Rendez-moi mes clefs« disait Saint-Pierre.
etc... etc...

Béranger.

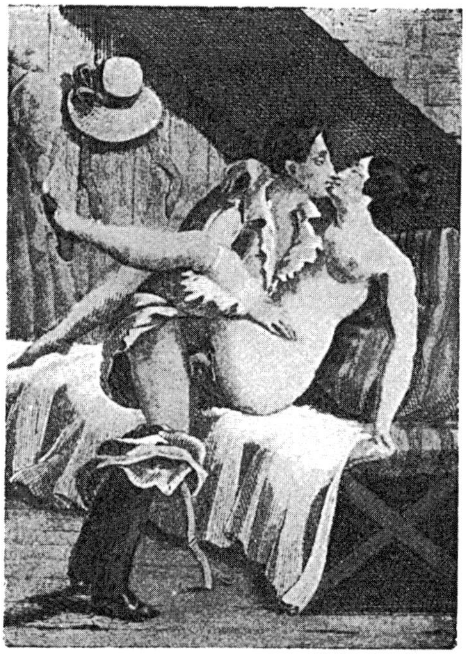

Die Bodenkammer.

. . . . auf einem Boden,
Wie wohl befindet man sich mit zwanzig Jahren!

120. Aus einer erotischen Illustrationsfolge zu »Les Chansons de Béranger«, in Brüssel erschienen.

Klerus dran und die Dirnen, die die eigentlichen Königinnen des Tages sind. Sie geben ja den Ton der ganzen Drecklitteratur an. So stellt man denn den »garces p . . . ubliques« (den öffentlichen Dirnen) immer die »garces privées« (die privaten) gegenüber, nämlich die »Freudenmädchen« des Hofes, an der Spitze die »Äbtissin« Maria Antoinette.

Mirabeau, Rohan, Soubise, La Tour du Pin, Cazalès, l'Abbé Maury, Cubières, Viennet, Villette und wie alle diese Kinder Sodoms, diese Ritter des Ordens »de la Manchette«, sonst noch heißen mögen, wurden ganz besonders in einer Serie von Karikaturen hergenommen, unter denen die Darstellung der Prügelstrafe auf das Gesäß noch am wenigsten unflätig ist.

Ferner: Fredaines lubriques de J . . . F . . . . Maury, Prêtre indigne, Aumonier ordinaire des Gourgandines des rues Saint-Honoré et des Petits-Champs etc. J. F. weil er Jean François hieß, woraus das so beliebte Jean Foutre gemacht wurde.

Les Enfants de Sodome à l'Assemblée Nationale ou Députation de l'ordre de la Manchette.

F . . . . ses chantantes ou les récréations priapiques des aristocrates en vue. Desgleichen: Le catéchisme du Palais Royal à l'usage des citoyens et citoyennes actives (Cythère 1790), obwohl der Titel auf etwas anderes schließen ließe. Durch alle diese Titel ziehen sich immer wieder die Bezeichnungen: Délassements (Erholungen), Délices (Ergötzungen), Fredaines (Liebesstreiche), Amours (Liebschaften) et Confessions (Bekenntnisse), in Zusammenhang mit berühmten Namen gebracht: z. B. Délassements comiques de l'abbé Maury oder Les délassements secrets ou les parties fines de plusieurs députés à l'Assemblée Nationale. Constitution, Assemblée, États Généraux, Décrets, Arrêts (Konstitution, Nationalversammlung, Generalstaaten, Dekrete, Haftbefehle) mit einem Wort, die ganze Terminologie des neuen Regime muß sich zu schlüpfrigen und in der Regel erotischen Parodien hergeben: La Constitution des Amours (1792) — Les Etats Généraux de Cythère (1789) — Décrets des Sens sanctionnés par la Volupté (1793) — Arrêt des demoiselles du Palais Royal confédérées pour le bien de la chose publique.

Ja, die Fräuleins aus dem Palais Royal haben noch niemals so offiziell die Augen aller auf sich gelenkt wie damals. Es wimmelt von »Adressen« an die Herren der Generalstaaten, an die Con . . . fédérés, deren wichtigste Mitglieder ja jene Damen waren. »Requêtes« (Bittschriften): Requête en faveur des putains, des fouteuses, des maquerelles et des branleuses contre les bougres, les bardaches de Paillasse. »Appels« (Aufrufe): »Adieux« — »Catéchisme«, — z. B. Catéchisme libertin à l'usage des filles de Joie et des jeunes demoiselles qui se décide à embrasser cette profession mit einem Vorworte der ersten »maquerelle de Paris«, eine amüsante und sehr frei gehaltene Sammlung von Predigten, Gebeten und Litaneien. Hier eine Kostprobe eines typischen Stückes, der »Litanie de filles de joie«.

Sainte Magdeleine, patronne des garces,
soyez-nous propice.
Sainte Messaline, l'exemple des fouteuses,
protégez-nous.
Sainte Julie, miroir des putains de Rome,
donnez-nous votre chaleur.
Sainte Manon, modèle des impudiques,
inspirez-nous votre lubricité . . .
Sainte Duthé, la volupté même,
ne nous abandonnez point.
Saint Lot et ses dignes filles
souvenez-vous de nous;
Tous les Saints Maqueraux et Bardaches
préservez-nous de votre colère.

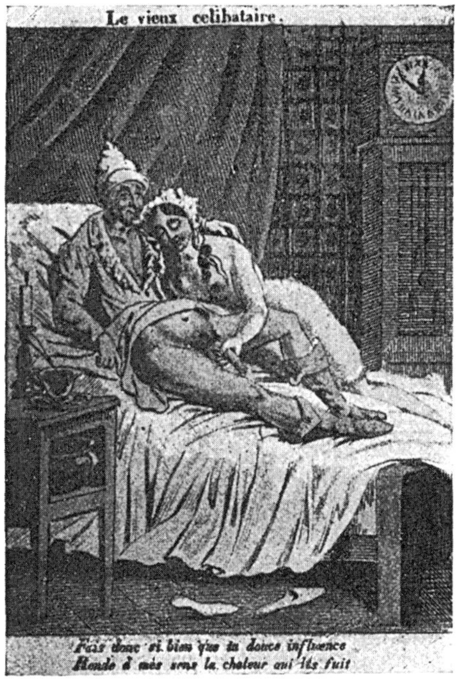

Der alte Junggeselle.

121. Aus einer erotischen Illustrationsfolge zu »Les Chansons de Béranger«, in Brüssel erschienen.

Allons, Babet, il est bientôt deux heures,
Pour un goutteux c'est l'instant du repos.
Depuis un an qu'avec moi tu demeures
Jamais, je crois, je ne fus si dispos!
A mon coucher, ton aimable présence
Pour ton bonheur ne sera pas sans fruit.
Allons, Babet, un peu de complaisance,
Un lait de poule et mon bonnet de nuit.

Petite bonne, agaçante et jolie,
D'un vieux garçon doit être le soutien
Jadis ton maître a fait mainte folie,
Pour des minois moins friands que le tien!
Je veux demain, bravant la médisance
Au Cadran bleu te régaler sans bruit.
Allons, Babet, un peu de complaisance,
Un lait de poule et mon bonnet de nuit.

Ah! tu te rends, tu cèdes à ma flamme!
Mais la nature hélas! trahit mon coeur.
Ne pleure point, va, tu seras ma femme
Malgré mon âge et le public moqueur.
Fais donc si bien que ta douce influence
Rende à mes ens la chaleur qui me fuit;
Allons, Babet, un peu de complaisance,
Un lait de poule et mon bonnet de nuit!

Béranger.

122. **Groteske politische Karikatur aus dem Anfang des XIX. Jahrhunderts.**

Tous les sodomistes
et Gamahucheurs
intercedez pour nous.
Divin Gérard et vous
illustre Cadière
mortifiez notre chair.
De toute p . . . vérolée
garantissez nous
Des fouteurs impuissants garantissez nous.
Saint Priape, qui nous
avez si bien instruit,
nous vous prions.

Auf diese Litanei folgt dann ein Gebet an St. Garcelin, den erklärten Schutzpatron der Dirnen, im selben Stile gehalten. Es ist daher weiter von keinem Interesse.

Die Polizeirapporte verfolgten die Geistlichkeit ebenso heftig wie die Dirnen vom Palais Royal und zeigen eine ganz erstaunliche Beredsamkeit in den Berichten über ertappte geistliche Herren. Um 1788 erschienen über die Geistlichkeit: Amours, Galanteries, Intrigues, Crimes des Capucins et des religieuses mit zwanzig freien Bildern, die sehr bemerkenswerte Stellungen festhalten und ganz vorzüglich zur Illustration der beifolgenden Grabschrift hätten dienen können:

Ci-git l'évêque de Châlon,
Très érudit en pallardise:
Il ne bandait pas pour le c . . .
Mais il eut renié l'église
Pour le beau cul de son mignon . . .

Ich will hier nicht näher auf die Procès verbaux des séances de clergé chez les filles de Paris und Listes des prêtres trouvés en flagrant délit chez les filles publiques eingehen, sondern nur die folgenden Werke erwähnen: Le Courrier extraordinaire des fouteurs ecclésiastiques mit drei erotischen Bildern, Epître du

Der Windstoß

123. Groteske Lithographie aus dem Anfang des XIX. Jahrhunderts.

124. Satirische Lithographie, die außer dem hier reproduzierten Bild noch ein anderes enthält, das gegen die Zeitschrift **Le Musée des Familles** gerichtet ist.

Diable au pape sur la suppression des règles dans les convents des filles, eine amüsante Parodie voll Zweideutigkeiten. La journée au Vatican ou la Mariage du Pape — diese Komödie schließt mit der Hochzeit des Papstes mit Mme de Polignac.

Les Amours de N. S. P. le Pape mit Illustrationen, die man nicht mehr ganz zutreffend als »erotisch« bezeichnen kann. Diese Darstellungen hatten sowohl die vielfach angegriffene Keuschheit des Klerus als auch die sogenannte Heiligkeit des Kirchenoberhaupts zur Zielscheibe. Ein besonders unflätiges Pamphlet gefällt sich im Wortspiel von saint (heilig) und seins (Busen).

In dieser Eintagsliteratur, die in wütenden Ausfällen mit Text und Bild besteht, fällt das am meisten auf — und muß auch mit besonderem Nachdruck hervorgehoben werden —, daß man es da mit einer Applikation des erotischen Rüstzeugs auf Dinge der Politik zu tun hat. Und zwar ist es das erstemal, daß sich die Erotik im Sinn und Geist der Karikatur nicht nur gegen Dinge richtet, die im Geruche der Heiligkeit stehen, sondern auch gleicherweise gegen sogenannte heilige Persönlichkeiten.

Die Kupfer: Enfants de Sodome, Les Fredaines lubriques des Abbé Maury, L'Ecclésiastique enseignant le catéchisme à une jeune fille sind Bilder von erschöpfender Beredsamkeit; auf gleicher Stufe stehen le tour de force und l'exercice de gymnastique von Etienne Béricourt, einem Künstler, dem wohl, wenn auch nicht in der Kunst, so doch in der Sittengeschichte des achtzehnten Jahrhunderts eine ähnliche Stellung zukommt wie Guys im neunzehnten. Die genannten Werke klären über die eigentlich unflätigen

Vom „Bal de l'Opéra" unter dem zweiten Kaiserreich.

125. Der Einmarsch der Künstler

Aus einem Zyklus erotischer Lithographien.

(Der Herr erhebt sich hinter der Dame, wie um besser zu sehen.)

Stiche auf, die nach der Aussage des Mercier seit der Revolution überall wie Pilze emporschossen. Diese Zeit hatte eine besondere Vorliebe zum Aretino gefaßt und diese Vorliebe kam nicht nur in den »chroniques« und »gazettes« zum Ausdruck, sondern auch in dem Reichtum erotischer Stellungen, die sich, dem Zeitgeschmack entsprechend, gegen die Größen vom Tage richteten. Menschliche Pyramiden von f . . . teurs und f . . . teuses geben einen Begriff von den Exerzitien in der hohen Schule des Erotischen Zirkus und der Akademie der Liebe.

Die erotische Akademie! Ein glücklicher Ausdruck für solche Verrücktheiten! Eine glückliche Bezeichnung, die gleichzeitig auch treffend eine Literatur charakterisiert, welche ihre Gedichte, ihre Elegien, ihr Theater hatte, das komisch und tragisch in einem Atem war.

Will man über die Orgien der besseren Gesellschaft genau orientiert sein, so lese man die Confessions générales des Princes du sang royal. Man muß das lesen, weil man sonst keine richtige Vorstellung von den unzüchtigen royalistischen Tragödien hat, die in vielen Exemplaren existieren. Oder man muß »la Françe foutue« durchblättern. Das sind die unerläßlichen Dokumente zur Geschichte des erotischen Elementes in der politischen Literatur und Kunst.

Hieher gehören: Les Confessions générales des Princes du sang royal et de deux Catins distingués. Auf dem Titelbild sieht

126. **Groteske Karikatur aus der Mitte des XIX. Jahrhunderts.**

man Ludwig XVI. im Beichtstuhl sitzen, wie er der Reihe nach die Beichte abnimmt; auf der einen Seite kniet ein hoher Herr des Hofes, auf der andern Seite irgendein prinzliches Dirnchen. Ja, das ist der unsaubere Rahmen für alle Wildheiten, Liederlichkeiten, Zügellosigkeiten und Perversitäten der Großen, und zwar der ganz Großen, gleichsam durch die Gläser einer Art laterna magica gesehen. Und der Beichtstuhl des »einfältigsten der Könige« soll eben diese Zauberlaterne vorstellen.

Der vollständige Titel des sehr seltenen Pamphlets lautet: Confessions générales des Princes du sang royal, auteurs de la Cabale aristocratique: Item, de deux Catins distinguées qui ont le plus contribué à cette infernale conspiration: Plus un Acte de repentir de Monseigneur de Juigné, Archevêque de Paris. Copie littéralement sur les Manuscrits originaux de ces destructeurs de la Liberté et données au Public par un homme qui s'en rit.

A Aristocratie.

Chez Main-Morte, Imprimeur des Commandements secrets de S. A. R. Mgr. le Comte d'Artois.

Allmählich finden sich folgende Persönlichkeiten zur Beichte ein: Louis-François-Joseph, prince de Conti, la princesse de Monaco, Louis-Joseph de Bourbon, prince de Condé, Louise-Marie-Thérèse-Bathilde d'Orléans, duchesse de Bourbon, Louis, Henri, Joseph, duc de Bourbon, le marquis de Fleury, N . . . duc d'Enghien.

Erbauliche Beichten in der Tat, die den Sündern in der Nachwelt erotische Unsterblichkeit sichern.

Die Charakteristik des Prince de Conti lautet folgendermaßen: »Mitleidiger Natur, einfach und bescheiden, geliebt und verehrt.« La Sainte Foix, d'Aigrement, d'Argenville, la princesse de Monaco, la princesse de Monaco, la princesse de Polignac hatten sich seiner

La Reprise

Teufeleien der Hölle. (L'enfer en debauche.)

127. Lithographie aus der Serie obigen Titels.

Der eine Teufel ist damit beschäftigt, eine zu weite Öffnung zu verengern, während der andere einen etwas abgenützten Priap einer eingehenden Reparatur unterzieht.

Der Astronom.

128. Groteske moderne Karikatur.

Gunst erfreut. Was die d'A i g r e m e n t betrifft, so kommt da eine Stelle vor, die nicht des Humors entbehrt. Vielleicht wird der Leser zu größerem Interesse an dem Pamphlet gereizt, wenn dieser Partherpfeil hier noch abgeschossen wird.

»Liebe Aigrement, wieviel Weihrauch opferte ich auf deinen Altären. Deinen temperamentvollen Lektionen verdanke ich es, daß ich in der Liebe etwas gelernt habe und weiß, wie man sich in der Geilheit benimmt. Wie begeistern mich dein fester und schwellender Busen, deine reizenden, anmutigen Formen, deine süße, elegante Gestalt! Und dann dein Heiligtum, wo ich so oft als Triumphator einzog und stolz das ruhmreiche Siegerhaupt erhob. Alles, alles, was du besitzest, entzückte mich. Und doch blieb von all diesen Freuden ein bitterer Nachgeschmack in meiner Seele zurück, ein einziger Stachel der Reue: ich habe dir zuviel bezahlt.«

Die Prinzessin von Monaco sagt von sich, sie sei von dem Windbeutel Polignac verführt worden, aber ihre Rechtfertigung liege in der physischen Beschaffenheit ihres Körperbaus.

»Ich bin weder Weib noch Mann und bin doch beides zugleich. Bin ich deswegen eine Verbrecherin, weil ich mich einmal vom Pflock aus dem Weinberge des Herrn und ein andermal von dem entzückenden »Kanal« der Grazien bedienen lasse? Habe ich doch beide Freudenorgane!

Kammerzofen, junge Bauernmädchen von meinen Gütern, alles, was mir über den Weg lief, wurde das Opfer meiner Liebkosungen und oft haben die starken Arme meiner Diener den Widerstand bezwingen müssen, den mir Widerspenstige bereiten wollten. Solche Dienste waren wohl des Lohnes wert. Ich wurde allsogleich wieder zum Weibe, legte mich selbst als Opfer auf den Altar und mein Kutscher, mein Postillon, mein Läufer und drei Lakaien gaben sich nun nach Herzenslust dem Genusse hin und berauschten sich an meinen Reizen.

Die Wollust.

129. Erotische Radierung aus dem Ende des XVIII. Jahrhundert (Französische Revolution).

130. **Groteske Karikatur aus dem Anfang des XIX. Jahrhunderts.**

Eine Nacht verbrachte ich mit dem Marquis de Villette, diesem berüchtigten Kinde Sodoms. Er mußte den doppelten Beweis über sich ergehen lassen, daß ich zwei Geschlechtern angehöre, denn auch er mußte den »leidenden Teil« spielen. Da Herr von Villette dadurch aber um die Hälfte des Genusses kam, so entschloß ich mich, ihm mein Gesäß zu überlassen, damit er seiner Vorliebe fröhnen könne.

Oh reizende Nacht, wir wußten deiner Dunkelheit keinen Dank. Beim Scheine von tausend Kerzen und schier berauscht drückten wir unserer Erregtheit das Siegel auf. Bald waren wir Hebe, bald Ganymed. Der teure Marquis ergab sich gern allen meinen wollüstigen Launen.«

Die Herzogin von Bourbon fand ihren modernen Herkules auf einem Opernball. Sie erzählt: »Ein Lohnwagen fuhr uns in die rue des Petits Champs zur Beaupré, einer Dirne, die im Palais Royal wohnte, und von der man weiß, daß sie mit allen Salben geschmiert ist. Schon im Wagen nahm der Bursche einen Vorschuß. Wir vergnügten uns präludierend mit den glühendsten Küssen, griffen uns gegenseitig ab, begeilten uns an den laszivsten Stellungen, kurz, keine Kunst blieb unangewendet. Wir überschwemmten uns gegenseitig mit einem weit köstlicheren Saft, als der Nektar der Göttertafel ist.

Bei der Beaupré, wohin ich gleich den nächsten Tag wieder kam, ließ ich mich in die Mysterien Priaps einweihen und huldigte ihm, wo immer ich konnte. Wie sind mir meine Möbel und der Rasen meiner Wiesen lieb! Diwans, Sofas, Kanapees, ihr alle waret die stillen Zeugen meiner Leidenschaften!

Ich fand Zutritt zu dem geheimen Boudoir einer großen Dame und dort schwamm ich in einem Meer von Wonne. Ihr glaubet wohl, Meister in der Kunst des Genusses zu sein, die Zierden aller Bordelle von Paris! Trieb und Geilheit haben euch wohl auf die Suche getrieben; kein Geheimnis blieb euch fremd; die geheimsten Mittelchen, durch die der Wüstling dem kalten Marmor heißes Leben einzuflößen vermag — alles ist euch bekannt. Aber vor uns müßt ihr doch die Flagge streichen. Kommet zu uns in die Schule, wenn ihr wollüstige Szenen genießen wollt, staunet, welche Genüsse wir erfunden haben, und ihr werdet zugeben, daß ihr nichts oder doch nur sehr wenig wisset.«

Die Marquise de Fleury läßt sich in einen Wettkampf der Wollust mit Messalinen ein, die stärksten Männer stehen in einem Zustand aus ihren Armen auf, daß sie auf Wochen hinaus zu jedem Liebesgenuß unbrauchbar sind. Auf Nummer 33 im Palais Royal war eine Nymphe wie aus dem Paradiese Mohammeds. In ihrem Schoß glühte das Feuer böser Lust und der Geilheit. Da aber die schöne Trial die Glut nicht löschen wollte, erzählt die schöne »Büßerin«, so mußte ich, in Ermangelung andrer Auskunftsmittel, mit dem Zeigefinger einspringen.

In Wirklichkeit waren die Namen der hohen Persönlichkeiten dieser Zeit nur eine Art Deckmantel für eine wahre Abhandlung aller erdenklichen Ausschweifungen und die Bemerkung eines zeitgenössischen Schriftstellers: »Versailles sei von Huren, Tribaden und Gaunern durchseucht«, ist durchaus gerechtfertigt.

131. **Stich aus der Serie: Amours et Galanteries, Intrigues des Capucines et Religieuses (1788).**

Das grosse königliche Bordell.

An diesen appetitlichen »Beichten« hat man sich nun genugsam erbaut. Ihre Satire ist wie ein virulentes Gift gegen den königlichen Hof und seine Sitten. Der Verfasser ist, wenn schon nicht Republikaner, so doch Parteigänger einer aufgeklärten und geläuterten Monarchie. Und nun stelle man diesen »Beichten« »la France foutue« gegenüber, das Werk eines eingeschworenen Anhängers der »Monarchie von Gottes Gnaden«, der weder von einer konstitutionellen Monarchie noch von einer Republik etwas wissen will.

Zwei charakteristische Töne sind damit angeschlagen. Im Gegensatz zum bloß erotisch-lasziven erscheint »la France foutue«, eine Tragödie der Lüsternheit. Hier vor allem das Personenverzeichnis:

La France.

England, Zuhälterin, die beim Herzog von Orléans ein Bordell hält.

Die Vendée, Ehrendame und Vertraute Frankreichs.

Der Herzog von Orléans, Bordellwirt.

Der Comte de Puisaye, General aller Gauner.

132. **Illustration zu Thérèse philosophique (La Haye, 1748).**

Friedrich Wilhelm III., König von Preußen
Franz II., Kaiser von Deutschland
Carl IV., König von Spanien
} Liebhaber Frankreichs.

Drei Reitknechte des Königs.
Fünf Engländerinnen.
Fünf Pagen des Herzogs von Orléans.
Truppen und Bürger.

Das Stück spielt in Paris in den Geheimgemächern des Herzogs von Orléans, im Palais Royal. Das Theater stellt ein üppiges Boudoir dar, mit mehreren Sofas geziert. Ich lasse nun eine genaue Inhaltsangabe folgen.

Exposition des ersten Aktes.

Friedrich III., Franz II., Carl IV. und der Herzog von Orléans begeben sich mit je einer Engländerin auf eines der Sofas. Der eine entblößt einen Busen und küßt ihn, der andere liebkost einen Hintern, nachdem er sein Mädchen bis zum Gürtel geschürzt hat, der dritte entblößt die seinige von vorne und streichelt sie. Die Frauenzimmer stehen oder sitzen auf dem Knie dessen, der sich mit ihnen beschäftigt, je nach der Stellung des Herrn!

England liegt in der Mitte auf einem Ruhebette. Sie hebt die Röcke bis zum Gürtel und ihre Dirne zeigt ihre Fähigkeiten an der Klitoris der Herrin. England hingegen kitzelt die Brust des Dirnchens und umschmeichelt ihre Scham mit der großen Zehe.

Exposition des zweiten Aktes.

In dem Augenblicke, wo Friedrich, Franz und Carl die Dame Frankreich auf das Ruhebett tragen, kommen die fünf Engländerinnen herbei: Die eine trägt ein Bidet, die zweite einen Topf Wasser, die dritte einen Schwamm, die vierte eine Parfumflasche, die fünfte endlich Wäsche.

Puisaye zeigt sein Glied der Vendée, zieht sie zu einem Sofa hin und f . . . (fout) sie; d'Orléans begibt sich mit England nach dem Sofa gegenüber dem der Vendée und befriedigt sich von rückwärts an ihr. Franz und Carl stehen als erwartungsvolle Zuschauer hinter dem Ruhebett und befriedigen sich einstweilen

Revue Dramatique.

Entrez, entrez, Mesdames, ici l'on pine à mort!!!

LES SALTIMBANQUES.

Die Seiltänzer.

133. Erotische Karikatur auf das Theaterstück Les Saltimbanques.

134. **Darstellung aus einer Folge, welche kindliche Spiele zum Vorwurf hat und die berühmte Serie Saint Aubin's in erotischem Sinne interpretiert.**

mit den Händen, während Friedrich Frankreich entjungfert, die ihren weißen Schleier mit den Zähnen zerfetzt.

Exposition des dritten Aktes.

In der neunten Szene treten d'Orléans, Puisaye und hinter ihnen die Engländerinnen vom Hintergrund aus auf die Bühne. Bewaffnete Bürger kommen von rückwärts und von den beiden Seiten auf die Bühne, hinter ihnen Reitknechte von rechts und Pagen von links. Die Bürger stellen sich im Hintergrunde in Schlachtordnung, die Pagen fallen über die Frauen her.

Nach der Ansprache des Herzogs von Orléans an seine Satelliten kommt ein Stallknecht nach vorn auf die Bühne, setzt sich und onaniert. Zwei andere kommen von einer andern Seite und buserieren sich. Im Hintergrund sind die Engländerinnen. Einige »schaukeln« sich mit den Pagen, andere untereinander, ebenso die Pagen untereinander. Die Bewaffneten schieben sie beiseite und buserieren sich in Reih und Glied.

Im Vordergrunde sitzt Puisaye auf einem Sofa und will die Vendée unter sich bekommen. Sie will sich aber nicht dazu hergeben und wehrt sich.

Sobald der Herzog von Orléans sagt: »Hélas! Je suis foutu!« halten alle diese fouteuses, fouteurs, branleuses, branleurs und sodomistes still und blicken nach dem Herzog auf dem Totenbette.

Da verläßt die Vendée Puisaye, um zu Frankreich hinzugehen. Puisaye aber tötet sie.

Friedrich, Franz und Carl sehen diese Szene mit verschränkten Armen an, womit angedeutet werden soll, daß sie ruhig zuschauen, wie sich Frankreich selbst zerfleischt.

Das ist ein lüsternes, aber royalistisches Stück. Der Autor hat uns wenigstens hinsichtlich des Untertitels nicht getäuscht; denn die Unflätigkeit der einzelnen Bilder darf auch mit den realistischesten Stücken des neunzehnten, ja selbst des zwanzigsten Jahrhunderts nicht verglichen werden.

Psitt! Psitt!

135. Neuzeitliche Karikatur auf die öffentlichen Häuser.

In der Pucelle macht die Vernunft, der gesunde Menschenverstand, die religiösen altjüngferlichen Absurditäten einer alten Legende lächerlich. Die Legende selbst aber ist ganz natürlich und findet sich fast überall, nur hätte man sie nicht ins Mysteriöse und Mystische einwickeln dürfen.

La France foutue hingegen bedeutet den Erotismus, den Sadismus des »ancien régime«, das im Liebeswahnsinn und in geschlechtlichen Perversitäten vollkommen aufgeht und keine Sache, kein Ereignis anders als erotisch empfinden kann. Diese besondere Art von Erotik streift schon hart an die Tollheit.

Die Geschichte des Jahrhunderts, die in pornographischen Bühnenbildern vorgeführt wird, und das Liebesgebaren dieses Jahrhunderts der Philosophie, der Wollust und der Erotik sind identisch. Das war das Werk Voltaires. Den Anstoß dazu gab er mit der berühmten »Pucelle«, allerdings noch dezent und scheinbar hauptsächlich um der Groteske willen. Als auch die äußerliche Keuschheit schon in den letzten Zügen lag, verabscheute man die »Pucelle« noch.

Im folgenden gebe ich eine Szene wieder — die Szene zwischen dem Herzog von Orléans und der Dame Frankreich, die sich von ihm nicht verkuppeln lassen will. Das ist Weltgeschichte in leichter Form, in einer Sprache, die durchaus nicht vor gemeinen Worten, vor unflätigen Ausdrücken zurückschreckt. Ja, das ist die Weltgeschichte selber, auf die Bretter gestellt.

La France.

Je suis enfin foutue! . . . et ces triples couleurs,
Symbole de ma honte et de tous mes malheurs,
De cet affreux bordel, sont, hélas! la livrée . . .

136. **Groteske politische Karikatur aus der Zeit der ersten französischen Revolution.**

A quels tristes excès me vois-je, enfin, livrée!
Mon voile était sans tache et seul, il était blanc!
Son éclat précieux est souillé par le sang.
De vierge que j'étais me voilà république:
Je suis à tout le monde et ma honte est publique.
Chacun me fout, chacun veut être mon fouteur,
Et personne ne craint d'alarmer ma pudeur,
Sans égards, oubliant mes droits de souveraine,
Sans états et sans nom, l'on me traite en romaine.
Chacun est citoyen et semble être à Paris,
Le citoyen nouveau de son nouveau pays.
Le Francais qui, jadis, du monde était l'exemple,
Le Français révolté, que l'Europe contemple,
Après un »tems« si long de quatorze cents ans,
Ose se comparer à d'illustres brigands!
. . . .
. . . .

La Duc d'Orléans.

Madame, c'est en vain que, vous faisant la cour,
Naguères, je vous ai parlé de mon amour:
En vain, bandant pour vous, mais n'osant vous le dire,
Je crus par des détours pouvoir vous en instruire.
Vous fermâtes l'oreille à mes faibles accens,
Et laissâtes brûler mon coeur et mon encens:
Mais les tems sont changées, vous n'êtes plus pucelle,
Quoique sans cesse fraiche, aimable et toujours belle.
Je puis donc, sans blesser les lois de la pudeur,
Plus libre qu'autrefois, vous parler en fouteur;
Près de vous, en ce jour, être plus à mon aise,

Das Dessert der Könige. (Les gâteaux des Rois, scène d'orgie.)

137. Diese Orgie, welche uns den menschlichen Geist und die Sinne im Zustand vollständiger Verwirrung zeigt, könnte mit Recht die Unterschrift führen: Dokument zur Geschichte menschlichen Wahnsinns. — Interessant ist das Liebespaar am oberen Ende der Tafel, welches neugierig und mit anscheinend viel Philosophie den Szenen dieser Orgie folgt.

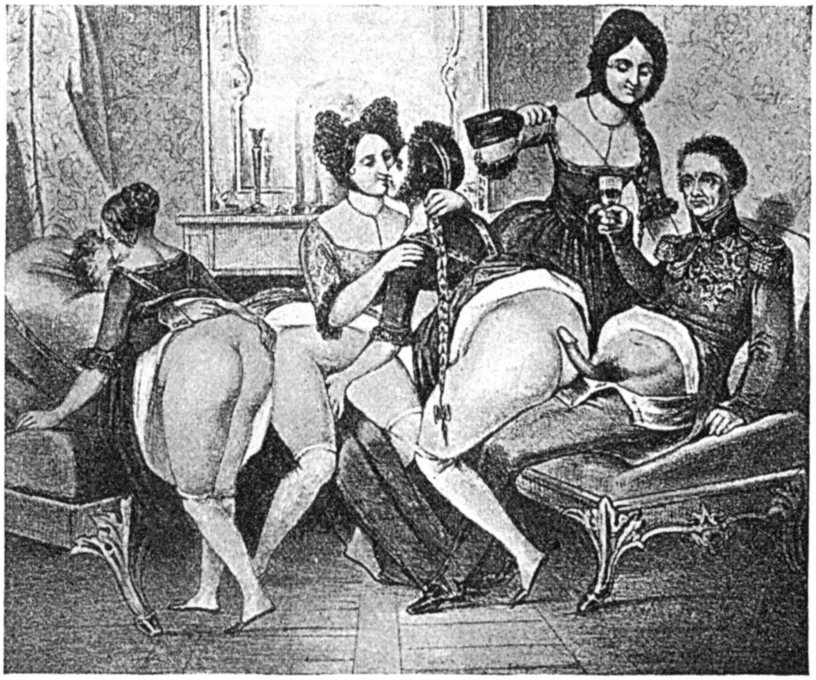

MARMONT EN BAVIERE.

Marmont in Bayern.

138. Aus der Serie Galerie der Marschälle Frankreichs (Galerie des maréchaux de France), welche das Liebesleben der Generale des ersten Kaiserreichs behandelt.

Aus den Feldzügen gegen Deutschland entstammt auch der Ausdruck »aller en bavière« für Ansteckung, da zahlreiche Soldaten schwer krank daraus heimkehrten.

Et vous parlant, enfin, en femme que l'on baise,
Vous dire ce que pour vous je sens encor des feux:
Mais que de vos appas des long tems amoureux,
J'eusse, dans ces instans, perdu ma retenue
Si des tois, mes rivaux, ne vous eussent foutue.
Je hais les préjugés du commun des mortels,
Beaucoup, au pucelage, élèvent des autels,
Et d'un semblable exploit ils vantent la victoire!
A foutre un con tout neuf je ne mets point ma gloire,
Je cherche les plaisirs et non pas les honneurs.
Je laisse ces vains goûts à d'éffrénés fouteurs.
J'eus pour vous de l'amour encor, et vous fûtes aimée!
Mais vous aimant encor, quoique dépucelée,
Je viens à vos genoux en faire le serment.

Der Maler.

139. Groteske Karikatur aus dem Ende des XVIII. Jahrhunderts.

La France.

Prétendez-vous, cruel, à mon consentement?

D'Orléans.

Je viens le demander.

La France.

Lâche . . . . . quoique foutue,
Malgré le nom d'amour, qu'en vain l'on prostitue,
Quoique sans nul espoir de recouvrer l'honneur!
Cesse vil maquereau, de prétendre à mon coeur.
Il est encor des choix, lorsqu'on est avilie,
Et ce coeur se restreint dans celui d'une amie.

(Elle montre la Vendée.)

Pour elle seule il bat; seule elle peut l'avoir:
Rougis de tes forfaits, rentre dans le devoir.

D'Orlêans.

Je saurai surmonter cet orgueil indomptable.

La France.

Monstre! par quel moyen?

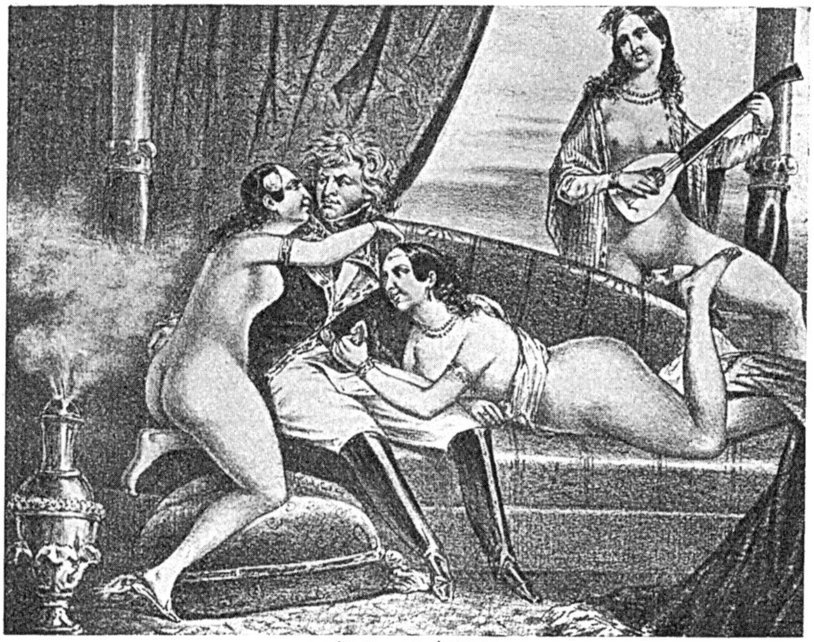

KLÉBER EN ÉGYPTE.

Kleber in Ägypten.

140. Aus der Serie »Die Marschälle Frankreichs«, welche das Liebesleben der Generale des ersten Kaiserreichs behandelt.

D'Orléans.
Par le plus favorable:
La force.

La France.
C'est bien là le cri de tes pareils! . . .
Ils ont bien profité de tes lâches conseils.

La France foutue, nämlich Frankreich, das sich vom Herzog von Orléans nicht hatte vergewaltigen lassen wollen, das heißt also das Frankreich, das sich hartnäckig geweigert hatte, aus einer Monarchie von Gottesgnaden eine konstitutionelle nach englischem Muster zu werden: das ist wohl ein Blatt, würdig in den Faszikeln der erotischen Literatur Platz zu finden. Man kann die Geschichte dieses so überaus sinnlichen Jahrhunderts gar nicht schließen, ohne auf dieses Werk hinzuweisen; als das Jahrhundert aber sah, wie die neuen und sublimierten Liebesgenüsse, denen es nachjagte, in nichts zerrannen, wußte es keinen andern Ausweg, als sich Hals über Kopf dem Wahnwitz geschlechtlicher Ausschweifung in die Arme zu werfen. Man suchte nicht nur die zynischesten Situationen, man stellte sie auch öffentlich zur Schau.

141. **Neuzeitliche Karikatur auf die Prostitution.**

On n'est point criminel pour faire la peinture
Des bizarres penchants qu'inspire la nature

versichert Marquis de Sade.

Nein, gewiß nicht. Aber wenn man nichts anderes sieht und nach nichts anderem sucht, so gehört man eben zu den Kranken, zu den Erotomanen und das, oh göttlicher Marquis, war bei dir der Fall.

Durch das unaufhörliche Lobpreisen von Ausschweifungen und geschlechtlichen Grausamkeiten, von sexuellen Vorgängen, die der Natur nicht gemäß sind, durch bewußte und öffentliche Schamlosigkeit legte man in die Seele des Volkes, in sein vom Teufel besessenes Gehirn das gewisse Etwas, das später zu den großen Freveltaten führen sollte.

So geschah es, daß das freche La France, ton café fout le camp zu La France Foutue und endlich zum Calendrier des Fouteurs führte; dazu führte, daß wir es auf Erden so herrlich weit gebracht.

Sowie nur die Rede davon war, daß die Generalstaaten einberufen werden sollten, fuhr der Teufel in die Leute. Kein Mensch redete mehr von etwas anderem als von Wählern und Abgeordneten. Paris war das reinste Affenhaus, die Pariser waren parlamentarische Affen geworden. Nur der Parlamentarier schien Mensch zu sein, alles andere waren Affen, die die »Menschen« in Reden, Handlungen und Geberden nachahmten. Wenn man über die Brücken ging oder an einer Straßenecke stehen blieb, was sah man? »Versammlungen!« Was hörte man? »Debatten« und »Motionen!« Einen andern Gesprächsstoff gab es nicht. Die Versammlungen aber bestanden zum Beispiel aus Schneidergesellen, die den Rasen des Louvre niedertraten, oder aus Lakaien, die aus den Vorzimmern wegliefen und die Kneipen leerstehen ließen.

Die Zahl der Hahnreie ist, wie man weiß, in Paris beträchtlich. Ihnen

Der Naturforscher.

142. Groteske Karikatur aus der Zeit Ludwigs XVIII.

war beinah jeder Platz zu klein, daher hielten sie ihre Versammlungen auf der Ebene von Sablons ab. Die Versammlungsberichte wurden publiziert und waren der Gegenstand der öffentlichen Bewunderung.

Die Prostituierten gliederten sich in Fähnlein. Die Prostituierten aus dem Palais Royal bildeten ein Fähnlein für sich, räumten aber im übrigen das Quartier nicht, sondern verkehrten in der liebenswürdigsten Weise mit den Bürgern weiter; sie waren durch die politische Betätigung durchaus nicht hochmütig geworden. Die Freimädchen aus anderen Quartieren bildeten gleichfalls Fähnlein. Sie hielten ihre Sitzungen in Porcherons ab (einem sehr alten Stadtviertel von Paris) oder in »Nouvelle France«. Außer den Bequartierten gab es natürlich noch solche, die keine Wohnung hatten, sondern ihr Gewerbe »im Umherziehen« ausübten, irgendwo in der Abenddämmerung. Der Ludwig XV.-Platz war ihr Versammlungsort. Dort lagen noch die Steine umher, die bei der Errichtung einer Brücke verwendet werden sollten, der man den Namen Ludwig XVI., des Enkels Ludwig XV., zugedacht hatte.

Während sich alles versammelte und Politik trieb, verhielt sich der famose Manchette-Orden passiv, beteiligte sich an keiner wie immer gearteten Aktion und wich jedem Aufsehen sorglich aus. Natürlich trat auch er zu Versammlungen zusammen, an den verschiedensten Orten: in den Tuilerien, in der Seufzerallee, im Karthäuserkloster, beim Abbé Viennet u. s. f. Der Abbé war der glühendste Anhänger dieser Luderei. Man kann sich aber denken, daß die »Tagesordnung« solcher Versammlungen nicht in »Motionen« bestand, die auf die Tagesereignisse Bezug hatten. Spurlos gingen die Tagesereignisse an dem Orden freilich auch nicht vorüber. Der Manchette-Orden hatte mit den Hospitanten und Novizen beinah ebenso viele Mitglieder wie die Nationalversammlung. Hatten sich die parlamentarischen Sitten und Gebräuche geändert, warum sollten sich nicht die Normen ändern, nach denen im Orden Sodomie und andere Lottereien praktiziert wurden? Aus dieser Erwägung heraus wurde also unter die Kastanienbäume des Tuilerienparks eine Ordensgeneralversammlung einberufen. Als sich aber erwies, daß niemand einen positiven Vorschlag zu machen wußte, daß keine neue brauchbare Entdeckung auf dem Gebiet des A posteriori-Betriebes gemacht worden war, ging man resultatlos auseinander. Man hatte schon eine Deputation gewählt, die in der Nationalversammlung den Antrag stellen sollte, daß die Statuten des Manchette-Ordens in die große Konstitution aufzunehmen seien. Die Deputation löste sich nun auf und aus dem Antrag wurde nichts.

Comment le diable feut trompé par une vieille de Papefiguiere
Liv. IV Chap. XLVII.

143. **Illustration von Devéria.**

Die Generalversammlung des Manchette-Ordens war ein Anblick für Götter. Hier gings ungefähr so zu wie in dem berühmten Meeting des Jakobinerklubs, wo alle Stände durcheinander gemischt wurden und es strenge verboten war,

LE DIABLE S'EN MÈLE!

Der Teufel hat seine Hand dabei im Spiele.

144. Umschlagzeichnung zu einer Sammlung »diableries« von Devéria (1830).

Die Teufel zeigen dem träumenden jungen Mädchen in dem Spiegel einen Priap.

eine reinliche Scheidung vorzunehmen. Das behinderte aber die Lotterbuben nicht weiter: Sie nahmen sich einfach, wie sie sich gerade in den Weg liefen, von vorn wie von hinten, von unten wie von oben. Das Verschen, das man damals prägte, heißt:

Les coquins s'y prirent tous
Sans devant derrière sans dessus-dessous.

An der mehrfach erwähnten Generalversammlung nahm auch Fräulein La Tabouret teil, die eine berühmte Sodomistin war. Wie ein Komet zog sie einen ganzen Schwanz von Sodomisten weiblichen Geschlechts hinter sich her, von

Der Kuriositätensammler.

145. Moderne Radierung von Frédillo.

146a. **Galante Lithographie von Devéria.**

weiblichen Proselyten des Manchette-Ordens und von Tribaden aller Klassen. Fräulein La Tabouret begrüßte die ehrenwerte Gesellschaft, wie die Sitte es heischte: sie entblößte den Hintern und bot ihn der Versammlung dar. Die Geschichte berichtet, es sei ein Hinterer gewesen, der den ältesten Päderasten Feuer in die Wangen jagte. So ungeheuer war die runde Spontaneität mit der weiten Öffnung, die die p. p. Mitglieder des Manchette-Ordens zu Gesicht bekamen.

Als erste Frage stand das Abstimmungsverfahren zur Diskussion. Einige Narren stellten den Antrag, die Stimmenabgabe habe mit dem Kopf zu erfolgen. Sie blieben fürchterlich in der Minorität. Die Majorität jedoch bestand aus erprobten Leuten, die stets den Ordensprinzipien treu und ihrer eingedenk waren, und daher wurde der Beschluß gefaßt, daß die Stimmenabgabe mit dem Podex vorzunehmen sei.

In den Vorstand wurden Buseranten mit Mitra und Kreuz gewählt: Chastenet de Puy-Ségur, der Erzbischof von Carcassonne, Beaupoil de Saint-Aubin, der Bischof von Poitiers, der Erzbischof Franc von Pompignan von Vienne (den Voltaire so niedlich verulkt hat), der Abbé Maury, der Erzbischof La Tour du Pin-Montauban von Auch. Der Herzog von Noailles wurde zum Präsidenten gewählt.

In seiner Antrittsrede führte er ungefähr folgendes aus: Die ganze Welt soll wissen, daß die meisten bedeutenden Männer eine Veranlagung wider die Natur gehabt haben. An Zahl und Gediegenheit kann sich unser Orden sehr wohl mit den Maltesern und mit dem Orden vom heiligen Geist messen. Es ist ganz falsch zu behaupten, daß das sexuelle Zusammenleben zwischen Personen verschiedenen Geschlechts naturgemäßer als die sogenannte Unzucht wider die Natur ist. Da es notwendig zur wesentlichen Freiheit des Mannes gehört, zu tun und zu lassen, was ihm beliebt, so liegt gar kein logischer Grund vor, ihm gerade in sexualibus Schranken zu setzen und ihm vorzuschreiben, bis wieweit er sich mit seinen Trieben wagen dürfe.

*

146b. **Galante Lithographie von Devéria.**

Esmeralda und der schöne Phoebus von Chateaupers.

147. Aus einer Serie größerer Blätter von der Hand Victor Hugo's; genannt »Notre Dame de Paris«.

Not kennt kein Gebot.

148. Lithographie aus dem Anfang des XIX. Jahrhunderts.

Dekret der gesetzgebenden souveränen Versammlung des Ordens von der Manchette.

Artikel I.

Die Versammlung der Päderasten, Bardachen, Bardachinen und Tribaden, zu der noch die Ritter der Orden vom Pantoffel etc. etc. besonders und gnadenhalber zugelassen worden sind, vorausgesetzt, daß besagte Ritter das redliche Gelübde abgelegt haben, sich den Rittern unseres Ordens nach Maßgabe ihres Begehrens preiszugeben, hat in ihrer feierlichen Sitzung resolvieret: gemäß dem vom Verifikationsausschuß erstatteten Bericht wird jedem Ritter des Ordens von der Manchette verstattet, mit seiner Person nach seinem Willen zu verfahren, er gebe oder empfange nach seinem Dafürhalten, sei es in den Straßen Sodoms, genannt Feuillantinerkloster, sei es im Freundschaftsgarten, ob unter den Auspizien des Grafen von Rouhault, ob im Pantheon oder in der Loge der Neun Schwestern, imgleichen in den Alleen des Luxemburgparkes, ohngeachtet eine zu gewärtigende Einrede des wirklichen Besitzers und mit der ausdrücklichen Verfügnis, daß es jedermann untersagt ist, beregtem Dafürhalten ein Hindernis, es sei, welches es wolle, in den Weg zu legen.

Artikel IV.

Künftighin werden die Anstalten von Bicêtre und Avênes und überhaupt alle Anstalten, die sich von gesetzeswegen mit der Heilung von Personen zu befassen haben, die mit wider die Gesellschaft gerichteten Krankheiten behaftet sind, auch solche Leidende aufnehmen, die von einer unangenehmen Form der Krankheit »Trieb wider die Natur« befallen sind. Indessen wird diese Verfügung nur mit Bedauern kundgemacht.

Artikel VI.

Es wird unverzüglich und mit kürzester Erscheinungsfrist ein Manuskript unter die Presse gebracht, das aus dem Untergang Sodoms gerettet worden ist und den Titel führt: »Abhandlung über die Elemente des Widernatürlichen; kurzgefaßte Theorie zum Gebrauch von Anfängern und jungen Bardachisten. Der Unterricht wird von vier Ordensältesten erteilt werden und zwar von: Bareau de Girac, Erzbischof von Rennes, Bourdeilles, Bischof von Soissons, Graf von Montrevel, Feldmarschall, und Marquis von Visé, Generalleutnant des königlichen Heeres.«

Artikel VIII.

Der Orden wird in eine bürgerliche, gesetzgebende und militärische Sektion eingeteilt.

In die Deputation des Ordens zur Nationalversammlung werden bestimmt: Abbé Viennet, Abbé de Lille (Delisle), Graf von Albaret, Marquis von Villette-Monvel, Abbé Lebond, Marschall von Manchy und Nationaldeputierter Abbé Maury, Abgeordneter von Peronne.

149. Lithographie aus den **Metamorphosen** einer erotischen Sammlung von 12 Blättern, Grandville zugeschrieben.

Sie umfaßt an Vorwürfen alles, was dem Künstler in dieser Richtung lieb und wert war.

Zu Mitgliedern des militärischen Komitees werden ernannt: Boufflus, Ritter von Bois d'effre, Untergouverneur der Pagen des Königs, der Leibgardist der Königin und die Pagen von Beaumont und von Senneville.

Als Verweser anderer Ämter werden in Vormerkung genommen: Graf von Bernis, Ehrenkavalier des beiden Geschlechtern angehörenden Generaladvokaten Seguier, Graf von Artois, Boilly, ehedem Kammerherr der Frau Gräfin von Artois, Prior der Karthäuser.

Ersatzmänner: Marquis von Champcenetz, Gouverneur der Tuilerien, Herr von Polignac, Stallmeister des Grafen von Artois, Graf von Montesquieu-Fezenzac, erblicher Kapitän der Schweizergarde, Marquis von Châtenoy, Kapitän der Windhunde der königlichen Kammer. Besagter Kavalier hat im Sinne der Sitten und Gebräuche unseres Ordens nur Tiere gleichen Geschlechtes in eine Koppel zusammengetan.

Geistliche Gruppe: Clermont-Tonnerre, Bischof von Châlons-sur-Marne, Abbé von St. Albin, Bastard des seligen Herzogs von Orléans, Abbé von Dillon, Erzbischof von Narbonne, Abbé Fauchet, Cardinal von Rohan, Abbé Lemintier, Bischof von Tréguier.

Sachverständigenausschuß: Dussieux vom Pariser Journal, Federfuchser La Harpe von der Académie française, Santerrieu de Marsy idem.

Tribaden, die das Gelübde abgelegt haben und sich bei gegebener Gelegenheit preisgeben wollen: Fürstin von Hénin, Palast-Ehrendame der Königin, Julie von Polignac, die größte Lotterdirne des Jahrhunderts, Marschallin von Duras, Gräfin von Beauharnais, Präsidentin von Ormois, Fräulein Raucourt von der Comédie française, Äbtissin Delaunay, Lebrein von der Malerakademie, Frau Bertin, Hofmodistin der Königin, Gräfin von Zweybrücken, Gräfin von Chastelleux, Gräfin von Igny; Fräulein Masson

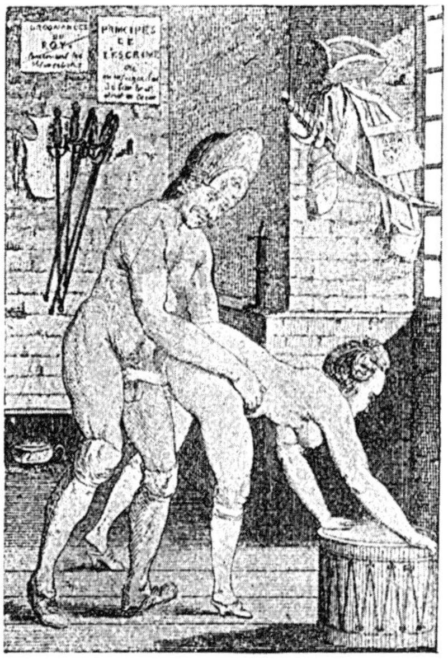

Wachtstubenabenteuer.

150. Illustration aus einem französischen erotischen Roman des XVII. Jahrhunderts.

und Desgareins von der Comédie française, Sophie Forest Nicolet, Fräulein la Caille vom Theater des Italiens und Vicomtesse de la Tallarée.

Request und Dekret in Sachen der Freudendirnen werden von einer Widmungsepistel einbegleitet, die gerichtet ist an Ihro gräflichen Gnaden, zubenannt die Bacchantin, Oberpriesterin des Bacchus, vereidigte Lehrmeisterin der Fouterie, und verfasset vom Ritter von Schlapphoden.

In der Antwort der Vicomtesse an den genannten Ritter wird von der Bittschrift gesprochen, die die Fouteurs der Nationalversammlung unterbreiteten, um gegen die Bardachisten, Päderasten und Susannabrüder Beschwerde zu führen.

Die Bittschrift legt zuerst einen Eid auf die Testikeln der Nationalversammlung ab und schließt mit der Formel:

Besuche mich! Bring eine Flasche Schnaps mit! Wir trinken den Nationaltropfen gemeinschaftlich! F . . . . . oder trinken ist die Devise deiner Freundin!

Die Adresse bezeichnet sich als Untertänigste Petition der Fouteusen, Kupplerinnen, Lotterdirnen an die Schwestern in den gesetzgebenden Körperschaften. Schließlich faßt sie die Beschwerdepunkte in karikiertem Juristenton zusammen:

In Ansehung der vorliegenden Bittschrift bekräftigen die hier Unterzeichneten nach bestem Gewissen, daß sie dem in Rede stehenden Gegenstand keinesfalls zustimmen, und beauftragen Genossen Maury, seines Zeichens fouteur, die nötigen Schritte in dieser Sache zu tun.

Gegeben zu Paris von den Ordenskapiteln:

Gezeichnet: D. M. G.
Abgeordnete.

151. **Die Versuchung — Der erste Schiffer — Schäferstunde — Adoremus.**

Drittes Kapitel.

Das neunzehnte Jahrhundert.

Der Kampf zwischen den Sinnen und dem Geiste pflanzt sich von Jahrhundert zu Jahrhundert fort. — Krieg und Liebe behindern sich im ersten Kaiserreich nicht. — Erotik und olympische Götter. — Die Erotik zur Zeit der Restauration. — Auftauchen gewagter Lithographien. — Ein Vorläufer Bérangers: Sosthène de La Rochefoucauld. — Erotische Parodien auf Aktualitäten der Literatur, Journalistik, des Theaterwesens etc. — Der Hof. — Karikatur der ungebärdigen Romantik. — Die Erotik, philosophisch betrachtet. — Illustration gebräuchlicher Sprichwörter durch erotische Bilder. — Werke über bestimmte Themen. — Mayeux. — Die Tiere. — Die Könige von Frankreich. — Die Türen und Fenster. — Teufeleien. — Maler und Zeichner als Verfertiger erotischer Stiche: Tony Johannot, Philipon, Scheffer, Numa Bassaget, Traviès, Devéria — Die erotische Buchillustration; die Lieder von Béranger: Gamiani von Alfred de Musset. — Säule und Obelisk als Priap. — Charakteristik der bildlich dargestellten Erotik während der Restauration und um 1830. — Das erotische Bild im zweiten Kaiserreich: seine Popularisierung, seine Demokratisierung durch die Photographie. — Der »Pariser Artikel« als Fabriks- und Handelsartikel. — Photographische Bordellaufnahmen. — Erotische Anspielungen auf Napoleon III. und die Kaiserin. — Das aktuelle erotische Bild. Seine zwei Pole: die Ansichtskarte und das Werk von Rops. — Allgemeiner Überblick über die Erotik am Beginn des XX. Jahrhunderts.

Wir hatten im vorigen Kapitel genügend Gelegenheit zu beobachten, wie die Erotik ihre Herrschaft langsam über alle Gebiete des sozialen Lebens ausdehnte, so daß es schließlich am Ende des Jahrhunderts nichts gab, was hievon verschont geblieben, nichts was nicht in der Karikatur ausgebeutet und auf das erotische Gebiet hinübergezogen worden wäre. In den Straßen füllten sich alle

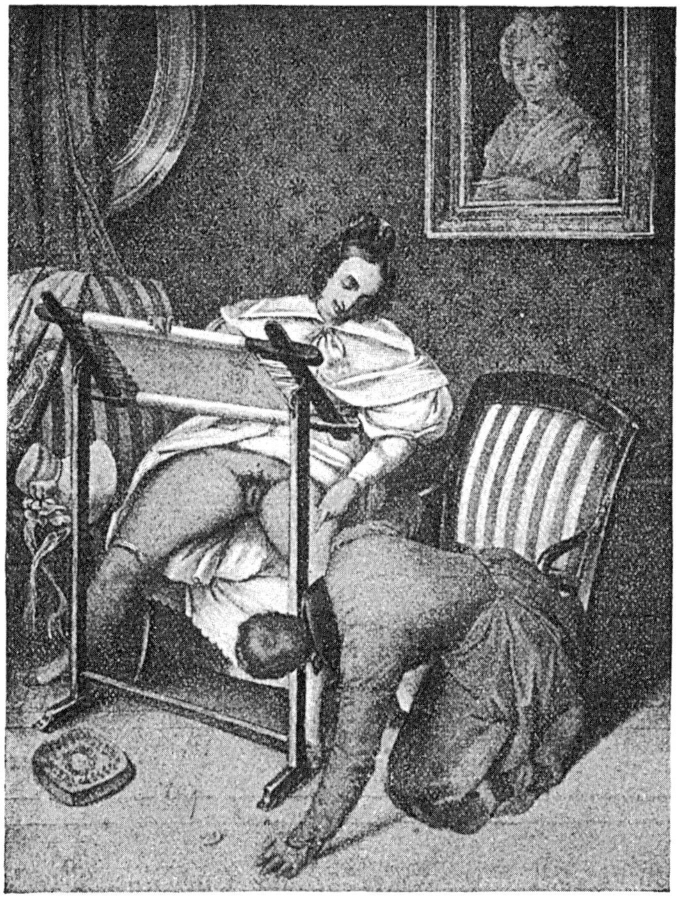

„Sehen Sie es nicht?"

152. Lithographie von Nicolas Maurin.

Dieses Blatt gehört zu den sogenannten doppelsinnigen (à double sens).

Auf dem dezent ausgeführten Blatte bezieht sich die Frage auf den Knäuel, den das junge Mädchen fallen ließ.

Schaufenster mit obszön-erotischen Blättern, die sich das Mäntelchen der Politik umgehängt hatten, und die erotische Karikatur in Wort und Bild wurde zu einem Element des täglichen Lebens.

Sowie aber das neunzehnte Jahrhundert beginnt, sehen wir eine plötzliche Wendung: die erotischen Darstellungen verschwinden mit einem Schlag aus der Öffentlichkeit, um nie mehr wiederzukehren. Eine neue Gesellschaft ist aus den Trümmern der alten hervorgegangen. Die Grundlagen dieser alten Gesellschaft und der neuen haben nichts mehr miteinander gemein.

Es hat den Anschein, als ob es unmöglich wäre, in unseren Tagen obszöne Bilder und erotische Darstellungen von Liebesszenen herzustellen. Es scheint sogar dann unmöglich zu sein, wenn die Herstellung ganz im geheimen geschehen sollte. Viele Leute glauben auch, daß solche Bilder gar nicht, wenn auch nur unter der Hand, zirkulieren können.

Wer das aber glaubt, irrt sich grimmig; denn die menschlichen Leidenschaften sind noch immer die alten.

Es fällt ihnen durchaus nicht ein, sich so zu ändern, wie die Herren Dogmatiker und Reorganisatoren der Gesellschaft es gern haben möchten. Die Leidenschaften können wohl eingedämmt, sie können in ihrer freien Bewegung gehemmt werden, ihre Herrschaft kann stärker oder schwächer sein, wie es der Zeitgeist und die moralische Tendenz, die gerade obenauf ist, eben will; aber

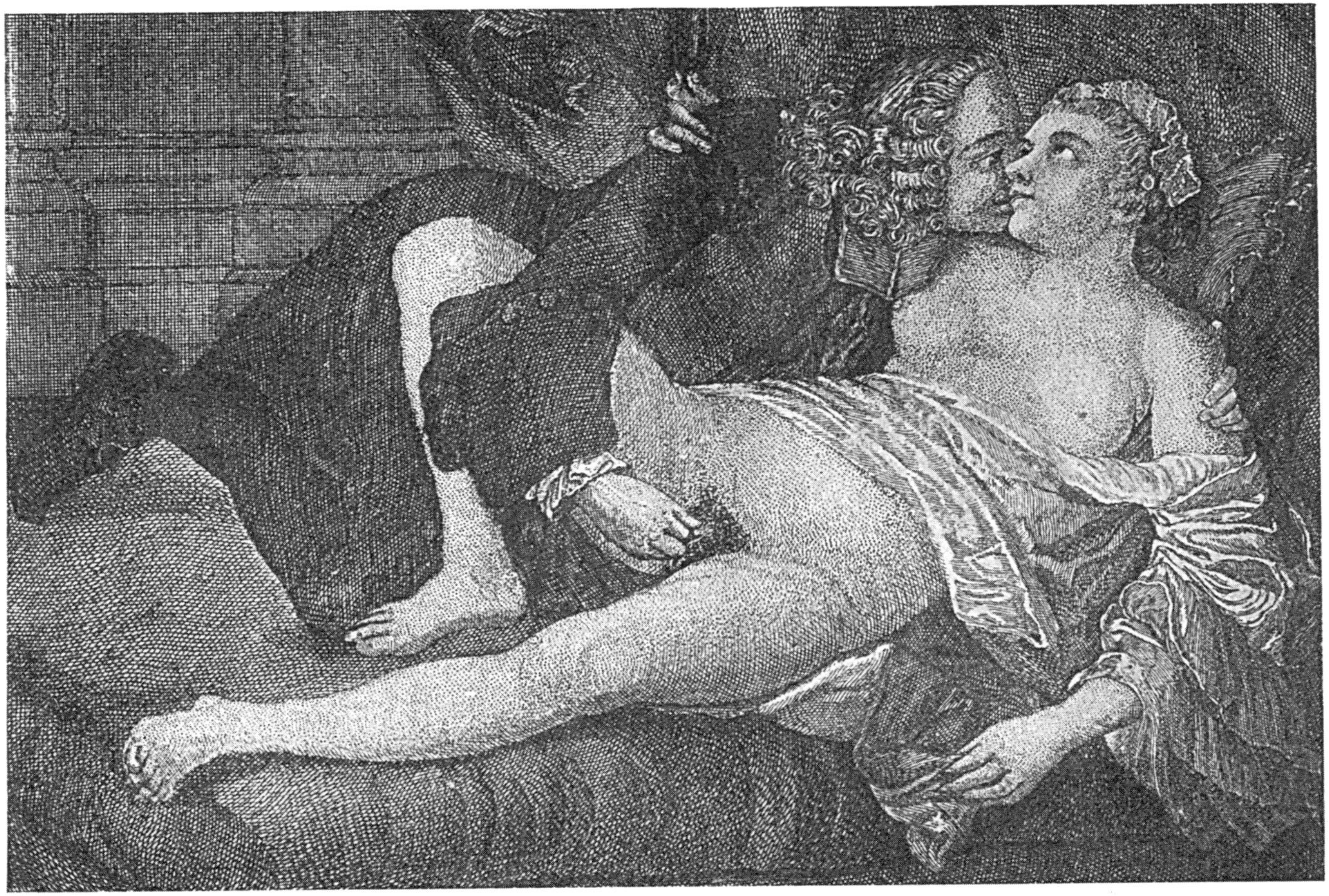

Der Abbé.

153. Erotische Radierung aus dem Ende des XVIII. Jahrhunderts (Französische Revolution).

Titelblatt des „Calendrier des Trois Sexes" (1790).

154. Die Einleitung zu diesem interessanten Büchlein ist wegen des Wortspiels nicht übersetzbar. Das Verb »foutre« ist in beiden Bedeutungen, die es im Argot hat, verwendet.

Préface.

Depuis qu'une Autrichienne en ru(sie)
A tout venant montre le cu,
Depuis qu'on plaça l'optimisme
Dans l'ovale humide et charnu,
Qui produit notre méchanisme;
Depuis que le vit potentat
Du fier et fougueux despotisme
Vient foutre le tiers-état,
Et de son foutre scélérat
Inonder le patriotisme —;
Depuis que nos représentans
Foutent partout fêtes et grus;
Depuis que la France est foutue,
Par ses incestueux enfans,
Et par la pine corrompue
D'un étranger toujours bandant,
Qui malgré son éloignement
La fout encore mentalement
On ne parle plus que de foutre:
Chacun le sème et chacun outre
La matière du sentiment.

wie mit einem Zauberschlag plötzlich verschwinden können sie nicht.

Jeder vollsinnige Mensch muß nach den Gesetzen der materiellen Natur seine physischen Fähigkeiten frei entwickeln und so wie diese physischen Fähigkeiten zusammen den menschlichen Organismus ausmachen, so setzt sich der Organismus der menschlichen Gesellschaft aus den Lebensäußerungen des Einzelindividuums, aus seinen vielfachen Strebungen zusammen. Bei der vorliegenden Frage kommt es nun bloß darauf an zu erforschen, unter welchen Formen und Umständen sich die Sinne und die Wollust äußern; davon hängt es dann ab, ob man ihnen erlauben soll, sich da oder dort zu manifestieren, ob man ihnen Licht und Sonne gönnen soll, oder ob man sie in das gewisse Halbdunkel zurückdrängen muß, wo sie sich augenscheinlich so wohl fühlen. Zugegeben, daß die Sexualität eine Aufgabe im Physischen zu erfüllen hat — und diese Aufgabe ist gewiß überaus wichtig, weil die Sexualität das Leben bestimmt — so folgt daraus aber noch lange nicht, daß sie auch dem Gesellschaftsorganismus ihren Einfluß aufdrücken darf.

Oder anders ausgedrückt: zwischen Fleisch und Geist tobt ununterbrochen ein wütender Kampf. Im Verlauf der Geschichte ist diese wuchtige Frage oft genug aufgeworfen worden, besonders dann, wenn gewisse Gesellschaftskreise sich im Wohlleben zu sehr gehen ließen und nur von dem einen Gedanken beherrscht waren: zu genießen! Im Lebensgenuß unterzutauchen, die Genüsse der Sinne auszuschöpfen bis zum letzten Tropfen.

Daß die menschliche Gesellschaft in den Genüssen Capuas versinkt und ertrinkt, ist nichts Neues und wird zweifellos immer der Fall sein, wenn eine Periode des Wohlstandes zu lange dauert und zu intensiv ist. Es ist dabei durchaus nicht nötig, daß der Wohlstand allgemein sei; es genügt vielmehr, daß die herrschende Klasse das Wohlleben zum Gesetz erhoben habe, denn die breiten Massen lassen sichs dann von selber angelegen sein, sich irgendwo zu entschädigen, soweit es eben in ihrer Macht liegt.

La Ressource du Clergé.

Malgré nos chiens et notre Dieu,
Nous n'avons plus ni feu ni lieu,
C'est ce qui nous désole;
Mais si nos ongles sont rognés
Les nobles sont découillonnés
C'est ce qui nous console.

Nous n'aurons plus de l'opéra
Femmes, filles et cétera
C'est ce qui nous désole;
Mais nous aurons encor le choix
Parmi les femmes du bourgeois
C'est ce qui nous console.

Au surplus, si faute d'écus
Tous nos soupirs sont superflus
Faut-il qu'on se désole;
Le con seul fait-il décharger
Non, le cul peut remplacer
C'est ce qui nous console.

Vignette aus dem „Calendrier des Trois Sexes ou Etrennes aux Fouteurs."

155. Zur Illustrierung des beistehenden Gedichtchens.

Lorsque l'on parle du clergé
Et que l'on dit qu'il est rasé
C'est ce qui le désole;
Mais qu'on en glose impunément
Il lui reste le fondement:
C'est ce qui le console.

Trotz unserer Hunde, unseres Gottes
Haben wir weder Heim noch Herd
Und das ist's, worüber wir verzweifeln.
Doch wenn an unseren Nägeln wir nagen,
Der Adel ist ja auch am Hund,
Das ist's, was uns trösten kann.

Keine Oper werden wir haben,
Nicht Frauen, Dirnen und so weiter,
Und das ist's, worüber wir verzweifeln,
Doch bleibt uns immer noch die Wahl
Unter all den Bürgerfrauen,
Das ist's, was uns trösten kann.

Und überdies, wenn aus Mangel an Geld
Jeder Seufzer wird überflüssig,
Muß man darüber wohl verzweifeln.
Ist's nur die f . . . die Wollust schafft?
Nein, der Arsch kann sie ersetzen
Und das ist's, was uns trösten kann.

Und spricht man über einen Pfaffen
Und sagt von ihm, er ist rasé,
Wird er darüber wohl verzweifeln.
Mag man ungestraft sein spotten,
Ihm bleibt ja doch das fondement
Und das ist's, was ihn trösten kann.

Der Eindringling.

156. Obszöne Karikatur aus dem Anfang des XIX. Jahrhunderts.

Le char voluptueux ou le temps bien employé.

Certain officier, certain jour
Cheminoit à certain village
(Mais cheminoit comme à la cour)
C'est à dire en leste équipage.
Avec lui certaine beauté
Avoit entrepris le voyage
Cu, con, têtons, tout est tâté ;
Mais jusqu' ici, pas davantage.

On arrive à certain réduit
Mais là s'offre plus d'un convive ;
Et partant l'amoureux déduit
Voit éloigner sa perspective
Enfin l'on part pour revenir ;
C'est ici qu'on attend la belle :
Il faisait nuit, et le plaisir
Subjugue alors la plus rebelle.

Notez bien qu'avant le départ
Deux soeurs de diverse portée,
La soeur cadette, d'une part
Et de l'autre la soeur aînée
Avoient prié tant le cocher
Que le laquais du militaire
De vouloir tous deux les grimper
Tout par devant que par derrière.

De ces deux soeurs n'en doutez pas
L'une autant que l'autre est jolie ;
Et vous sentez qu'en pareil cas,
Gente femelle est accueillie !
Mais déjà ce char amoureux
Roule sur la chaussée humide.
La lune en vain, cache ses feux,
Amour, de son flambeau le guide.

De ce sérail rempli d'ardeur
Admirez six fois l'avantage
L'un fou tout dans l'intérieur
L'autre derrière l'équipage ;
Le cocher vigoureux et dru
Foutoit aussi fier qu'Annibale
L'attelage eût, je crois, foutu
S'il n'eût pas manqué de cavale.

Der Wagen der Wollust oder die wohlangewandte Zeit.

An einem Tage ein Offizier
Reiste in ein Nachbardorf
(Reiste sowie zu Hofe man reist)
Das heißt in einer netten Kutsche ;
Mit ihm eine gewisse Schöne
Hat unternommen die Reise.
Allüberall abgegriffen ward sie,
Doch nichts weiter geschah bis nun.

Zu einer Schenke kommt man endlich,
Doch mehr als ein Gast ist zu sehn.
So sieht denn seine Aussicht schwinden
Der erregte Liebesheld.
Endlich bricht man auf aufs neue
Und er hoffet von der Nacht,

Vignette aus dem Werke „Les Etrennes aux Fouteurs ou Calendrier des Trois Sexes“.

157. Zu beistehendem Gedichtchen.

Die die Prüden selbst bestricket,
Daß seine Schöne sie kirre macht

Doch merket wohl, daß vor dem Aufbruch
Zwei Schwestern von verschiednem Alter,
Einerseits die jüngere nämlich,
Andererseits die ältere Schwester,
Des Wagens Kutscher gebeten hatten,
Wie auch des Offizieres Diener,
Auf daß sie sie bespringen sollten
Von vorne als wie auch von hinten.

Von diesen beiden Schwestern nun
War hübsch die eine wie die andere
Und ihr verstehet wohl darum
Wie freundlich empfangen wurden die Weibchen !
Doch schon rollet die Liebeskutsche
Hin auf der feuchten Strasse
Vergebens verstecket Luna sich,
Amor führt mit seiner Fackel.

Dieses Haremsfeuer bewundert,
Bewundert den sechsfachen Vorteil darin ;
Der eine f . . . . . tief drin im Innern
Hinter dem Kutschenkasten der andere,
Nicht weniger der Kutscher auf seinem Sitze
Arbeitet stolz gleich Hannibal
Und selbst die Pferde hättens getan
Hätt nicht gefehlet die Stute.

„Suivant l'ouverture du l . . .
Suivant qu'il sera brun ou blond."

158. Koloriertes Titelblatt zu dem Seite 150 zitierten »Requête et Décret en faveur des Putains, des Fouteuses, des Maquerelles et des Branleuses; Contre les Bougres, les Bardaches et les Bruleurs de Paillasses.

(Die Dame ähnelt ziemlich stark einer bekannten Königin.)

Ein altes Sprichwort heißt: C'est »l'en haut« qui fait »l'en bas« (ungefähr: »Wie der Herr so der Knecht«). In der Tat waren zu allen Zeiten die niederen Volksschichten beflissen, in ihrer Art die Regeln auszulegen, nach denen die höheren Kreise so angenehm lebten. Natürlich wurde dabei aus Eleganz und Kultur Brutalität und Roheit.

Ein Beweis dafür sind zum Beispiel die kleinen Händlerinnen vom Boulevard: die Tabulettkrämerinnen, die Stecknadel-, Bänder-, Blumen-, Modenhäubchen-, Puder-, Pomaden- und Waffelhändlerinnen. Restif de la Bretonne erzählt allerliebste Geschichten von ihnen. Ein bezeichnendes Liedchen, das diese Mädchen sangen, lautet so:

Quand aurai-je l'avantage
De pouvoir, enfin, me venger
D'un berger
Qui m'a pris mon pucelage
Dans un coin de notre verger!

Wann wird es mir endlich einmal gelingen,
Mich zu rächen an dem Schäfer,
Der mir meine Unschuld nahm
In einem Winkel unseres Obstgartens!

Die kleinen Mädchen verdanken ihre Existenz geradeso den hohen Herren vom Hofe und den hohen Kirchenfürsten wie die Fischhändler und Fischweiber. Darüber kann gar kein Zweifel sein. Die genannten Kategorien entstanden eben, weil die Höflinge und Kirchenfürsten, die alle sexuellen Ausschweifungen mitmachten und bei allen Modeexzessen den Ton angaben, ihrer bedurften. Literatur und Illustrationskunst des XVIII. Jahrhunderts hören ja gar nicht auf, davon zu reden und begeisterte Lobeshymnen zu singen.

Die absolute Freiheit, die sich auf der Straße breitmachte, die entfesselten Leidenschaften, die sich überall ungekränkt im hellen Tageslichte der Freiheit zeigen durften, waren ja auch nichts anderes, als die einfache Folge der Freiheiten, die sich der Hof und die Salons nahmen. Damit soll keineswegs gesagt sein, daß diese Freiheit deswegen geringer geworden ist, weil neue Anschauungen und Grundsätze die Oberhand gewannen; denn gerade diese Art von Freiheit war das Charakteristikon der Sitten, die damals herrschten. Wenn aber diese Freiheit eines

Der unzuverlässige Wachposten.

159. Lithographie aus dem XVIII. Jahrhundert.

Tages von der letzten Fessel befreit ist, dann gleicht sie einer Springflut, einem Wildbach, der plötzlich verheerend aus seinen Ufern tritt.

Auch die Welt des Verbrechens und der schamlosen Ausschweifungen, das Apachentum (apacherie) — um das Ding beim richtigen Namen zu nennen —, das sich gerade in der letzten Zeit in den großen Städten so unglaublich entwickelt hat, ist nichts anderes als die notwendige Folge der Anschauungen und des Lebenswandels derjenigen, die man die »herrschende Klasse« nennt.

Zur »herrschenden Klasse« gehören zuvörderst alle, die sich einbilden, sie stünden über den Gesetzen. Auf den unteren Sprossen der sozialen Leiter stehen diejenigen, die der Gesellschaft Trotz bieten und keinen Augenblick zaudern, sich außerhalb des Gesetzes zu stellen.

Und was bewegt hoch und niedrig, was dirigiert die Schauspieler in der menschlichen Komödie, heute wie im XVIII. Jahrhundert? Die Sinnlichkeit, die Fleischeslust, der Leib der feilen Dirne, die sich jedem ersten besten verkauft, der zahlt. Im vergangenen Jahrhundert gab es Zuhälter, »Greluchons«, die Morgenröte des zwanzigsten Jahrhunderts kennt nur noch »femmes en commandite«, Weiber auf Anteilscheine. Das neunzehnte Jahrhundert ist unter dem Donner der Kanonen geboren worden und seine Devise ist der Devise des Vorgängers gerade entgegensetzt: Hie Liebe, hie Krieg!

Die letzten Versuche eines empfindsamen, aber unvermögenden Mannes.

160. Während im Vordergrunde das Unvermögen des alten Invaliden deutlichen Ausdruck findet, ahmt das Zeichen des Weinwirtes im Hintergrunde deutlich einen mächtigen Phallus nach.

Anonyme Lithographie.

»Krieg«, das Wort mag wohl im ersten Augenblick überraschen. Krieg und Liebe? Ist denn der Krieg ein Feind der Liebe? Nein, im Gegenteil! Im Kräfteparallelogramm des Krieges ist die Liebe die Resultante. Wenn man in den Liebesbriefen und Privatkorrespondenzen der martialischen, gestiefelten und gespornten Kriegshelden blättert, sieht man nicht ohne Überraschung, daß sie die Heldentaten der Liebe durchaus nicht für weniger wichtig halten, als die Großtaten auf den Schlachtfeldern.

Solche Stöße von alten Liebesbriefen sind eine kostbare Fundgrube für die Geschichtsforschung. Als Briefkopf dienen nackte Amoretten, Herzen und Pfeile. Die Sammlungen von Beardsley, Paul Dablin, Grand-Carteret enthalten eine Menge solcher Dinge. Manche Sammler haben ein ganzes Museum von solchen Sächelchen, wie sie die schönen, leicht entzündlichen Grenadiere zu benützten pflegten. Da finden sich Briefpapiere, die sich nach Art von Fensterladen auf und zuklappen ließen. Wenn die schönen Mädchen die Laden aufklappten, sahen sie Amoretten, die den klassischen Phallus aus der Trommel hervorzogen, oder Grenadiere, die zwiefach präsentierten.

Nun hieß es nicht mehr: »grenadier, que tu m'affliges« (Grenadier, wie

Loth und seine Töchter.

161. Lithographie aus dem XVIII. Jahrhundert.

Äpfel gefällig?

162. Obszöne Lithographie aus der Mitte des XIX. Jahrhunderts.

betrübst du mich), sondern: »grenadier, donne-moi ton bâton! . . . ton bâton de maréchal . . . ton bâton de maréchal. (Grenadier, reich mir deinen Stab! . . . reich mir deinen Marschallstab! . . .)

Die kühnen Helden der »großen Armee« auf erotisch-illustriertem Papier Liebesbriefe schreibend: Das ist doch gewiß außerordentlich reizend! Und wenn man bedenkt, wie fürchterlich der große Führer der »großen Armee« als Konsul die Bücher und Bilder des verruchten XVIII. Jahrhunderts verfolgte!

Die Absicht war: zu läutern, eine verdorbene Welt auf den Weg der Genesung zu führen. Aber diese Absicht war mißlungen. Wenn man sich vielleicht eingebildet hatte, daß es möglich sei, die wollüstigen Bilder und entsetzlichen Produkte rasender Gehirne für immer zum Verschwinden zu bringen, so war man eben auf dem Holzweg gewesen. Aus dem Boden war eine Gesellschaft von Drachenmännern herausgewachsen, um die Welt in Kriegsbrand zu stecken, aber das Gleichnis von Herkules und Omphale wurde wieder wahr: schließlich rührte Amor den Drachenmännern die Trommel, die Schlägel wurden nur geschwungen, damit schöne Augen sich dran ergötzten.

Schultert! (Gewehr über!) Präsentiert das Gewehr! und andere ähnliche Kommandos, die man erotisch zweideutig verwenden kann, schienen vom militärischen Dienstreglement bloß für die Zwecke des heimlichen Bilder-Kolportagehandels vorgeschrieben zu sein. Und der große Eroberer sah das alles mit an und war eigentlich machtlos dagegen. Das beweist aber nur, daß das richtig ist, was ich gerade vorhin sagte: daß man sich nicht einbilden darf, man könne die menschliche Gesellschaft ummodeln.

Um aber wieder auf Napoleon zurückzukommen! Napoleon hätte sich's gewiß nicht träumen lassen, daß man seine Garde, seine Garde, »die stirbt, sich aber nicht ergibt,« zu erotischen Karikaturen machen würde. Auf einem Bild sieht man Infanterie und Kavallerie, die auf das Kommando dechargiert: Hose auf! — Penis in die Hand! — Feuer! Was mag Napoleon wohl zu solchen Karikaturen gesagt haben!

Indessen schrieben die Tapferen der »großen Armee« gemächlich ihre heißen Liebesbriefe auf dreifärbigem Papier weiter. Auf der ersten Briefseite waren die Embleme noch militärisch. Auf der zweiten Seite waren sie schon recht »zivilistisch«. Aus den Kriegswaffen waren gut-bürgerliche Waffen geworden. Kommentar überflüssig.

Zieht den Säbel! Versorgt den Säbel!

Hie Schießgewehr für den Mann, hie Schießgewehr für Frau Venus; hie die Waffe zum Zerstören, hie die Waffe zum Neuschaffen!

So war es ganz natürlich, daß jeder Soldat in seiner Patronentasche den gewissen Marschallstab hatte, den sonst jedermann vorn unter dem Hosenlatz trägt.

163a. Illustration zu **La Foutro-Manie,** laszive Dichtung von Sênac de Meilhan (Londoner Liebhaber-Ausgabe von 1780); Cte de F** zitiert in seiner erotischen Bibliographie die Ausgaben von 1778, 1780, 1783 und 1791; doch ist die erste Ausgabe im Jahre 1775 erschienen mit dem Vermerk: A Sardanapolis, aux dépens des amateurs. Einige Exemplare dieser Ausgabe wurden trotz strengster Verbote des Zensors Le Noir in Paris um 9 Livres verkauft.

Tableau des Lois Humaines et de ceux qui les font.

163b. **Obszöne Lithographie aus dem Anfang des XIX. Jahrhunderts.**

Das achtzehnte Jahrhundert hatte die »Krücke des Vaters Barnabas« (la béquille du père Barnabas), dem neunzehnten wurde der Stab (le bâton) in die Wiege gelegt. Der Leser wird sehen, daß der »Stab« solange die Herrschaft behält, als die napoleonische Epopöe dauert.

Die erste Kundgebung der Erotik in der napoleonischen Ära, wo der Krieg alle menschlichen Fähigkeiten absorbiert zu haben schien, findet also durch das Briefpapier der Soldaten

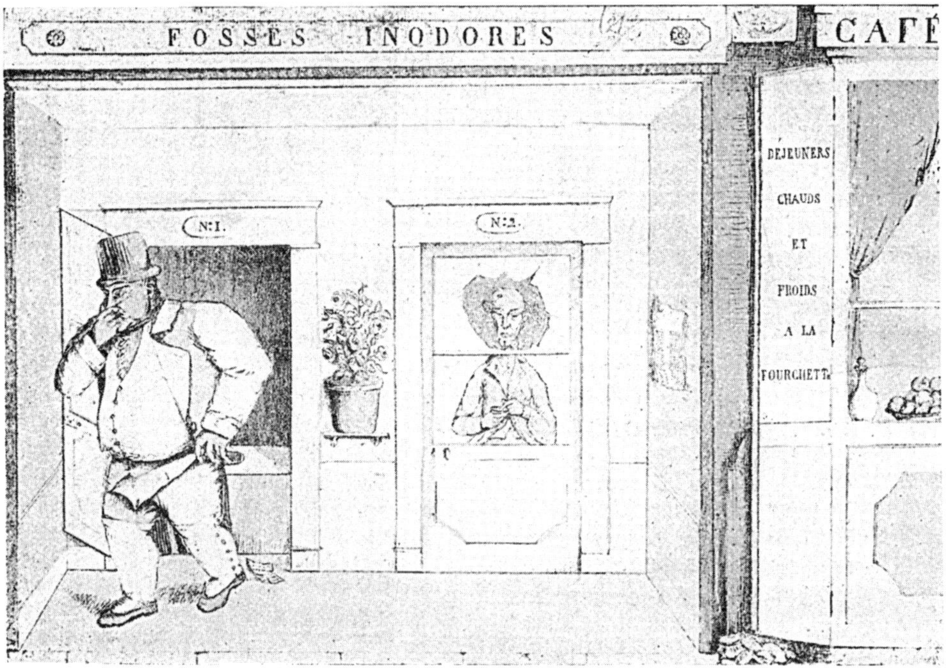

164. **Obszöne Lithographie aus dem Anfang des XIX. Jahrhunderts.**

statt; es ist das gewisse Papier mit den gewissen charakteristischen Anspielungen. Nackte Amoretten mit ungeheuren Federntschakos auf dem Kopf, die Patronentasche umgegürtet, das Gewehr auf der Schulter oder — — — anderswo!

Der Erotismus, der Sadismus, der krankhafte Liebestrieb waren verschwunden, die gute alte Gauloiserie rüstete dagegen keineswegs ab. Gallien liebte nach wie vor. Nur bestand jetzt ein ungeheurer Unterschied gegen früher. Im Gegensatz zum XVIII. war das XIX. Jahrhundert gesund. Es ließ sich von Leuten, die neue Emotionen suchten, nicht mehr am Halfter führen. Man wollte keine Komplikationen, sondern die Einfachheit gerader Triebe. Man liebte wieder natürlich, aber man liebte auch im Hui, wenn man so sagen darf. Man liebte im Laufschritt, man liebte »mit Dampf«. Das bringt der Krieg mit sich. Die Frauen sind ja Festungen; man muß sie im Sturm nehmen.

Wie ich schon früher erwähnt habe, drückte sich der stürmische tapfere Krieger in seinen Briefen recht deutlich aus und nahm sich in Sachen der Liebe durchaus kein Blatt vor den Mund. Noch viel deutlicher aber konnte er mit seinen Tabatièren werden.

Die findige Industrie hatte schnell herausgefunden, daß die Tabatière ein kostbarer Taschenartikel werden müsse, wenn man sie geschickt dem Tagesgeschmack anpasse. Die Tabatière hatte auch nicht mehr die Bestimmung, die sie im XVIII. Jahrhundert gehabt hatte. Schönen Gräfinnen präsentierte man damals die Dose, jetzt begnügten sich die alten Knasterbärte damit, einander die nackten

166. **Obszöner Holzschnitt aus dem XVIII. Jahrhundert.**

Bilder zu zeigen. Wer die unflätigste Dose herzeigen konnte, schoß den Vogel ab. Ja, das waren Späße!

Ein Füsilier der Garde schrieb einmal an einen Grenadier einen Brief, worin es kurz und ohne weitere Umschweife hieß:

25. Jänner 1812.
J'ai des beaux c. u. l. s.
Dans ma tabatière,
Tu n'en auras p. l. u. s.

Der Reim ist herzlich schlecht. Aber die Mitteilung muß man sich doch merken. Sie ist köstlich und sehr bezeichnend für den Seelenzustand, aus dem sie hervorging.

Nach der Soldateska die Götter!

Nach dem Götzen vom Tage der alte Olymp!

Eine ganz logische und richtige Folge. Die alten Götter waren ganz stramme Burschen gewesen. Außerdem standen sie mit dem »großen Mann« auf gutem Fuß, sonst wären sie ihm nicht hold gewesen. Man muß also vor ihnen und vor ihm das Gewehr präsentieren.

Es gab aber auch Leute, denen es an Ehrerbietung vor den Göttern fehlte. Solche Leute fanden, daß die besonderen Partikulier, die da auf den Wolken aus Pappendeckel thronten, die Welt nachgerade lange genug genasführt hatten. Und diese Leute griffen nach der Waffe, die ihnen am nächsten lag und die sie mit gutem Grund als eine Waffe schätzten, mit der man falscher Ehrerbietung am besten zuleibe gehen kann: sie griffen nach der erotischen Satire.

Das Volk träumte von einer Eroberung der Welt. Dazu brauchte man Griechen und Römer. Gut, das Volk sollte sie haben! Man fabrizierte also Griechen und Römer, denen man freilich ein Beiwerk von Phalussen und »Muscheln« gab, deren maritimer Ursprung nicht immer zu erkennen war.

Sogar Girodet, der große Girodet, entzog sich dem Tagesgeschmack nicht, sondern nützte ihn vielmehr aus.

Amor, der kleine Schelm, der sich immer mit gezogenem Degen in der Gesellschaft der Grazien herumtrieb, wurde Handelstreibender und Geschäfts-

Charges et Décharges Diaboliques.

166. Lithographische Nachahmungen von Numa Bassaget.

reisender. Als Hausierer mit menschlichem Spielzeug erschien er auf dem Parnaß, schwatzte jedermann seine Sächelchen auf und die Göttinnen taten sich keinen Zwang an, sondern kauften frisch drauf los und spielten munter mit der Ware Amors.

Der Tanz, den man jetzt exekutierte, war nicht mehr der antike Tanz um die Büste Pans, sondern eine hitzige Sarabande, ein heißer Tanz, der um den vorangetragenen Phallus wirbelte.

Der Mangel an Respekt gegen »ehrwürdige« Dinge stammt also von der Erotik her. Und die erotische Satire hatte ins Schwarze getroffen und schlug mitten durch.

Himmel! wieviel burleske Gedichte und bewegliche Bilder über die Liebesabenteuer des Mars und der Venus gab es! In zahllosen Varianten handelte man die Szene ab, die sich unter Vulkans Netz abgespielt hatte.

Wer das richtig begriffen hat, wird sich nicht mehr darüber wundern, daß sich die Zeitstimmung auch an solchen Stellen des menschlichen Schaffensgebietes reflektierte, wo man es sonst nicht erwartet hätte. Nur so ist es zu erklären, daß Ambroise Firmin-Didot, ein so gelehrter, zartfühlender Schriftsteller und tadelloser

Alpdrücken.

167. Aus Devéria's »Diableries«.

Die beiden Neuvermählten träumen, daß sie entführt und getrennt werden.

168. **Tür zur Abbildung auf Seite 169.**

Buchdrucker, dessen Geist immer über der renommierten Druckerei schweben sollte, die große Prachtausgabe des Aretino unternahm. Die Illustrationen dazu wurden nach den berühmten Kompositionen des Annibale Carracci angefertigt.

Wir stehen vor der überraschenden Tatsache, daß der Mann, der tatsächlich die Straßen von Paris von allen erotisch-sadistischen Bildern reingefegt hat, nichts Anstößiges darin erblickte, daß in den Händen von Dilettanten Bilder zirkulierten, wo die klassischen Stellungen des Koitus dargestellt waren.

Ebenso merkwürdig ist, daß die krankhafte Vergötterung der Antike, die während des Napoleonismus überall auf das heftigste emporschoß, ruhig zusehen mußte, wie man alle diese griechischen und römischen Persönlichkeiten und Gottheiten durch erotische Karikaturen lächerlich machte. Die erotische Karikatur der Antike kam von überall her; sie kam aus Wien, sie kam aus Berlin, sie kam aus London und brachte »Merryland« mit, den paradisischen schwarzen Wald des Menschen. Betrachtet hat man ihn oft genug, aber mit soviel Genauigkeit, liebevoller Beflissenheit und ergötzlichen Details wie damals ist er noch nie beschrieben worden.

Einige merkwürdige und pittoreske Bruchstücke seien hier mitgeteilt.

Auf den Bildern schnäbeln keusch und melancholisch Tauben in einer Ecke, während in einer Umrahmung von Rosen und Blattwerk der Phallus seine Vereinigung mit dem Paradies vollzieht. Diese Sorte von Erotik ist aber so eiskalt und macht sosehr den Eindruck des Bestellten, daß dadurch unmöglich ein lüsterner Gedanke im Beschauer emporsteigen kann. Zwar hatte es den Anschein, als ob Amor, die Fackel in der einen Hand, mit der andern Hand Dame Naturlieb kose; in Wirklichkeit aber machte es ganz den Eindruck, als wäre er im Begriffe, irgend einer geschäftlichen Verrichtung nachzugehen oder eine anbefohlene Arbeit gehorsam auszuführen.

Nun ist alles vorüber: die Götter sind gegangen, man wird sie nicht mehr oft wiedersehen und braucht sich über diesen Verlust auch durchaus nicht zu kränken. Eigentlich waren ja diese Götter höchst langweilig. Nicht einmal dann waren sie amüsant, wenn sie Liebesspiele trieben, worunter wir uns doch schwer etwas anderes als Heiteres vorstellen können.

Der ganze Götterkult schmeckte eben zu sehr nach der Schule. Schulfuchserei, nichts weiter!

Dafür hat man heute wieder die Augen auf das frische Leben gerichtet und verrenkt sich nicht mehr den Hals, um nach Wolkenkuckusheim zu starren. Mit

Tenez Messieurs!...
Mariez-vous donc!...

169. Lithographie aus einer **„Série à porte et à fenêtre“,** so genannt, weil bald eine Türe, bald ein Fenster des Bildes sich öffnete und dem Beschauer mehr oder minder erbauliche Szenen darbot. Dazu Bild auf Seite 168.

anderen Worten: man lebt wieder in der Wirklichkeit. Das heißt natürlich nicht, daß nicht schon damals ähnliche Richtungen und Neigungen wahrzunehmen gewesen wären. Denn auch in Zeiten, wo die Verzopftheit am größten ist, bleibt der gesunde Sinn für natürliche Wirklichkeit doch irgendwo tätig.

Gilt das für die Kunst im allgemeinen, so bleibt es im besondern auch für die erotische Darstellung im Bilde giltig.

Der Verismus, der auf die klassizistische Manieriertheit folgt, hält sich zuerst in bescheidenen, ja spießbürgerlichen Grenzen. Anfangs begnügt er sich

J. B. Girard inv. Cat. Cadiere sculp

J'attends qu'elle revienne pour luy parler du bon Dieu.

170. **Nach einem Gemälde von J. B. Girard jun., gestochen von Cat. Cadière (XVII. Jahrhundert).**

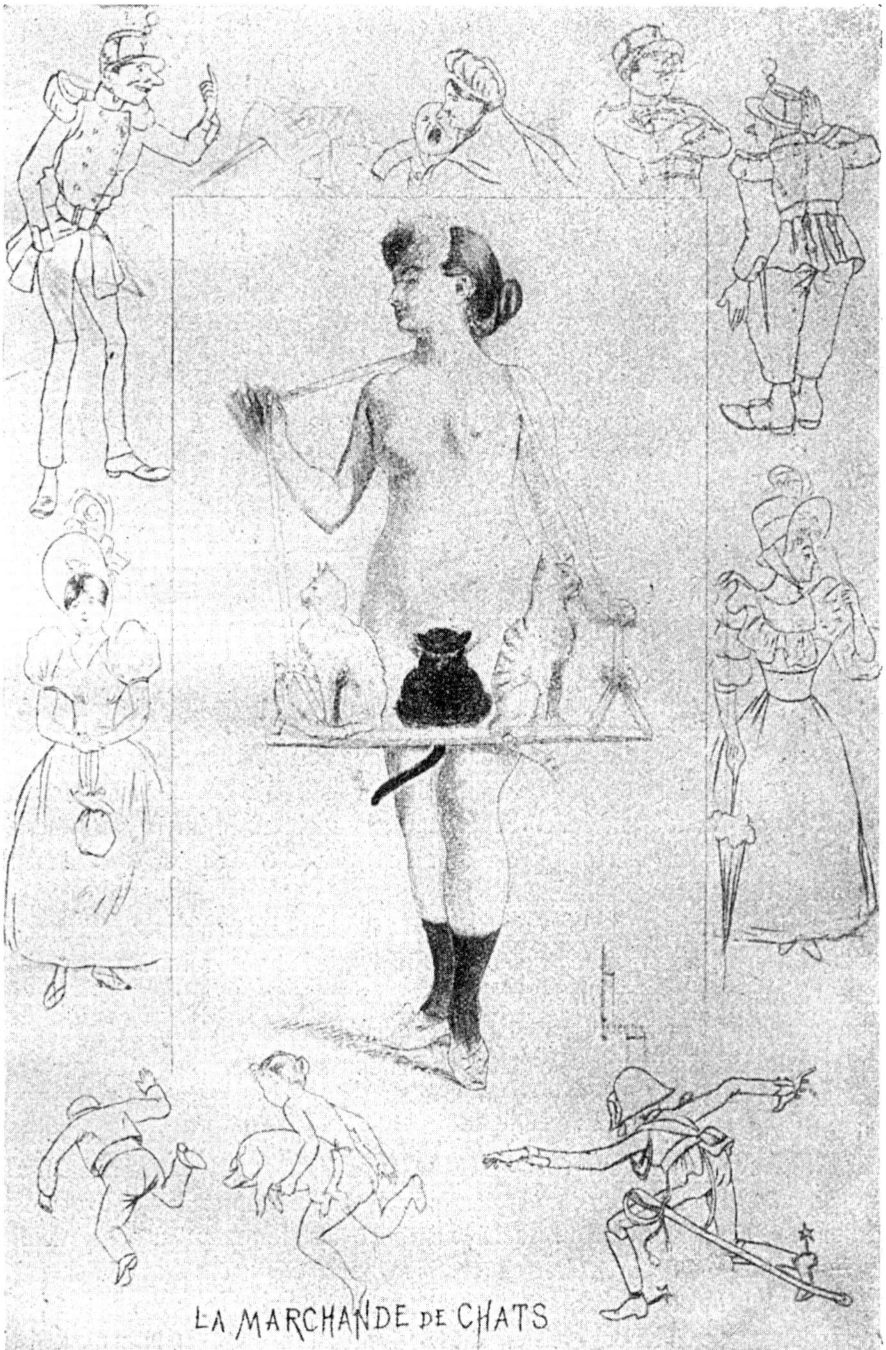

Die Katzenverkäuferin.

171. Moderne Karikatur von Lebègue.

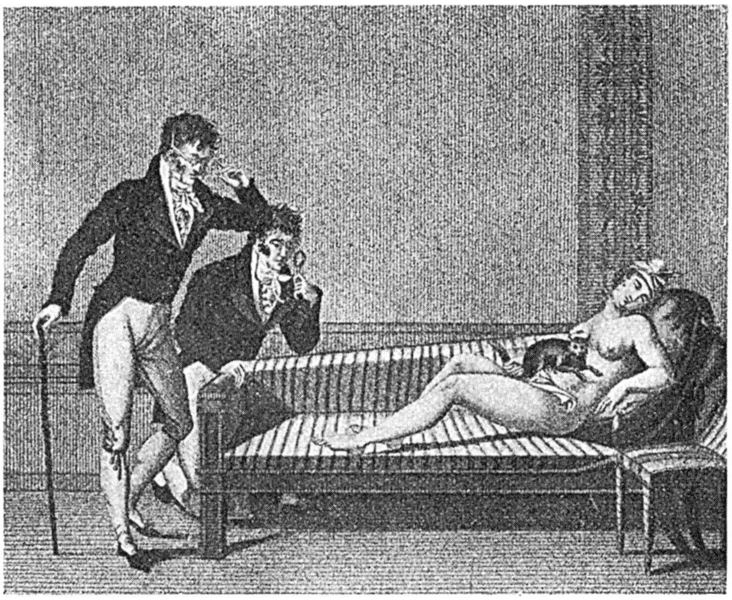

172. **Galante Karikatur aus dem Ende des XVIII. Jahrhunderts.**

damit, die unbedeutenden Vorgänge des täglichen Lebens darzustellen. Landpartien und lustige Ausflüge, offizielle Persönlichkeiten werden in pikanter Sauce serviert. Dann wird er freier und schafft Werke, die an Gewagtheit, Liederlichkeit und erotischer Schrankenlosigkeit wohl nicht mehr zu überbieten sind. Hieher gehören namentlich die Lieder von Béranger, von denen der Leser mehrere Proben gesehen hat.

Die Zeitperiode, die man unter dem Namen Restauration kennt, war nicht keuscher als irgendeine andere. Sie war vielmehr gerade so keusch oder gerade so unkeusch, wie man will. Allein wie jede Epoche hatte auch die Restauration ihre besondere Art zu empfinden und für den ihr eigentümlichen Komplex von Empfindungen die dazu passenden eigentümlichen Ausdrucksmittel. Der Repräsentant des Empire war der Soldat gewesen; folglich hielt die Kunst die Brutalität fest, die vom Heer ausging. Dem Soldaten des Empire setzte die Restauration den intellektuellen und den friedlichen Bürger entgegen. Daher spielen in den Bildern der Restauration zwei Typen eine so bedeutende Rolle: der Ladenschwengel als Repräsentant des friedlichen Bürgertums auf dem ehrbar-korrekten Stich, der jedermann zugänglich ist, und der Maler als Intellektueller auf dem erotischen Stich.

Ein unvergleichlicher Meister dieser Zeit ist Tony Johannot. Leicht, graziös und geistreich! Seine Sittenbilder sind von äußerster Gewagtheit, aber gerade deswegen Dokumente von allererstem Rang. Wenn er Liebende malt, die sich umarmen, so tut er das mit so entzückender Anmut, daß man sich in das »galante Jahrhundert« zurückversetzt fühlt.

Im Laden.

173 Aus Charges et Décharges Diaboliques.

(Originalserie von Lithographien von Le Poitevin.)

Trotz aller Gewagtheit und verliebten Geilheit halten sich Johannots Bilder immer vom schlechten Geschmack fern. Das muß man zu ihrer Ehre sagen.

Auch andere Bilder aus dieser Zeit sind Dokumente, aber mit den Werken Johannots können sie keinen Vergleich aushalten, so exakt hält keins den charakteristischesten Zeitgedanken fest, so zuverlässig belehrt uns keins darüber, was an jenem Abschnitt der Weltgeschichte wesentlich ist. Über die Restauration weiß man übrigens nicht viel Sittengeschichtliches. Der dröhnende Waffenlärm des grand Empire hat mit seinem Getöse alles andere zum Schweigen gebracht. Im Bürgerkönigtum von 1830 war der Kriegslärm verstummt, dafür hatte die Jagd nach materiellen Gütern begonnen.

Was ist nun die Restauration? Die Restauration ist der große Kampf der Ideen. Hier ringt eine Vergangenheit, die gern wiederkommen möchte, aber nicht wiederkommen kann, weil ihr überall der Boden unter den Füßen weggezogen worden ist, verzweifelt mit einer Gegenwart, der sie die Errungenschaften von 1789 entreißen will. Aber auch diese Gegenwart wehrt sich heftig und läßt sich nichts entreißen. Wenigstens nicht leicht!

Man verwundere sich nicht darob, wie sich die enthusiastische Jugend in diesem Kampf verhält. Sie will lachen, will sich unterhalten, will die Pfropfen und die Mädchen springen lassen. Diese Jugend strotzt von Saft und Kraft und von überschüssiger Lebensfreude. Sie steht in einem interessanten Gegensatz zur früheren Generation, von der früher gesagt worden war, daß sie im Hui liebte. Sie nahm die Liebe und alles andere im Galopp. Die Jugend der Restauration tat das Gegenteil, schon aus Widerspruchsgeist gegen die ältere Generation. Sie verstand es, die Zeit auszunützen und mit bedächtigem Behagen die Freuden der Tafel und der Liebe zu genießen.

Sturm bei der Verteilung von Priaps.

174. Aus Charges et Décharges Diaboliques.

(Originalserie von Lithographien von Le Poitevin.)

Während die alten Knasterbärte um das Empire weinen, laufen die jungen Leute in den Wäldchen von Romainville umher oder in Montmorency und suchen nach Gelegenheiten, wo das Gras recht weich ist und ob wohl der Wind irgendwo unter ein Röckchen fährt und es schelmisch in die Höhe hebt.

Ce vent est libertin en diable!
Il dessin' tout c'que nous portons.
Il nous fait comme des p'tits cal'çons
Un homme alors, ne gard'plus de mesure,
Ça l'mont'tout d'suite au ton du sentiment
Et ça n'est jamais not'figure
Qu'il regard'tant qu'il fait du vent.

Lüstern ist doch dieser Wind,
Zeichnet unsere Reize klar,
Macht aus unseren Röcken Höschen!

Luna et Stella.

175. Moderne Karikatur von Lebègue.

Der Traum.

176. Radierung von Félicien Rops.

Wie kann ein Mann sich da beherrschen!
Gleich gehts ihm doch in das Gefühl,
Nicht, blickt ein Mann auf unsere Gestalt,
Nie, solange weht der Wind.

So sprechen die Frauen bei Paul de Kock, wenn er uns galante und zärtliche Burschen schildert, die »turlututu« spielen; auch die Steinzeichner stellen solche junge Burschen dar, die den »turlututu« herausnehmen, damit ihre lieben kleinen Freundinnen damit Flöte spielen können.

Dichtung und Bild arbeiten einander in die Hände, um uns nur ja das deutlich zu machen, was de Kock den cul de sac de la pompe nennt. Manchmal wird eine solche Darstellung in die Traulichkeit eines verschwiegenen Gemaches, ein andermal auf den üppigen Rasen heimlicher Gebüsche verlegt. Schöne Mädchen von vielerlei Reizen sieht man in pikanten Stellungen.

Vous verrez par mon signal'ment
Que je ne suis pas trop déchirée.

An meinem Steckbrief können Sie erkennen,
Daß ich nicht zu sehr zerrissen bin.

So sagt eine von ihnen in einem Bildchen von Henry Monnier, der Paul de Kock nach seiner eigenen Manier auslegt.

Man braucht nicht lange zu bitten und das Fräulein zeigt vielleicht ihre »Enge«, nämlich das geheime Örtchen, an dem man das Geschlecht des Menschen besser erkennt als an der Hand, an der Stimme oder an der Gestalt.

Sehr charakteristisch ist das Bild »Leute, die nichts halb tun« (ça y est, Félix, enfoncé . . .). Auf vielen Bildern sind Leute dargestellt, die auf einem Ruhebett liegen, aber die Bezeichnung Ruhebett ist ein Euphemismus; denn die Leute tun etwas ganz anderes als ruhen oder schlafen. Oder man sieht Naturbewunderer, die sich an einer »göttlichen Aussicht« letzen.

Was ich hier zu schildern versucht habe, hört sich wie eine Reminiszenz aus dem XVIII. Jahrhundert an.

Ich habe schon früher darauf hingewiesen, daß gerade im Zeitraume von 1825—1840 Maler und Malerei eine große Rolle in der erotischen Kunst gespielt haben.

Es gibt dafür eine ganz natürliche Erklärung.

Herr Eber und Fräulein Katz.

177. Aus einer Serie von Grandville, benannt: »Selbstporträts der Tiere«. (Les animaux peints par eux-mêmes.)

178. **Obszöne Karikatur aus der Mitte des XIX. Jahrhunderts.**

Im vorhergehenden (achtzehnten) Jahrhundert kamen Kunst und Künstler nicht aus dem gemeinen Leben her. Ihre Augen waren vielmehr beständig auf den Grandseigneur gerichtet. Weder die Sache selber noch die Leute, die sich mit ihr abgaben, paßten also für's Volk. Wenn trotzdem dann und wann irgendein Stecher ein Bild »volkstümlich« behandelte, so mußte der Gegenstand dem Fassungsvermögen des »Volkes« entsprechen oder, genauer gesagt, dem, was sich der Künstler unter dem »Fassungsvermögen des Volkes« vorstellte.

Seit der Restauration hat die Kunst einen erstaunlichen Aufschwung genommen. Es war, als ob eine Transfusion von frischem Blut stattgefunden hätte. Das frische Blut war die Jugend, die sich mehr als je der künstlerischen Laufbahn zuwendete. Spießbürgerlichkeit war dieser Jugend fremd. Sie war kühn und unabhängig, Bohême in Gedanken und Gefühlen, und lauerte auf jede Gelegenheit, wo sie der offiziellen Schämigtuerei eins tüchtig am Zeug flicken konnte. Nicht immer aus Opposition gegen die Staatssittlichkeit, manchmal nur aus boshaftem Vergnügen, immer aber geistvoll und witzig. Wer sich eine Blöße gab, wer sich in geschlechtlichen Dingen reaktionär zeigte, wurde gleich bissig angefallen und lächerlich gemacht. Sosthène de La Rochefoucault wußte davon ein Liedchen zu singen. Sosthène war aber auch den Gefühlen der Jugend gar zu unvorsichtig nahegetreten. Es war doch unerhört, daß er allen Ernstes verlangte, man solle den Ballettänzerinnen Hosen anziehen, die Venusstatuen in Schleier wickeln und den Herkulesfiguren, die in den öffentlichen Gärten standen und den Wanst hervorstreckten, Futterale applizieren. Überhaupt solle auch der Lüsternheit in den Salons und in den Theatern energisch ein Riegel vorgeschoben werden.

Jeder nach seiner Weise.

Und doch war Sosthène de La Rochefoucault keiner von den schlimmsten. Er war in gewissem Sinn der Béranger der Restaurationszeit, aber Béranger als Grandseigneur. Niedrige Gesinnung war ihm gänzlich fremd. Sein Auftreten war weder vom Inquisitorentrieb noch vom Vergnügen, im Dreck wühlen zu können, diktiert. Er hatte sich nie durch anrüchige Unternehmungen kompromittiert, hatte nie aus der Tugend ein Geschäft gemacht; dazu war er viel zu viel Träumer. Und sein Traum war die Wiederherstellung des ancien régime und zwar eines geläuterten ancien régime. Die Sittenlosigkeit, die vor 1789 geherrscht hatte, sollte nach Sosthènes Traum in der Garderobe der Weltgeschichte abgelegt werden.

Eine Lektion im Schönschreiben unter dem wachsamen Auge der Großmutter.

179. Aus Déveria's »Diableries«.

Das Blatt existiert auch »couverte« in ganz dezenter Form, nur fehlen die kleinen Teufel und der lange Schweif.

Groteske erotische Karikatur.

180. Radierung eines modernen Meisters.

Diese Gerechtigkeit muß man dem viel Verfolgten widerfahren lassen. Trotzdem er in Liedern verhöhnt und lächerlich gemacht wurde, fiel es ihm nie ein, sich zur Wehre zu setzen und seine Quälgeister zu verfolgen. Wenn die Welt wieder einmal ein ähnliches Schauspiel erlebt, so wird man von demjenigen, der alsdann Sosthènes Rolle spielen wird, schwerlich dasselbe sagen können.

Aber das bleibt nun einmal wahr und ist vollkommen verständlich, daß Sosthène ausgelacht wurde. Die Menschen sind eben schon so und die menschliche Natur liebt die Gegensätze.

Daß alles verhüllt und zugedeckt werde, wollte Sosthène de La Rochefoucault. Er war nicht für die Volksgärten und öffentlichen Parks und aufgerichtete Mannesglieder waren ihm ein Greuel. Diese Anmerkung rührt

Ein verhängnisvoller Radbruch.

181a. (XVIII. Jahrhundert.)

Illustration zu Gamiani.

181b. (Radierung.)

nicht von mir her. Ein Schriftsteller, der zur Zeit Sosthènes lebte, hat sie zum erstenmal gemacht und in einem sehr amüsanten Pamphlet schreibt er: Man sorgt sich jetzt sehr um die Griechen und Römer, die Gefahr laufen, daß man ihnen englische Regenmäntel mit Kapuzen anzieht. Weg damit! Weg mit dem Mäntelchen, das sich heuchlerische Sorge umhängt!

Dagegen war die Schuljugend, waren die Studenten, die Maler hitzig darauf aus, Hüllen wegzureißen, das Verborgene zu zeigen.

Damals entstanden die neuen erotischen Bilder. Das Jahr 1830 war der Ausgangspunkt für einen aufsteigenden Ast dieser Kunstrichtung. »Wollen Sie meine Natur sehen, Fräulein Aglaia?« sagte ein

182a. **Illustration zu Marquis de Sade's „Justine“**

junger Maler zu einer Hausgenossin aus dem sechsten Stock. »Ach ja, Herr Raimund, die Natur ist eine so schöne Kunst«, erwiderte das empfindsame Dämchen.

Ich brauche gewiß nicht ausführlich zu erklären, was Raimund dem Dämchen zeigte. Der Leser hat es sicher auch ohne meine Erklärung schon erraten.

Bald gab es Maler, von denen man allenthalben sprach, von denen man gute Witze kolportierte. Man erzählte sich schmunzelnd die Liebesabenteuer, die sie erlebt hatten. Man drängte sich in die Ateliers, die allmählich ein wichtiges Element des vornehmen Gesellschaftslebens wurden.

Wenn man sich das erotische Bild als Person denkt, so kann man sagen: es erfaßte mit raschem Blick die Situation, sah schnell, was für ein kostbarer Vorwurf da für ihn bereitlag. Und so suchte es denn die Maler auf und ersann eine neue Gattung von Salons, die erotischen Salons.

In das Atelier eines Malers einzudringen, galt schon als ziemlich tollkühnes Unternehmen; denn schließlich ist ein Mann, der sich mit nackten Weibern einsperrt, um sie zu malen, kein ungefährlicher Mensch. Wenn man aber die Sache wieder von einer andern Seite ansah, so mußte man zugeben, daß der Besuch von Malerateliers ein triftiger Grund war, mit dem die Gewagtheiten und Kühnheiten eines Bildes motiviert werden konnten. Die Ausrede war wundervoll, daß es interessant

182b. **Illustration zu einem galanten Roman des XVIII. Jahrhunderts.**

sei, sich anzuschauen, wie einer erotische Szenen male, die er doch leichter erleben könnte. In Summa, man muß eine Sache nur beim richtigen Zipfel anzufassen wissen.

Ja, solche Maler sind gefährliche Leute! Bei Gott, sie haben nackte Weiber bei sich; Weiber, die wirklich splitternackt sind, noch mehr, Weiber, die sich erwerbsmäßig entkleiden und sich so hinstellen, wie Gott sie geschaffen hat! Ein Schauer läuft einem über den Rücken. Bürger Spießer versuche so etwas einmal in »seinem Heim«; ob die Nachbarschaft nicht klatschen und die Köpfe zusammentun wird? Ob die lieben Nachbarn nicht die Nase in seine Töpfe werden stecken wollen? Er wird sich sofort davon überzeugen, daß die im Bezirk geltende Moral und offizielle Schamhaftigkeit sich wie ein Mann gegen derartige Freiheiten auflehnen werden.

Peixotte.

183. Illustration aus der Sammlung le Parc au Cerf. Zahlreiche Blätter dieses interessanten Buches handeln von den sonderbaren Gelüsten des bekannten Bankiers Peixotte. Der Verfasser ist L. G. Bourdon.

Dem Leser wird das sehr spitzfindig vorkommen. Aber ich gebe gern zu, daß es auch heute nicht anders ist. Die Verhältnisse haben sich nicht geändert.

Von 1825—1830 lag die Sache aber doch insofern etwas anders, als gerade solche Spitzfindigkeiten der Zeit wesentlich waren. Wie soll man's nennen wenn nicht Tüftelei, daß das Modell überhaupt und das nackte Modell im besondern ein Privilegium war? Es fehlte nicht viel und man hätte von gesetzeswegen dekretiert, daß der Maler kraft seines Berufes das Vorrecht habe, mit nackten Frauenzimmern umzugehen.

Wer also zu einem Maler ging und sein Atelier betrat, wer Einblick in das Allerheiligste nehmen durfte, war von vornherein fest davon überzeugt, daß er

184. **Galante Karikatur aus dem XVIII. Jahrhundert.**

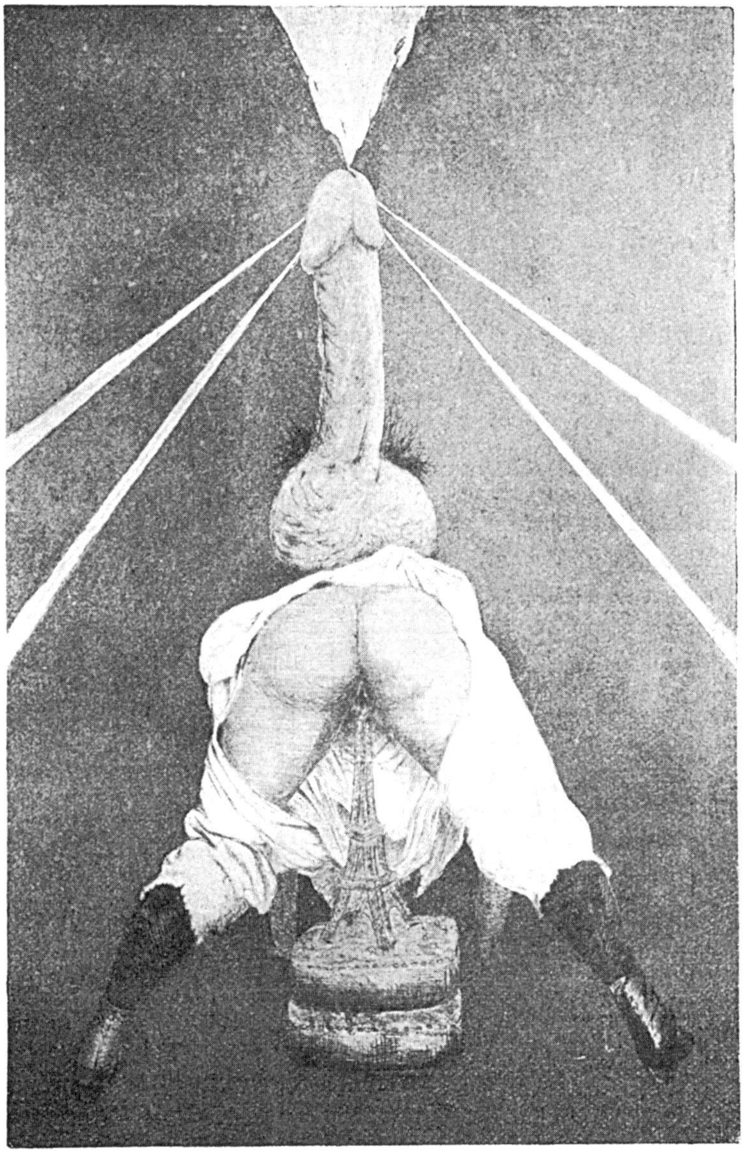

185. Erotische Karikatur auf den Eiffelturm (1889).

Aus dem „realistischen Theater“.

186a. Abbildungen szenischer Aufführungen auf den intimen Bühnen.

Darstellungen erotischer Szenen zu sehen bekommen werde. Das war ein ganz natürlicher Gedankengang.

Im übrigen: man kann nie wissen. Eine Dame kommt zum Beispiel zu einem Maler, um sich porträtieren zu lassen; möglicherweise läßt sie sich auch in ganzer Figur aufnehmen. Später kommt sie aber vielleicht noch in ganz anderen Angelegenheiten.

Die erotischen Lithographien der besprochenen Periode zeigen nun gerade diese »ganz anderen Angelegenheiten«. Die »ganz anderen Angelegenheiten« haben immer der Welt den Kopf verdreht. Ihnen gegenüber ist alles übrige ohne Interesse.

»Ich möchte gern Farben mischen,« sagt ein Modelldirnchen.

»Wollen Sie alles sehen, was ich habe?« sagt ein anderes und zeigt sich in verführerischer Totalität. Dabei macht sie die sattsam bekannte Tür zum Eintreten parat.

»Ich kann die Herren Künstler besonders gut befriedigen,« sagt eine dritte und schürzt sich so hoch, daß man die wollüstigen Halbkugeln genau sieht. Und eine vierte in »suggestiver Lage« fragt den Künstler, der sie prüfend betrachtet und den »Pinsel« in der Hand hält: »Sind Sie bereit? Vorwärts also!«

Die Räumlichkeiten, wo solche Lithographien aufgehängt waren, zeichneten sich in der Regel durch geschmackvolle und originelle Ausstattung aus. Die Bilder stellten natürlich Nacktheiten dar und behandelten ein ganz spezielles Kapitel der Anatomie. Ein Maler hatte in seinem Atelier die charakteristische Tafel angebracht: Hier werden Vorlesungen nach der und über die Natur gehalten.

Nach den Ateliers die Ausstellungssalons.

Noch erotischer und dabei komisch. Eine Menge Bilder befassen sich mit den Galerien. Eines deute ich hier kurz an: An

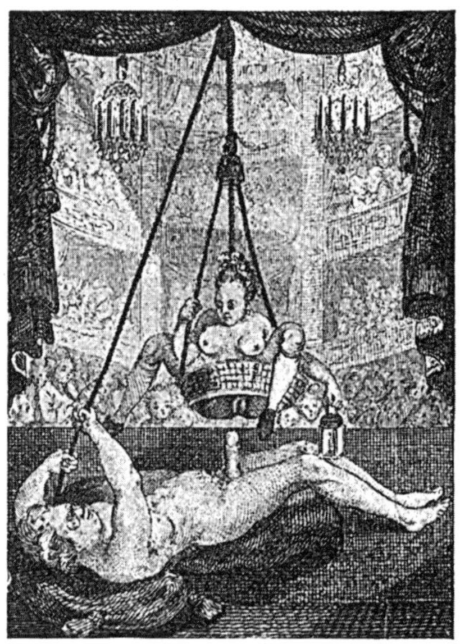

Aus dem „realistischen Theater“.

186b. Abbildungen szenischer Aufführungen auf den intimen Bühnen.

Klostersitten im XVIII. Jahrhundert.

187. Nach dem Gemälde eines zeitgenössischen Meisters.

„Verzückung."

188a. Aus dem XIX Jahrhundert.

den Wänden hängen ausgestellte Gemälde. Eigentlich kann man sie nicht Gemälde nennen, sondern besser eine Reihe von Skizzen und Studien, die sich nur mit einer einzigen Partie des menschlichen Körpers befassen. Die anderen Partien interessieren ja nicht.

Phallen kreisen um den Pol der Liebe.

Angriffe des Phallus von vorn, Angriffe von hinten. Es ist nichts übersehen.

Ein »Pol« ist der Zielpunkt für mehrere »Pistolen«, die schußbereit sind.

Die Welt schwebt im Zentrum der Windrose.

Manche Bilder sind so geistreich aufgefaßt, daß man das Erotische beinah vergißt.

In den gemalten Ausstellungen spaziert auch Publikus umher. Publikus sieht aber weniger auf den Geist der Bilder als vielmehr auf das Erotische. Die Weiber und ganz besonders die jungen Mädchen werden ganz konfus. Die Bilder erregen sie heftig, sie heben sich die Röcke hoch, bald höher, bald weniger hoch, und greifen mit der Hand nach der Stelle, die vom Feuer verzehrt zu werden droht; will sagen: nach dem Pol der Liebe.

Trotzdem bleibt ein solches Bild für den verständigen Betrachter komisch wirksam. Es bleibt eine gute erotische Karikatur. Man könnte sie betiteln: So wirkt man auf das Menschengeschlecht, wenn man ihm den Pelz kraut.

Zeitgenössische Sitten im Bilde.

188b. Aus einer modernen Serie radierter Blätter.

Zwischen 1830 und 1840 gibt es eine große Gruppe sehr begabter Künstler, die sich die Aufgabe stellen, das Lächerliche im Leben herauszufinden, darzustellen und durch die Darstellung befreiendes Lachen zu erregen. Die Anschauungen dieser Künstler und der Leidenschaftserotiker der alten Schule sind durch eine Welt getrennt. Wenn jene ein Bild malen, so tun sie's nicht, um ein erotisches Bild zu malen, das heiß macht, erregt, die Absicht hat, die Organe des Vergnügens in Bewegung zu setzen. Weit entfernt davon! Sie stellen irgend eine gewöhnliche Szene aus dem Leben dar und der Witz liegt bloß darin, daß die Geschlechtsteile des Mannes und des Weibes, besonders aber der

Vignette von Desrais.

189a. Illustration zu einem erotischen Werke; mit dem damals beliebten Luftballonmotiv.

Zeitgenössische Sittenbilder.

189b. Aus einer Serie gleichen Titels und modernen Ursprungs, in Tonätzung ausgeführt.

Phallus, zu einer komischen Rolle verurteilt sind. Das war freilich überraschend. Auf alles andere wäre man eher gefaßt gewesen, als gerade darauf. Wer wäre auf den Gedanken gekommen, sich die Geschlechtsteile, die man sich sonst immer in ernsten Rollen vorgestellt hatte, als Komiker zu denken?

Das Gebiet, das die erotische Karikatur von damals beherrscht, ist unendlich groß. Es erstreckt sich über Dinge und Personen, über Aktualitäten des Theaters, der Literatur, der Kunst und Journalistik.

Ich habe früher gesagt, daß die Geschlechtsorgane die Träger der komischen Wirkung waren: die Geschlechtsorgane mußten satirisch ausdrücken, was die Maler sagen wollten. So vielfach nun die Themen auch waren,

Illustration zu Gamiani.

190a. Die Mutter läßt ihre Tochter geißeln, während sie sich selbst einem Greise hingibt.

die ich soeben als Gegenstände für die erotische Karikatur genannt habe, so wußten die Maler doch in jedem einzelnen Fall den Geschlechtsorganen auf ihren Bildern eine so eigentümliche Note zu geben, waren im Erfinden immer neuer Nuancen so unerschöpflich, daß die Satire jederzeit gelang, ohne daß die Realität der dargestellten Idee zu Schaden gekommen wäre.

Die tendenziöse Symbolik ist in der Regel sehr durchsichtig. Ein Exempel: vor einer Jahrmarktbude steht ein Ausrufer und schlägt die Trommel mit dem Schlägel, der ihm angewachsen ist, während ein Pierrot die Bilder auf dem Plakat erklärt: »Nur hereinspaziert, meine Herrschaften! Hier sehen Sie einen Zapfen ohne Ende! Einen endlosen Zapfen! Nur hereinspaziert, meine Herrschaften! Lassen Sie sich einmal bedienen! Ein Versuch schadet nichts! Nur zwei Sous die Stunde!« Was will der Pierrot im Sinne des Malers damit sagen?

Er will offenbar sagen, daß die Frauen einem solchen Schauspiel nie widerstehen können. Tatsächlich sieht man auf dem Gemälde, daß sich die Frauenzimmer vom Marktschreier kirren lassen. Vor dem Plakat entsteht ein ungeheures Gedränge und der Eingang in die Bude wird gestürmt.

Zeitgenössische Sittenbilder.

190b. Aus einer Serie gleichen Titels und modernen Ursprungs, in Tonätzung ausgeführt.

„Unvermögen."

191. Erotische Karikatur aus der Zeit des zweiten Kaiserreichs.

Gute, alte, ehrwürdige Bildergalerien, wackere Museen, wie habt ihr euch verändert! Wo sind die Zeiten, da ehrbare Familien in euren Räumen wohlanständig umhergingen, um ihren Wissensdurst zu löschen? Und was haben die niederträchtigen Maler aus euch gemacht? Zu anatomischen Museen seid ihr geworden, ihr Armen! Alte Schulmeister laufen jetzt bei euch herum, die so tun, als wären sie in einem Lehrsaal der Anatomie. Eure Bilder werden als anatomische Präparate betrachtet; denn so passen sie den alten Lüstlingen, die sich auf die Bérangers hinausspielen, besser in den Kram.

Das Journal des connaissances utiles (Zeitung zur Verbreitung nützlicher Kenntnisse) erörtert die verschiedensten Arten nützlicher Kenntnisse. Unter »nützlichen Kenntnissen auf sexuellem Gebiete« will es nicht nur den geschlechtlichen Akt im engern Sinn verstanden wissen, sondern noch eine Menge anderer Sachen, die mit dem Koitus erst indirekt im Zusammenhang stehen. Der Künstler, der dieses Bild (Journal etc.) auf Stein gezeichnet hat, widmet es »dem schönen Geschlecht.« Es ist eine sehr amüsante Lithographie.

Eine andere ist: Das Erwachen eines jungen Mädchens. Ein sehr gründlicher Beobachter hat schon vor langem die treffende Bemerkung gemacht,

„Belauschte Venus."

192a. (Aus dem XVII. Jahrhundert.)

daß es sich verlohnen würde, die Dächer von den Häusern abzuheben und den jungen Mädchen beim Aufstehen zuzuschauen. Jede steht anders auf. Überall würde man etwas anderes erleben.

Der galante Finger ist unbestreitbar eine der ältesten menschlichen Institutionen. Literarhistorisch kommt er insofern in Betracht, als gerade solche Bücher, die nur mit einer Hand gelesen wurden, auf dem Büchermarkt am meisten gesucht waren. Kein anderes Produkt geistiger Schaffenskraft kann sich an Wirkung mit solchen Werken messen.

Das ist freilich nur eine Frage des Geschmacks. Der Geschmack braucht mehr, jener braucht weniger Pfeffer.

Ein alter prachtvoller Stich von Baudoin heißt »die Lektüre«. Sein Thema gab die Anregung zu dem berühmten Buch »Szenen aus dem Privatleben«. Auch diese Konstatierung rührt nicht eigentlich von mir her, sie ist vielmehr schon ziemlich weit zurückliegenden Datums. Jedenfalls aber stimmt es, daß der Autor sich den Spaß gemacht hat, ein Bild zu einem Buch zu verarbeiten.

Bei diesem Anlaß möchte ich mir erlauben, eine Frage anzuschneiden, deren Erörterung vielleicht einmal bei der Beurteilung unserer Altvordern nicht unwichtig sein mag. Ich meine folgendes:

Der eifersüchtige Gatte.

192b. Ich gehe nur auf den Topf, mein Schatz.

Esel und Karpf.

193. Lithographie aus der Serie: Selbstporträts der Tiere (Les animaux peints par eux-mêmes) von Grandville.

Süße Hingabe.

194. Erste Ausführung: dezent.

Ich nehme die beiden Bilder her, wo der galante Finger eine Rolle spielt. Auf dem einen sieht man ihn emsig an der Arbeit; auf dem andern, von Baudoin, aber sieht man eine Frau, die durch die Lektüre heftig erregt zu sein scheint und deren Hand sich wie zufällig und nur zögernd unter die Röcke tastet. Die Hand scheint noch unschlüssig zu sein, sie hat noch nicht den rechten Mut. Und nun frage ich: welches von diesen Bildern wirkt erotischer? Nach meiner Meinung das zweite, trotzdem es keuscher ist. Oder weil es keuscher ist. Mag auch der pikante Anblick eines »galanten Fingers« noch so reizend sein, so ist doch das erste Bild erotischer und künstlerischer, weil es unserer Phantasie mehr Spielraum läßt. Wozu noch die erotische Wirkung der Keuschheit kommt.

Ich gehe sogar soweit zu behaupten, daß Baudoins »Lektüre« erotischer ist als die Introduction publique von Gavarni. Die verhaltenen Fieberschauer in der »Lektüre« lassen eben mehr ahnen als die wollüstige Leidenschaftlichkeit der »Introduction«, die aus der verliebten Verzerrtheit des Gesichtes ganz deutlich und unzweideutig abzulesen ist. Da kann es keine Zweifel mehr geben, die Phantasie ist in der Endstation angelangt.

Süße Hingabe.

195 Zweite Ausführung: Die Geschlechtsteile sind entblößt.

Ein prachtvolles Stück — immer das besondere Gebiet, das ich besprochen habe, im Auge behalten — ist eine Phallusorgie. Wesen, die vom Geilheitsteufel besessen sind, führen ein Bacchanale auf. Es ist der wahnwitzigste Taumel, den ein Menschenhirn aushecken kann. Wie vor Brunst wütende Tiere fallen sie übereinander her, keine Oeffnung des menschlichen Leibes wird verschont, Mund, Lippen und Zunge verschmelzen zum gierigsten und tollsten Kuß: kurz, ein Cancan menschlicher Narrheit. Oder wenn man sich schlichter ausdrücken will und sich einfach an den Titel hält: »Großer Bal paré et masqué.« Auf diesem Bild ist alles obszön, aber auch alles: die Pièce de résistance ist ein Mann, der abseits steht und ejakuliert. Er gibt also der Natur die Samentierchen zurück, die er nicht anderweitig und besser verwenden kann.

Die künstlerische Wahrscheinlichkeit dieses Blattes ist tief. »Wahrscheinlichkeit« ist aber ein zu schwaches Wort; man muß sagen: die künstlerische Wahrheit. Die angedeutete Lithographie gehört zu den schönsten Stücken der französischen Romantik und ist die Karikatur einer berühmten Komposition aus der Romantikerschule. Der Maler der seriösen Komposition ist Célestin Nauteuil.

Nun wird es aber doch nötig, die Frage ausreichend zu beantworten, warum denn der Phallus auf den Bildern so sehr grassiert, warum die Bilder gerade so sind, wie sie sind, und nicht anders? Warum man nichts anderes darauf sieht als den Phallus, wie er sich aufrichtet oder wie er funktioniert, oder nur Posen, die

Zeitgenössische Sittenbilder.

196. Aus einer Serie gleichen Titels modernen Ursprungs, in Tonätzung ausgeführt.

Aretino erfunden haben könnte? Warum jeder Frauenmund so gezeichnet ist, als lechze er darnach, glucksend am Spargel des Mannes zu saugen, warum alle Frauenhände nach den aufgerichteten Mannesgliedern greifen, als wollten sie eine Pike handhaben? Régnier sagt das merkwürdige doppelsinnige Wort: die Frau träume von der Ewigkeit (von der Unendlichkeit des Phallus).

Mancher schüttelt verwundert den Kopf, die Frage scheint ihm lächerlich! Warum man das alles sieht? Nun, sehr einfach! Doch nur der Erotik wegen?! Das ist aber gerade der Irrtum. Die Bilder, von denen hier die Rede war, sind durchaus nicht mit der vorgefaßten Absicht auf erotische Wirkung gemalt. Nichts liegt ihnen ferner als die Tendenz, erotisch zu wirken; ich glaube, mich klar genug ausgedrückt zu haben, als ich von der erotischen Satire sprach. Man will nicht erotisch aufreizen, den Geschlechtstrieb aufpeitschen, sondern will lächerlich machen. Und je ernsthafter das satirische Mittel ist, desto großartiger ist die Bedeutung der Satire, die Wirkung. Der Satiriker will durch etwas Ungeheuerliches, vom Gewöhnlichen ganz Abweichendes wirken: es ist sehr tiefsinnig, daß er dazu die Sexualorgane karikiert. Die leichte, schmerzlose Satire hätte damals auch nichts gefruchtet. Gegen die Romantik, die mit offener Hemdbrust und flatternden Haaren umherlief, mußte man das schwerste Geschütz auffahren. Nur so war es möglich, daß der Tollhäuslertanz vielleicht innehielt, daß die Bacchanten zur Besinnung kamen. Die Romantik hatte schon die Temperatur der Weißglut erreicht, die Schmockerei hatte schon gothische Dimensionen angenommen.

Auffallend bleibt es immerhin, daß die merkwürdigen und wirklich typischen Beispiele, die ich von der Satire und Parodie gegeben habe, der Erotik, als dem Mittel, zu verdanken sind.

Die alte Liebestollheit wird nicht mehr verhimmelt. Sie selber aber ist wieder da, hebt den Weibern die Röcke hoch und reißt die Tür vor Priap weit auf.

Es ist ein ewiges Karussell. Die Narrheit kommt immer wieder, diesmal gefällt sich der Narrentanz als »sarabande sexuelle«.

Der Narrheit zur Seite tritt die Philosophie. Wer die Philosophie kennt, weiß, was sie war, ist und sein wird. Wer die Philosophie kennt, weiß auch, daß man sie nicht verächtlich unterschätzen darf; denn sie ist ein Motor für die Leidenschaften, die uns beherrschen. Und in dem Fall, von dem jetzt gerade die Rede ist, manifestiert sie sich durch Bilder und Titel von unerhörter Tragweite.

Diese Bilder geben gewaltig zu denken. Und ich betone noch einmal, sie geben zu denken trotz ihres erotischen Apparates, der sich ungescheut im Tageslicht zeigt.

Was ich den »erotischen Apparat« nenne, erweist sich bei näherer Betrachtung als eine Zusammenfassung aller disparaten Erscheinungen, deren Totalität »das Leben« heißt.

Zeitgenössische Sittenbilder.

197. Aus einer Serie gleichen Titels modernen Ursprungs, in Tonätzung ausgeführt.

Wem laufen die Männer nach? Dem »Fluß des Lebens«. Grandville hat den gähnenden Abgrund dargestellt, aus dem der Fluß des Lebens hervorbraust.

Wem laufen die Weiber nach? Dem Pfahl im Fleische, der die Löcher verstopft und aus Ruhe Bewegung macht. Der Pfahl im Fleisch ist ein Ungeheuer. Wenn er seinem Verließ entspringt, wird es deutlich, daß er ein Sendling der Hölle ist.

Da haben Sie die ganze Geschichte des Menschengeschlechtes. Da haben Sie denn auch die ganze Geschichte Frankreichs.

Mancher Mann verkriecht sich übrigens vor dem »Fluß des Lebens«.

Auch das Weib bewahrt die Fassung nicht immer vor dem »Stabe« mit den Bosheitsanhängseln.

Es komme also keiner und sage: Grandvilles und Gavarnis Bilder seien obszön. Bilder, denen nichts Menschliches fremd ist, die die philosophischesten Gedanken über der Menschen Tun aussprechen, können nicht obszön sein.

Verne sagt: »Was regiert die Welt? — Ein Pfahl, je länger je lieber! — Wo verliert manchmal die ganze Vernunft des Menschengeschlechts den Verstand? Wo ersäuft sie oft? — In einem Loch!«

Zeitgenössische Sittenbilder.

198. Aus einer Serie gleichen Titels modernen Ursprungs, in Tonätzung ausgeführt.

Ich resumiere: auf den Sinn, auf den allgemeinen Gesichtspunkt muß man achten, nicht auf die Details und nicht darauf, ob sie erotisch oder nicht erotisch sind. Der Sinn ist die Hauptsache, wenn das nebensächliche Beiwerk manchmal auch »pikant« ist.

Außer den aufs Große gerichteten Bildern gibt es selbstverständlich auch solche, die in puncto Auffassung nicht auf derselben Höhe stehen.

Beispiel: Triviale Szene aus dem täglichen Bürgerleben. Korrekte Auffassung, etwas »von oben herab«. Interpreten: die schrecklichen Menschen von »unten«, die ihre eigene Manier zu schauen haben und selbständige Forderungen stellen. Die Physiognomien der dargestellten Personen: innig vergnügt, innerlich glückselig! Dagegen geben die Geberden der Hände den Gedankengängen junger Leute neue Richtungen.

Ein anderes Beispiel: ein schlüpfriges Bild unter zwei Aspekten; dezent und vollkommen indezent. Je nach dem Beschauer. Wer die geschürzten Röcke der Dame soweit hinaufschiebt (in Gedanken), daß man das »Kätzchen« sieht, hat aus dem dezenten natürlich ein indezentes Bild gemacht. Es kommt also bloß darauf an, ob man die junge Stickerin (1830) noch weiter entblößt oder ob man sie läßt, wie sie ist — und wie es der ehrbaren Profession des Stickens geziemt. Unzweideutig ist nur die Legende der Lithographie; die Legende will nämlich erotisch sein. Größere Deutlichkeit ist unnötig, weil ohnehin jeder weiß, welchen Weg die Phantasie in dem gegebenen Fall einschlagen wird.

Umgekehrt büßt aber ein unzüchtiges Bild oder eine gewagte Pose sofort die erotische Wirkung ein, wenn die Legende komisch ist und zum Lachen reizt. Die großartige Antwort der Frau, die sich in Gegenwart des im Bette liegenden Ehemannes seitab mit einem andern vergnügt: »Ich gehe nur auf den Topf, teurer Freund!« reizt unwiderstehlich zum Lachen. Sie erinnert an die harmlos tuende Ironie des Boccaccio oder La Fontaine.

Der Mann, der zwar noch sexuellen Reizungen zugänglich, aber doch nicht mehr imstande ist, sich mit einem Weibe zu »vergnügen«, ist seit jeher eine beliebte Figur gewesen. Also der Impotente! Wer Kraft in den Lenden hat und die Weiber noch befriedigen kann, findet jeden, der »nicht mehr kann« und

Heiße Sehnsucht.

199. Aus dem Zweiten Kaiserreich.

trotzdem noch »will«, lächerlich. Mit Recht. Das Lächerliche, die Komik liegt aber in der Diskrepanz zwischen Wollen und Nicht-Können. Von einem andern Standpunkt aus angesehen, hat die Impotenz natürlich auch ihre Tragik. Sie ist ein warnender Mahner für die Potenten. Hüte sich jeder; denn der Krug geht solang zum Brunnen, bis er bricht. Der »zerbrochene Krug« wird lächerliches Objekt, Motiv für den Witz. Wenn man über den geistreichen Liederdichter und ausgemergelten, invaliden Advokaten Pradels sagte: »Seine Sache hängt noch immer«, so war das eben ein Witz. Die »Sache« war keine Rechtsangelegenheit und das »hängen« ist wörtlich zu nehmen.

Sprichwörter und stereotype Redensarten sind von der erotischen Karikatur hart mitgenommen worden und man muß ihr aus ganzem Herzen dafür dankbar sein: so mancher Gemeinplatz ist ihr zum Opfer gefallen. Eine gewisse Sorte von »Gebildeten» exzediert in Redewendungen, die zu Klischees erstarrt sind. Ein geschmackvoller Mensch verwendet sie nicht.

Eine solche Auffassung der Karikatur war neu und wich weit vom Hergebrachten ab. Umso größer die Wirkung.

Sehen wir uns jetzt ein bißchen in der Sammlung berühmter Karikaturen um. Einer sachlichen Besprechung sind sie bisher noch nicht unterworfen worden, weil man nicht wußte, was man mit ihnen anfangen sollte.

Das Sprichwort als Handlung. Ein Beispiel: Not kennt kein Gebot. Die erotische Satire hat sofort ein passendes Bild bei der Hand. Will

Der schöne Tambourmajor.

200. Aus dem Zweiten Kaiserreich.

das Sprichwort ausdrücken, daß es unvermeidliche Zwangslagen gibt, denen man sich bedingungslos ergeben muß, Zwangslagen, gegen die sonst nichts auf der Welt aufkommen kann, so sagt die fruchtbare, erfinderische Phantasie der Erotiker: die leibliche Not ist auch eine Not und kennt auch kein Gebot, und wenn den Leib animalische Beschwerden drücken, so muß er sich von ihnen befreien. Eiserne Notwendigkeit, der keine Willenskraft gewachsen ist und die jeder Vorschrift spottet! Folglich wird die Komik dem Animalischen angehängt, sofern es mit dem Geschlechtstrakt im Zusammenhang steht, die Frau kann sich nicht helfen, sie muß Wasser lassen und die unorthographische Warnungstafel gibt erst den richtigen boshaften Fond dazu: Laud Kuntmachunk deß Hern Birgermeistr ist hir daß Waserabschlagn verbohden!

In dieser Weise hat man eine ganze Menge von landläufigen sprichwörtlichen Redensarten verbildlicht, indem man einfach den Punkt suchte, wo man die Interpretation auf den Geschlechtsakt oder auf seine Organe beziehen konnte.

Beispiele: Ein Sperling in der Hand ist besser als eine Taube auf dem Dache. – Die Kutte macht noch nicht den Mönch. — Das Glück muß man beim Schwanz erhaschen. — Glück ist ein junges Weib, es liebt die Jungen und läßt die Alten. – Das Glück fliegt, wer's fängt, hat's. – Was sich zweit, das dreit sich gern.

Als Legende zu einer erotischen Karikatur sieht dann so ein Sprichwort immer ungemein geistreich und witzig aus. Kehrt man die Aufgabe

Le Passe-tems des Bergers

Des Schäfers Zeitvertreib.

201. Erotische Auslegung eines bekannten Bildes von Leopold Robert, welches dasselbe Motiv in dezenter Form darstellt.

um, daß also etwa zum Bild die Legende zu suchen wäre, so könnte der feinste Kopf nichts Schlagenderes und Treffenderes aussinnen.

„Mein Banquier!"

202. Erotische Satire auf die berühmte Schauspielerin des Zweiten Kaiserreiches, Léonide Leblanc.

Wir kommen jetzt zu den Bildern, die gar keine anderen Absichten haben, als erotisch zu wirken. Sie haben gar keine ideellen Tendenzen, sondern ihr einziges Ziel ist, auf irgend einen Weg zeichnerischer und malerischer Technik eine möglichst belebte und lebendige und daher möglichst vielsagende Darstellung geiler Szenen zu bieten.

Man darf jedoch nicht sagen, daß die erotische Kunst des neunzehnten Jahrhunderts bloß durch nur-erotische Bilder repräsentiert wird. Je nach der Epoche ist die Tendenz anders und das neunzehnte Jahrhundert besteht naturgemäß aus mehreren Epochen. Die Zeit des nur-erotischen Bildes ist aber die Epoche 1830. Das nur-erotische Bild ist das Werk von 1830. Ein großes, reiches, vielseitiges Werk, ganz eigentümlich, originell und entschieden und dabei doch nicht absolut ohne geistigen Schwung. Nur vergleiche man ja nicht die Achtzehnhundertdreißiger mit den wollüstigen Bildern aus dem »Jahrhundert der Liebe«, sie erscheinen sonst schal und beinah ausdruckslos.

Diese »wollüstigen Bilder« waren natürlich die Vorbilder, denen die Maler, Zeichner und Lithographen nacheifern wollten. Je höher der Grad der Erotik, desto besser; aber trotzdem Künstler mit den besten Namen darunter waren, blieb es häufig nur beim guten Willen und statt eines Kunstwerks wurde eine Pornographie zuwege gebracht.

Man darf selbstverständlich nicht alles in einen Topf werfen, man muß vielmehr unter den mannigfachen Kategorien der Bilder wohl unterscheiden. Ich betone, daß sie nicht nur dem Genre und dem künstlerischen Werte nach verschieden sind, sondern auch dem Gehalte nach, und obwohl exzessiv erotisch doch nicht durchaus als banal oder gemein bezeichnet werden dürfen. Im Gegenteil!

Ich unterscheide drei Kategorien:

1. Das gewöhnliche für den Handel bestimmte Bild;
2. den künstlerisch ausgeführten Holzschnitt oder Stich;
3. den ordinären Schund für die geheime Kolportage.

Unter 3. muß man sich stumpfsinnige und schmutzige Schmierereien vorstellen oder, um mich vornehmer auszudrücken: die Posen des Aretin auf den

Verschiedene Stellungen.

203. Obszöne Karikatur, Bertall (Zweites Kaiserreich) zugeschrieben.

Geschmack des Tages reduziert. Gekauft wurden diese Machwerke ohnehin nur von Leuten, die sich an Ziehbildern oder Transparenzkarten begeistern.

Dagegen gibt es erfreulicherweise ein Publikum, dessen Geschmack künstlerisch durchgebildet ist und infolgedessen sehr hohe Ansprüche stellt. Taucht nun die Frage auf, wieso denn solches Publikum an erotischen Karikaturen Geschmack finden und von ihnen künstlerisch befriedigt werden kann? Die Antwort darauf gibt die Psychologie. Seriöse Bilder wurden oft durch mutwillige Aenderungen am Detail erotisiert. Das seriöse Bild kann dadurch gewinnen, es kann aber auch durch die erotisierte Kopie in den Schatten gestellt werden. Es würde die Mühe verlohnen, exakt zu prüfen, ob die Darstellung einer erotischen Staatsaktion oder ihre erotische Ironisierung bedeutender und — eindrucksvoller ist. Die Satire heischt, daß der Satiriker über dem Stoff stehe, daß er ihn beherrsche, nicht aber von ihm beherrscht werde. Zweifellos übt das auf den Intellektuellen, dessen Instinkte von vornherein nicht mehr ganz ursprünglich sind, die größere Wirkung aus. Die Satire zerstört Illusionen, ein gut Teil Resignation wohnt ihr immer inne. Philosophischer, tiefsinniger, wird also nicht das hochmütig einherstelzende »seriöse« Original, sondern die erotische Karikatur sein. Man kann sogar noch weiter gehen und sagen: wenn aus der Resignation Verneinung des Lebens geworden ist, wenn der Wille anfängt, sich gegen sich selber zu kehren, so ist die Karikatur vielleicht das einzig angemessene.

Die Entstehung einer solchen Karikatur ist formal sehr einfach. Auf irgend einem Bild figurieren historische Persönlichkeiten, die zu einer Aktion gestellt sind. Das will dann ein Dokument zur Weltgeschichte sein. Für den karikierenden

Sommerfreuden.

204. Aus einer modernen Serie französischer Blätter.

Erotiker liegt es nun sehr nahe, das Kostüm in einer bestimmten Art abzuändern, oder aus den klassischen Posen andere zu bilden, oder die Auffassung oder das Personale zu modernisieren. Das seriöse Bild wird gewissermaßen in Pfeffersauce serviert.

Auf diese Art entstehen häufig ganz neue Schöpfungen und, ich scheue mich nicht, es frei herauszusagen, nicht selten geniale Werke. Daß diese Behauptung richtig ist, beweisen die »Diableries«, ein Gegenstand, an dem sich mehrere Künstler versucht haben. In der Kunst des neunzehnten Jahrhunderts spielen die »Diableries« dieselbe Rolle wie die Silhouette im achtzehnten. Einige Stiche und Lithographien sind so vollendet, daß sie den schönsten Blättern keuscher Kunst gleichgehalten werden müssen.

Einige sind ganz apart und können nicht mit den Serien, die ich bei früheren Gelegenheiten genannt habe, in eine Kategorie gestellt werden. Ich rufe dem Leser die »Szenen aus dem Privatleben« und die »Zeitung zur Verbreitung nützlicher Kenntnisse« ins Gedächtnis.

Solche aparte Serien sind:

1. Die hübschen Mädchen von Paris (jedenfalls als Gegenstück zu den »Schönen Modistinnen« gedacht.)
2. Liebeslagen oder die Kunst zu f . . . . . (mehrere Serien, die alle so ziemlich dieselbe Auffassung aufweisen.)
3. Die Mayeux (erotische Szenen aus dem Leben des berühmten Buckligen).
4. Selbstporträts der Tiere (hieher gehören alle Serien, wo Tiere als Liebhaber dargestellt sind).
5. Die Liebesabenteuer großer Männer.
6. Die Liebesabenteuer der Könige von Frankreich.

Haben mehrfach zu Nachahmungen Anlaß gegeben, werden aber alle, nicht

Sommerfreuden.

205. Aus einer modernen Serie französischer Blätter.

ohne Berechtigung, dem Tony Johannot zugeschrieben. Oft ist dieselbe Serie unter verschiedenen Titeln publiziert worden.

Ich nenne:
Triumph der Liebe
Schmetterlingsjagd
etc.

Um wieder mit der unterbrochenen Aufzählung fortzufahren:

7. Gallerie der Marschälle von Frankreich.
8. Türen und Fenster.

Diesen Titel führt eine Menge von Bildersammlungen. In der Regel wird das obszöne Blatt von einem andern gedeckt, das eine Tür oder ein Fenster vorstellt. Wenn man die Tür oder das Fenster aufklappt, sieht man die Liebe im Zustand der Aktivität. Häufig ist das obszöne Bild auch ein Zieh- oder Schiebebild und man kann durch Handhabung des Mechanismus die Liebesbewegungen nachahmen. Man sieht dann, wie der Pfahl ins Fleisch eindringt und im Manöverfeld operiert. Künstlerischen Wert haben solche Bilder natürlich nicht, aber jedes Alter will sein Vergnügen und in jedem Alter gibt es Kinder, die ihren Spieltrieb befriedigen wollen.

9. Teufeleien (Diableries). Wirklich eine teuflische Konzeption.

Die Andeutungen, die ich zu geben versucht habe, können keinen Anspruch auf Vollständigkeit erheben. Sie sollen nur einen Umriß in groben Strichen bieten; denn wenn man alles aufzählen wollte, was die erotische Phantasie in den Jahren 1820 bis 1840 in den Köpfen der Künstler hervorgebracht hat, so müßte man Folianten schreiben. Der Bibliograph Dujon hat sich einmal die Aufgabe gestellt, einen »Katalog aller geschriebenen und gezeichneten Werke, die in den Jahren 1814—1877 verfolgt, unterdrückt und beschlagnahmt worden sind«, herauszugeben. Inwieweit dieser

Sommerfreuden.

206. Aus einer modernen Serie französischer Blätter.

Katalog vollständig ist, wage ich nicht zu entscheiden.

Von den sogenannten obszönen Gravüren, die in der Zeit von 1814—1877 beschlagnahmt worden sind, weil sie der Moral und den guten Sitten zuwider waren, hebe ich einige hervor, wenn auch nur zu dem Zweck, um den betreffenden Abschnitt der Geschichte festzuhalten: der glückliche Liebhaber, der stürmische Liebhaber, die überraschten Liebenden, die wollüstige Erwartung, die gute Lebensart, die geliebte Katze, der Windstoß, die Qual der Wahl, die Regimentstochter, Liebeswahn, der Lauscher, das Gesellschaftsspielchen, Perpetuum mobile oder stoß, stoß!, das Non plus ultra des Vergnügens; Vergnügungen im ancien régime, der verlorene Pfad, Träume sind Schäume, Sie haben das Schloß und er hat den Schlüssel.

Obzwar Dujons Katalog diese Stiche obszön nennt, so sind doch einige darunter, die nur als lüstern zu qualifizieren sind. Was in den Jahren 1814—1849 an erotischen Zeichnungen publiziert wurde, ist überhaupt nicht auf Grund gerichtlicher Erkenntnisse konfisziert worden. Man verfolgte und beschlagnahmte gelegentlich wohl, ließ aber meistens die Sache im Sand verlaufen. Die Gerichte standen eben noch unter dem Einfluß der Moralanschauungen des XVIII. Jahrhunderts und klopften den Kolporteuren und Händlern nur dann scharf auf die Finger, wenn die Publizität zu stark betont wurde.

Die bedeutenden Serien enthält der Katalog Dujons so ziemlich alle; wer einigen Überblick hat, merkt sofort, daß verschiedene Blätter, die Dujon getrennt anführt und die er verschiedenen Stechern zuschreibt, oft zu einem Werk zusammengestellt sind, das im Handel zirkuliert. Das ist auch ein Grund, warum

Sommerfreuden.

207. Aus einer modernen Serie französischer Blätter.

viele Bilder dieser Art unter falscher Flagge segeln. Der Künstler von Rang hat selbstverständlich ein Interesse daran zu wissen, was aus seinem Blatt geworden ist, und für ihn hat darum das Werk Dujons besondere Bedeutung. Dieser Gelehrte mit dem schier beispiellosen Sammlerfleiß weiß auch die verirrtesten Schäfchen wiederzufinden und dem Herrn zurückzubringen, denn mancher Autor vergißt, wohin seines Geistes Kind geriet.

Man kann solche Werke ungefähr in 7 Klassen einteilen, wenn man jede Klasse durch einen typischen Künstler kennzeichnet:

1. Klasse: Henry Monnier;
2. Klasse: Philipon-Scheffer;
3. Klasse: Numa Bassaget;
4. Klasse: Tassaërt;
5. Klasse: Devéria;
6. Klasse: Nicolas Maurin und
7. Klasse: Traviès.

Jetzt wollen wir wieder unsere laterna magica hernehmen und in die Gemäldegalerie hineinleuchten.

Lithographien in kleinem Format. Wenn sie für den Kolportagehandel bestimmt sind, adjustiert man sie als fliegende Blätter und klebt sie nur leicht ein, damit sie ebenso leicht wieder aus ihrem Umschlag herausgenommen werden können. Diese Adjustierung befördert die bequeme Zirkulation unter dem Publikum. Man kann die Einzelblätter leicht in die Tasche stecken oder in Bücher von kleinem Format verbergen.

Der Witz der kleinen Lithographien schlug zuzeiten eine Richtung ein, der wir heute unter gar keinen Umständen mehr folgen würden. Die obszönste Erotik

Sommerfreuden.

208. Aus einer modernen Serie französischer Blätter.

ist noch immer appetitlicher als die Unflätigkeit, die Angelegenheiten der Verdauung und des Darmes humorvoll findet. Es gibt eine Unzahl von Büchern, deren erotischer Witz in nichts anderem besteht, als in der Darstellung von Frauen, die auf dem Klosett sitzen und den Prozeß des Stoffwechsels finalisieren. Dabei sind diese Frauen sehr hübsch und niedlich, so hübsch und niedlich die Grisetten um 1830 eben waren, besonders wenn sie verführerisch sein wollten — und dabei die Brille des Abtritts okkupierten.

Ein Beweis sind die »Hübschen Mädchen von Paris«. In diesem Werk findet der Leser eine Menge von Klischees, die mir recht geben. Die eigene Auffassung von der Erotik hat aber immer eine Beimischung von der Auffassung des Aretino, so daß manches Blatt nur eine aretinische Kopie ist. Aretinisch ist gewiß die Liebe zu zweit, zu dritt und zu viert. Den Ausdruck hat Gavarni ausgeheckt. Als ein junges, noch ganz unerfahrenes, keusches Mägdelein nach Paris ging, um dort irgendwo einen Dienstplatz in einem Papierladen zu suchen, träufelte Gavarni ihr den prickelnden Ausdruck ins Ohr.

Von wirklicher Kunst ist in diesen Blättern kaum etwas zu finden, sie sind ohne Technik und ganz ohne Geist konzipiert. Ihre Pikanterie liegt anderswo. Als Legende steht entweder ein Name darunter oder eine Adresse und man kommt der Wahrheit wahrscheinlich ziemlich nahe, wenn man annimmt, daß die Adressen echt waren. Im Grunde hätten sie auch als Fiktionen wenig Sinn gehabt, während sie als richtige Adressen eine treffliche Reklame für die Berufsfouteusen waren.

Die Posen des Aretin (die Kunst zu f . . . .) wurden in der Restauration mit Vorliebe auf kleinen Vignetten dargestellt. Sie sind in dieser Form

Aus „Der Totentanz der Lebenden".

209. Zyklus erotischer Radierungen von Martin van Maele.
Mit besonderer Erlaubnis des Künstlers reproduziert.

Sommerfreuden.

210. Aus einer modernen Serie französischer Blätter.

ganz apart und kunstgeschichtlich sehr merkwürdig. In die akademischen Vorlesungen haben sie freilich noch nicht Zutritt erhalten. Die Posen sind unendlich kompliziert, das Charakteristische ist in jedem Akt überaus amüsant. Selbstverständlich versagte hier die frühere Terminologie und man sah sich plötzlich einer ganz neuen gegenüber. So ging es einer Menge von Leuten. Ich gestehe, daß ich auch dazu gehöre. Man lernt eben nie aus.

Die Titel sind einem ganz neu. Wer kennt Den Verräter, Die gute Ausrede, Lisettens Treue, Susannens Grübchen, Die Nähterin, Die gute Mutter (eine Frau, die ihr Kind nicht von der Brust läßt, während sie der Liebe huldigt), Den Knoten der Treue, Den Kursus der Naturgeschichte, Das zweckmäßige Verfahren, Die Macht eines schönen Hintern, Das Opfer für Gott Con, F . . . lei . . .? Wer kennt das? Wahrscheinlich niemand. Ich habe nicht weniger als zweiunddreißig aretinische Stellungen gezählt. Das ist doch wahrhaftig zum Staunen, nicht wahr? Seien wir nur ganz ehrlich: wenn man die Stellungen betrachtet, beschleicht einen sehr oft das Gefühl eines heftigen Unbehagens. Man ist sich bewußt, daß man in große Verlegenheiten käme, wenn man sie ausführen müßte. Es ist Fronarbeit. Wenn die erotische Einbildungskraft aber keine Zügel mehr fühlt, so ist ihr alles zuzutrauen.

* * *

Die Mayeux.

Die Zeichnung ist in der Regel ganz elend, dagegen sind Idee und Sujet im allgemeinen drollig und komisch. Mayeux selber war ein feiger, spleeniger Buckliger, und boshaft wie ein Pavian. Aber er war eine Berühmtheit. Heute noch weiß jeder, wer Mayeux war. Es gab nichts, wo er nicht seinen Höcker hineingesteckt, nichts, worüber er nicht gleich sein unmaßgebliches Urteil gefällt hätte, es gab keine Zelebrität, die von seiner hämischen Kritik verschont geblieben wäre. Natürlich hat er auch die Feder des Schriftstellers geführt. Im Jahre 1830 erschien von ihm eine Erzählung Die drei Glorreichen (die Tage der 1830er Revolution), wo er seine politische Weisheit zum besten gab. Seine Witze gingen von Mund zu Mund. Mayeux gehörte zu den dünkelhaften Leuten, die da glauben, daß ihr Verstand nicht seinesgleichen hat, und die daher überall gehört werden wollen. Sie wissen sich so trefflich in Szene zu setzen, daß schließlich auch die anderen Leute auf die suggerierte Vortrefflichkeit schwören.

Zudem war Mayeux ein Schätzer schöner Weiber und »unreifer Früchte«, der schlaueste Fallensteller, so daß die Rolle, die er in der erotischen Illustration spielt, sehr begreiflich ist. Mayeux spielt eine sehr große Rolle in der erotischen Literatur! Viele Bücher befassen sich nur mit ihm. Ich zitiere nur die zwölf Arbeiten des Herkules, Zwölf erotische Tagewerke des Mayeux, Tacitus im Bordell.

Sommerfreuden.

211. Aus einer modernen Serie französischer Blätter.

Am seltensten sind die geheimen Liebschaften des Mayeux, von ihm selbst beschrieben. Brüssel 1832. Das Werk enthält zwölf Stiche mit folgenden Legenden*:

1. Dur comme un roc . . . femme charmante . . . dur comme un roc . . . tonnerre de D . . .
2. Appelle-moi encore scélérat . . . si fait . . . nom de D . . .
3. On n'entre pas! . . . nom de D . . .

*) 1. Hart wie ein Fels, du reizendes Weibchen, hart wie ein Fels, Gottsdonn . . . 2. Nenn mich noch einmal einen Bösewicht, wenn die Sache vorüber ist, Gottsdonn . . . 3. Man darf nicht herein, Gottsdonn . . . 4. Was schadet dir denn das, liebes Kind, wir sind ja allein, Gottsdonn . . . 5. Donner Gottes, auf dem Land genießt sich's. 6. Frau Mayeux, wenn ich getrunken habe, bin ich fürchterlich, Gottsdonn . . . 7. Aha, du Verführerin, du reibst Herrn Mayeux den Buckel. Pack dich! 8. Wie gut du doch bist! 9. Dich haben auch noch nicht die Würmer gebissen. 10. Gottesdonner, ich f . . . . alle drei! 11. Vorwärts, machen wir Liederlichkeiten. 12. Mit einem Garde du corps.

Sommerfreuden.

212. Aus einer modernen Serie französischer Blätter.

4. Qué que ça te fait, ma bonne, nous sommes seuls, nom de D . . .

5. Tonnerre de D . . . jouit-on à la campagne!

6. Madame Mayeux, quand j'ai bu . . . je suis terrible, nom de D . . .

7. Ah! séductrice; tu frottes la bosse à M. Mayeux, vas! . . . vas! . . . v . . . . vas!!!

8. La bonne est-elle bonne, nom de D . . .

9. Tu n'es pas piquée des vers, nom de D . . .

10. Tonnerre de D . . . je les f . . . toutes trois!!

11. Allons-nous faire des scélératesses, nom de D . . .

12. Avec un garde du corps, tonnerre de D . . .

In dem vorliegenden Werke findet der Leser einige Reproduktionen von den aufgezählten Stichen. Jedes hat einen Text, der über die mannigfachen Großtaten unseres erotischen Heros Aufschluß gibt.

Eines Tages rückte ein neues Regiment in Paris ein und das Offizierskorps belegte alle Göttinnen im Bordell der Frau Saint-Ernest mit Beschlag. Mayeux saß im Vorzimmer und langweilte sich zu Tode. Da kam ein Kammerkätzchen vorbei, das Speisen trug. Das Mädchen ist hübsch, gefällt dem alten Bock und er lädt sie ein, sich mit ihm ein Vergnügen zu bereiten, aber sie will an seine herkulische Lendenkraft nicht recht glauben. Schließlich gibt sie nach, als Mayeux ein Werkzeug entblößt, das dem strammsten französischen Grenadier zur Ehre gereicht hätte. Und während das Mädchen staunend vor den Dimensionen des Priaps steht, ruft Mayeux: »Hart wie Granit, liebes Weibchen! Gottsdonnerwetter!«

Das wunderbare Werkzeug, das so hart wie ein Stein ist, war allenthalben der Gegenstand der Bewunderung, sein Ruf war allgemein, war die Sehnsucht aller Weiber. Mayeux war einer der begehrtesten Männer seiner Zeit.

Mayeux konnte aber auch die unglaublichsten Kunststücke mit seinem »Fels« machen; denn der konnte, wenn es nötig war, schmiegsam sein wie ein Hand-

Sommerfreuden

213. Aus einer modernen Serie französischer Blätter.

schuh und beweglich wie ein Kunstreiter.

Mayeux war auf allen Bildern zu finden, er war der große Herzenbrecher, der Roquelaure des neunzehnten Jahrhunderts. In solchen Typen verkörpern sich die Liebeswünsche eines Zeitraums. Mayeux war ein Tausendsassa, überall anders, überall so, wie man es am liebsten hatte. Im Salon der Halbweltdame sprühte er von flunkerndem Geist, in der Dachkammer der Grisette spielte er den mutwilligen Schäker, mimte den Spaßvogel bei den kleinen Modistinnen, den Gauner unter den Schelminnen und wurde mit vier Weibern auf einmal fertig. Mayeux war einfach sprichwörtlich.

Ein Freudenmädchen in der Rue Traversière empfing einmal einen Gast von der Straße. Die Natur hatte den vorübergehenden Liebhaber trefflich ausgestattet, so daß sich das Entzücken des Mädchens mit dem Ausruf Luft machte:

»Beinahe wie Mayeux, Gottsdonn ....!«

Mayeux war nicht nur Fouteur, er war auch Patriot. Jeder richtige Franzose ist nämlich Patriot. Wenn man noch Mayeux' Patriotismus ins richtige Licht stellt, so sind alle Bedingungen erfüllt, um dem Mann die Rolle eines »representative man« zuzuschreiben. Er war die Inkarnation gewisser französischer Laster und gewisser Eigenschaften, die nicht minder französisch sind.

Dabei wollte nun die Karikatur nicht stehen bleiben, die Schranken der Nationalität wurden ihr zu enge, es galt, tiefer im allgemein menschlichen zu schürfen. Wurden aber die Grenzen des Gedankenbereiches weiter, so mußten die Grenzen des Gegenstandes selber, des Themas, enger gezogen werden. Man wählte daher nicht mehr einen Komplex von Narrheiten, sondern eine einzige, nicht mehr eine Epoche der Narrheit, sondern nur einen einzigen und flüchtigen Augenblick. Das hielt man in der Karikatur fest.

Ohne Schwierigkeit kann man den Künstlern, die das Thema »Mayeux« verließen, noch weiter auf ihrem ganz richtigen logischen Gedankengang folgen.

Sommerfreuden.

214. Aus einer modernen Serie französischer Blätter.

Wenn die menschliche Allgemeinheit bei der tierischen Stelle gepackt werden sollte, so schien es besser, den Menschen gar nicht mehr durch sich selbst spielen zu lassen, die Rolle vielmehr passender zu besetzen. Durch die Tiere. Die logische Kette ist lückenlos geschlossen.

Vollkommen innerlich darf dieser Prozeß freilich nicht genommen werden, der Ausgangspunkt zumindest war äußerlich; es war die Zeit, wo die dressierten Affen Interesse erregten und die Aufmerksamkeit der beweglichen Franzosen fesselten. Die Franzosen wären nun keine Franzosen gewesen, wenn sie sich nicht von der Neugierde hätten hinter die Kulissen treiben lassen, um auszuspähen, wie es mit der Liebe der Affen bestellt sei. Als später Giraffen Quartier im Pariser Zoologischen Garten bezogen, hatte man auch das nicht mehr nötig, die Giraffen hatten keine moralischen Bedenken und erbrachten den Beweis ad oculos, daß auch Geschöpfe ihrer Art Liebe fühlen und Liebestriebe befriedigen.

Darüber amüsierte man sich kurze Zeit, dann war die Sache aus. Keinesfalls wurde sie zu einer hartnäckigen Vorliebe einer ganzen Generation. Die Möglichkeit lag aber in der Luft. Als dann der geeignete Mann kam, der ein taugliches Medium war, wurde aus der latenten Möglichkeit freie Energie: Grandville war da.

Dieser berühmte Karikaturist schuf eine neue, besondere Tierwelt, die er an die Stelle der Menschenwelt setzte, und jene spielte die Rolle dieser. Die Regie war vollkommen, jeder Unterschied war weggewischt. Einige Zeit hielt sich die neue Richtung der Karikatur von der Erotik noch fern, schließlich war die Erotik aber unabweislich und eines schönen Tages fand man, daß auch die neuen Geschöpfe, diese Tiere mit dem menschlichen Habitus und diese Menschen mit den Tierköpfen, zeigen müßten, daß sie ein Geschlechtsleben haben.

Grandville wartete nicht erst, bis seine neue Erfindung von anderen würde ausgebeutet werden, er machte sich lieber gleich selber daran. Der gründlichen

Schilderung des Privatlebens unserer tieferstehenden Mitgeschöpfe folgte in freierer Form, die allen lästigen Zwang abschüttelte, die intimste Schilderung ihres Geschlechtslebens. Das heißt, Grandville stellte die Tiere dar, aber uns meinte er, wie wir schäkern, wie wir uns in den Armen der Liebe benehmen. Nach dem Salon das Schlafzimmer! Im Schlafzimmer das klassische Bett, wo die Tiere sich an der Liebe ergötzen.

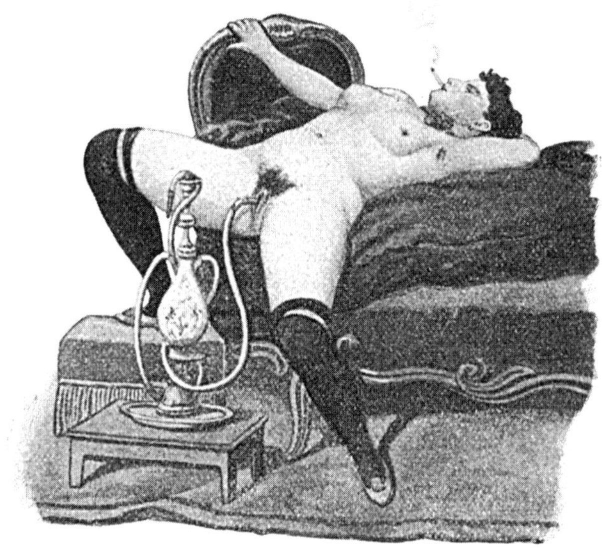

Die Wasserpfeife.

215. Aus einer Serie erotischer Aquarelle, Dupendent zugeschrieben.

Lange können einen solche Bilder nicht belustigen, in kürzester Zeit verlieren sie die Wirkung, zurück bleibt nur die öde Langweile. Wohl kann man in die Köpfe Abwechslung bringen, aber an den Stellungen kann man eben nicht viel ändern und alles ist schon einmal dagewesen. Einigermaßen komisch ist die Mischung der Rassen: hier spießt ein Esel, der nicht mehr an sich halten kann, ein Kärpflein, das die Augen soweit wie den Mund aufreißen kann; dort hält ein Schwein, das es sehr eilig zu haben scheint, ein Kätzchen mit einem hübschen aufgeweckten Gesicht in den Armen, anderswo spielt ein Hengst vor einer Gazelle den Mayeux. Die Hunde vergnügen sich am liebsten untereinander.

Auf blasierte Menschen und impotente Männer konnten Bilder von solcher Art aber doch nicht aufreizend wirken, sie konnten die Sinne nicht aufpeitschen. Sie waren nichts weiter als Merkwürdigkeiten, Kuriositäten; im besten Fall: ein hors d'oeuvre.

In dieser Beziehung kommt man nun mit den Liebschaften großer Männer, mit den Liebschaften der Könige von Frankreich besser auf seine Kosten. Sie konnten ihrer Wirkung wenigstens eine Zeitlang sicher sein.

Ich weiß nicht mehr, in welchem Theaterstück die folgende treffende Bemerkung vorkommt: »Auch die Könige essen, trinken, lieben, genau so wie du oder ich, genau so wie alle Leute.«

Tut nichts, trotzdem gibt es Unzählige, die vor Neugierde sterben, weil sie wissen möchten, was im Schlafzimmer eines Herrschers passiert. Wenn schon aus gar keinem andern Grund, so wenigstens aus dem einen, daß sie an einer

Titelblatt zu einem Zyklus erotischer Radierungen von Martin van Maele, mit dem Titel „Der Totentanz der Lebenden".

216. Mit besonderer Erlaubnis des Künstlers reproduziert.

königlichen Orgie teilnehmen möchten.

Folianten sind über die Könige von Frankreich geschrieben worden, abgesehen von den Werken über ihre politische Tätigkeit. Nein, über ihre Liebhabereien, über ihre geschlechtlichen Neigungen sind Folianten geschrieben worden, die Geschichtsschreibung hat die geringfügigsten Details so gewissenhaft registriert, als handelte es sich um Staatsaktionen. In allen möglichen Tonarten hat man die Maitressen gefeiert, in den intimsten Situationen hat man sie dargestellt. Ich kann mich kürzer fassen: Parfum aus dem Hirschpark! Damit ist alles gesagt.

Wers nicht glaubt, den verweise ich auf den heiligen Ludwig und auf gewisse Gewohnheiten, die er angeblich im heiligen Land angenommen hat, oder auf Heinrich II. und seine Liebchen, oder auf Ludwig XV. und die Dubarry und auf alles, was über sie geschrieben worden ist.

In diesem Stoff schwelgte die erotische Karikatur, konnte sich Tony Johannot nach Herzenslust ausleben. Einige Lithographien sind in diesem Buch reproduziert; sie sind sehr lustig, einmal durch die Originalität der Posen und die sorgfältige Technik, dann auch durch die Schärfe der Charakteristik, die jede Figur individualisiert. Soweit man es mit der Reißfeder kann, hat Johannot den Charakter und das verliebte Temperament der verschiedenen Herrscher trefflich ausgedrückt. Dabei ist der Umstand nicht vergessen worden, daß sie einen Nachfolger hatten, der in der Liebe wie in allem übrigen den Ehrgeiz hatte, einen großartigen Eindruck zu machen.

Heinrich IV. machte kein Hehl aus seiner Geilheit, die von der schönen

Aus „Der Totentanz der Lebenden".

217. Zyklus erotischer Radierungen von Martin van Maele.
Mit besonderer Erlaubnis des Künstlers reproduziert.

Aus „Der Totentanz der Lebenden“.

218. Zyklus erotischer Radierungen von Martin van Maele. Mit besonderer Erlaubnis des Künstlers reproduziert.

Gabrielle allein nicht befriedigt werden konnte. Ludwig XIV. war immer prunkvoll und feierlich, sogar dann, wenn er mit gezückter Waffe neben seiner La Vallière saß, die schützend die Hand über ihren Schatz hielt und offenbar nicht geneigt schien, sich als Mittel zu einem Vergnügen herzugeben. Ludwig XVIII. beschwört Frau Cayla, seine biegsame Eibischgerte doch in einen Marschallstab zu verwandeln, auf daß er gerade und steif sei.

Napoleon figuriert in solcher Königsgalerie in Gesellschaft der Madame George und unter den besonderen Umständen, die ohnehin bekannt sind.

Entschieden gehört dieser berühmte Stich der Geschichte an. Einige heitere Details lassen sich der exakten Wissenschaft natürlich nicht einordnen; zum Beispiel die beiden Glockenschnüre, woran sich die schöne Schauspielerin festhält. Rustan, der treue Leibmameluck, schaut aus wie ein Kosak und die Kaiserin, die gerade aus dem Bad herauskommt, wie eine schlichte, simple Bürgersfrau. Beide machen den Eindruck, als seien sie längst Zeugen der Szene gewesen und hätten nur auf den geeigneten Augenblick gewartet, um hervorzukommen und auf den Plan zu treten.

Die nackten Könige waren das Entzücken einer Generation, die vollgesogen war mit philosophischen und namentlich voltairischen Ideen. Voltaire hatte die Menschen gelehrt, hinter die Dinge zu sehen, die Nachahmung vom Original, die Avers- von der Reversseite der Medaille zu unterscheiden und zu jeder Sache das Komplement zu suchen. In der Karikatur drückte sich diese Sinnesart so aus, daß der Karikaturist sicher die rechte Gesichtshälfte der königlichen Maitresse zeichnete, wenn er die linke Seite ihres Podex gesehen hatte. Ich halte dieses Beispiel für sehr instruktiv.

Aus „Der Totentanz der Lebenden".

219. Zyklus erotischer Radierungen von Martin van Maele. Mit besonderer Erlaubnis des Künstlers reproduziert.

Souveräne und große Männer sind in derselben Galerie, aber in anderen Bilderfolgen, gemischt — um das Vergnügen ein bißchen zu variieren. Manchmal beschränkt sich die Variation nur auf eine geringfügige Einzelheit. So gibt es ein Gegenstück zu dem früher erwähnten Bild von Madame George, und zwar ist da nur eine Glockenschnur statt zweier. Auf einem Bild erscheint Madame du Cayla mit den schweren Hüften, wie Ludwig XVIII. auf ihren Lenden gerade eine Prise Tabak nimmt. (Diese Variante will offenbar der historischen Wahrheit gerecht werden.) Oder Wellington, die Wehr bereit zum Opferstoß, mit Miss Wilson, einer — wie die Alten sagten — »wohlgemachten« Engländerin, in deren runde Reize der berühmte General, der Waterloo historisch gemacht hat, heftig verbrannt war.

Die schöne Engländerin ist in der Tat sehr wünschenswert, wenn sie auch für meinen Geschmack ein klein wenig zu ungestüm und störrisch ist. Warum hat Wellington aber auch eine so scheußliche Baumwollmütze auf dem Kopf? So was macht einen Mann lächerlich und benimmt dem willfährigsten Weib den Humor.

Es kann nichts schaden, wenn ich darauf aufmerksam mache, daß »das Grübchen des Königs« und »Wellington und Miss Wilson« besonders gern gekauft wurden, trotzdem es zwei Steinzeichnungen waren, deren unbequemes Format den heimlichen Transport »unter dem Mantel« keineswegs begünstigste. Diese Vorliebe ist für den Seelenzustand des Publikums sehr bezeichnend. Bei Franceschi, einem Schriftsteller aus der Restaurationsepoche von 1830, findet sich eine Notiz darüber. Franceschi hinterließ Denkwürdigkeiten über die geheimen Gebräuche seiner Zeit und einmal bemerkt er beiläufig, daß gerade das Wellingtonbild nicht nur erotisch, sondern noch weit mehr politisch ist. Es sei für die

Wollust.

220. Dekorative Figur, mit der kalten Nadel radiert und geätzt von Félicien Rops.

Franzosen ein Vergnügen besonderster Art gewesen, daß der siegreiche Held von Waterloo auf dem Schlachtfeld der Liebe klein beigeben müsse. Er versichert auch, er habe eines Tages einen Mann beobachtet, der die Lithographie betrachtete und vergnügt ausrief: »Das ist die Revanche für Waterloo!«

Oh mein Franzosenvolk! Was für ein großes Kind bist du doch ewiglich! Ein Nichts kann dich über die schlimmsten Uebel hinwegtrösten.

Die Politik spielte überhaupt eine bedeutende Rolle in diesen erotischen Bildern. Die Karikaturistik der Revolution von 1830 hatte ihr geheimes Museum, worin sich Karl X. und die Jesuiten durchaus nicht immer von der ehrwürdigsten Seite zeigten.

In zahlreichen Nebensachen tritt übrigens der Einfluß Aretinos und der griechisch-römischen Nacktdarstellungen hervor. Ein bekannter Schnitt, auf dem Napoleon figuriert, heißt »der Empfang eines Großen in den Champs-Elysées«. Die Auffassung ist vollkommen erotisch. Napoleon erscheint mit Krone und Hermelin, die Waffe vorgereckt und bereit zur Entladung, und um den Kaiser herum ist ein ganzer Areopag von königlichen Fouteurs versammelt.

Muß ich wiederholen, daß die Serie Galerie der Marschälle von Frankreich eine hier mehrmals ausgesprochene Tendenz hat? Dadurch, daß die großen Führer der Revolutionsarmee und der Truppen des Kaiserreiches dargestellt werden, wie sie sich den Genüssen und Übungen der Liebe widmen, sollen sie vom hohen Postament der idealen Auffassung, die man von berühmten Männern hat, heruntergezerrt und auf die niedrigste Stufe der Animalität degradiert werden.

Auch diese Karikaturen hatten die Ehre, nachgeahmt zu werden. Ich habe

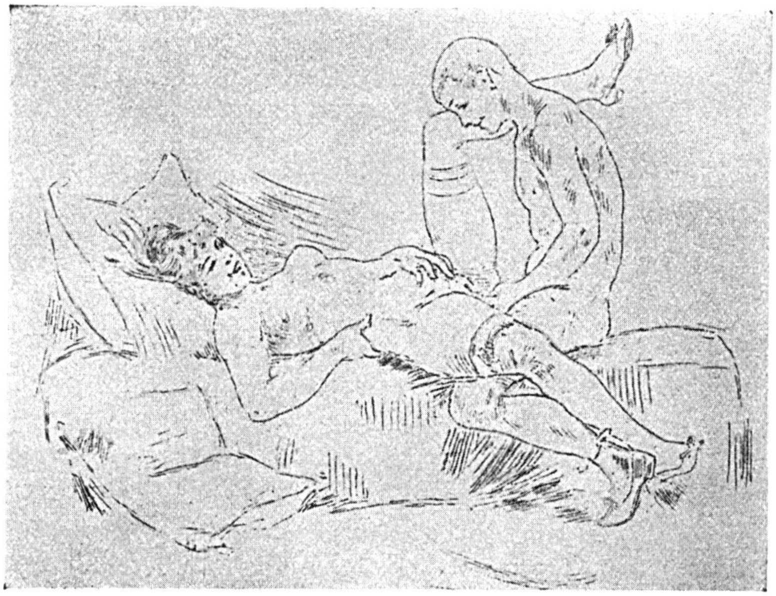

Der junge Vetter.

221. Ätzung von Félicien Rops.

drei Serien solcher Imitationen gezählt. Auf allen drohen die Generäle mit ihren starrenden Waffen, befinden sich in den unglaublichsten Posen und in orgiastischen Situationen erbaulichster Art!

Lassen wir das Thema jetzt, verlassen wir diese ordinäre Bildniskunst von zweifelhaftem Geschmack und kommen wir zur großen Erfindung jenes Zeitpunktes — — —: zu den Türen und Fenstern, mit der ebenso einfachen wie harmlosen Mechanik.

Auch die Türen und Fenster hatten ihre großen Männer, die in heimlichen Gemächern Intimitäten trieben, auch sie entstanden scharenweis in politischen Folgen. Daß Ludwig Philipp diese Art von Karikatur so scharf verfolgte, ist entschieden einer der extravagantesten Jugendstreiche des sonst so guten Bürgerkönigs.

Die Türen und Fenster sind immer ergötzlich. Wenn man sie geschlossen in die Hand nimmt, präsentieren sie sich so harmlos wie möglich und öffnet man sie, so ist man selten enttäuscht. Man sieht dann eben alles, was man von Männern und Frauen erwarten kann, wenn sie so intim beisammen sind, wie hinter diesen geschlossenen Türen und Fenstern.

Die Gnädige kleidet sich gerade an! oder die Gnädige konferiert soeben mit der Schneiderin! oder die Gnädige ist okkupiert! So ähnlich lauten zum Beispiel die Auskünfte, die irgend ein schnippisches Stubenkätzchen einem ungelegenen Besucher erteilt. Nun öffne man aber einmal die Türe, was man da zu schauen bekommt! Die Gnädige weniger als mangelhaft bekleidet und mit einer eigentümlichen, sehr intimen Toiletten-

Aus „Der Totentanz der Lebenden“.

222. Zyklus erotischer Radierungen von Martin van Maele.
Mit besonderer Erlaubnis des Künstlers reproduziert.

223. **Erotische Diablerie aus einer Serie von Le Poitevin.**

angelegenheit beschäftigt Oder die gnädige Frau mit ihrem Liebhaber. Oder Madame kniet und verschlingt mit ihren lüsternen Blicken den geliebten Phallus, der ganz so aussieht, als würde er die Operation, die man ihm zumutet, sehr wohl und mit viel Vergnügen ertragen.

Zwei Herren fragen, ob Madame zu sprechen sei, und das Zöfchen antwortet: »Sie ist jedenfalls bei Herrn Julius, der ihr Unterricht gibt, damit sie die Weltgeschichte lernt.« Man sei nur ganz unbesorgt, Madame wird die Geschichte erlernen, nach einer so gründlichen Lektion!

Und wenn der gnädige Herr nach Hause käme? — Nun, dann würde er einfach sehen, daß die gnädige Frau seinen »Kursus« nicht mehr nötig hat.

Schau! Schau! Hier langweilt man sich nicht! sagt ein Mann, der durch das Fenster guckt. In der Tat findet »drinnen« eine Viererpartie statt, die keine Langweile aufkommen läßt.

Nun wollen wir der gnädigen Frau einmal einen Blutegel setzen! ruft ein Stubenmädchen und schließt rasch eine Türe, die man ungeschickterweise offen gelassen hat. Im Vertrauen sage ich euch aber, man hat der armen Dame zwei »Blutegel« gesetzt. Sie kann sich kaum rühren.

Kleine Mädchen müssen frühzeitig zu Bette gehen, wenn die Mama auf dem Land ist! sagt die mater familias. Glaube ihr nur keiner! Wenn sie wirklich aufs Land geht, so ist es ja doch nur das Land der Liebe.

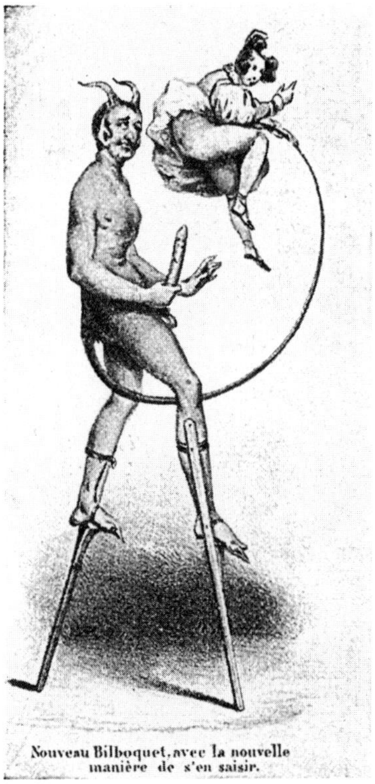

Ein neues Fangspiel.

224. Nachbildung von Le Poitevin durch Numa Bassaget.

Auf einem Sofa, das an der Fensterwand steht, sieht man eine Dame, die ganz in ihre Lektüre vertieft ist. Wir werden darüber belehrt, daß die Dame »die aufmerksame Leserin« ist. Man öffnet das Fenster und sieht gleich, wie nervös die Hand ist, mit der die Leserin ihre — — Geschichte liest.

Auf einem Diwan liegt ein Weib ausgestreckt, mit weit gespreizten Beinen. Die Legende sagt: Fesselnde Lektüre. Wirklich ist die Lektüre so fesselnd, daß die Frau augenscheinlich gar nicht merkt, was der Mann zu ihren Füßen tut, der von den hochgeschürzten Röcken ganz und gar verdeckt ist.

Ein Nationalgardist steht mit präsentiertem Gewehr vor seinem Schilderhaus. Er bezieht die Wache! sagt die Legende. Nach Öffnung der Türe sieht man, daß ein gastfreundlicher Mund seiner »Waffe« Quartier gewährt, daß er Quartier bezogen hat; nur die Wache fehlt.

Auf einem Pfeilertischchen mit grünem oder rotem Überzug liegt ein Hut. Wem gehört der Hut? fragt man. Der Hut? Wahrscheinlich dem Herrn, der sich der Dame des Hauses entdeckt hat und nun eifrig damit beschäftigt ist, sie zu decken.

Man kann sich kaum merken, was man alles hinter den Läden aus Karton sieht, was alles dahinter vorgeht. Man sieht Merkwürdigkeiten aus allen Weltteilen, Weiber in Stellungen, die nicht erotisch sind und trotzdem der höchste Genuß für die Leckermäuler der Restaurationszeit waren. Starke Schenkel, zwischen denen sämtliche Öffnungen klaffen, biegen sich über die Brille des Abtritts und wer es in der Zeit sah, die wir die Restauration nennen, verging vor Seligkeit. Ein naturhistorisches Museum gab die geheimsten Geheimnisse preis.

Also vorwärts, meine Herrschaften, heiraten Sie sich doch ein bißchen! sagte Mayeux, als er die Vorhänge eines Bettes auseinanderzog, auf dem seine Frau in Gesellschaft eines Liebhabers lag.

Das also nennt man Garben binden! sagte ein Bauer. Dabei lugte er durch die Dachziegel des Kornbodens und sah auf der Strohhütte einen Mann und ein Weib in inniger Umschlingung ausgestreckt. Man pflegt diese Pose nämlich auch die »Liebesgarbe« zu nennen.

Ein alter mit Büchern bepackter Professor öffnet die Tür zum Gemach seiner Tochter, die gerade Unterricht in der Geschichte erhalten soll. Und was sieht er? Der Lehrer der Geschichte hat den Käfig aufgetan und einem riesigen Vogel die

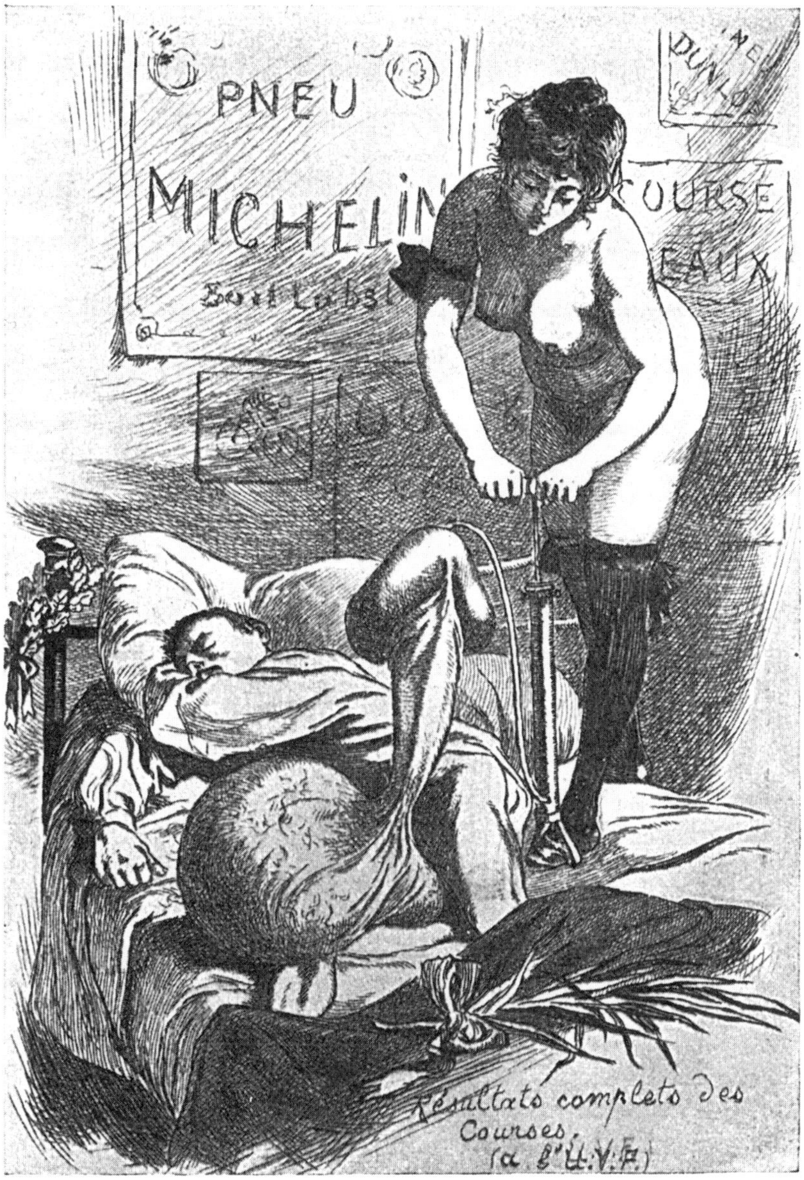

Aus „Der Totentanz der Lebenden“.

225. Zyklus erotischer Radierungen von Martin van Maele.
Mit besonderer Erlaubnis des Künstlers reproduziert.

226. **Vor dem Maskenball.**

Freiheit gegeben und sagt zu dem wißbegierigen Mädchen: »Sehen Sie, Fräulein, da haben Sie die ganze französische Geschichte.« Der Vogel ist aber noch viel größer als der Mayeux', Gottsdonn . . .

Die Türen und Fenster trugen sogar den Sieg über die Anti-Cholera-Karikaturen davon, die in der fürchterlichen Cholera-Epidemie des Jahres 1832 entstanden und die Tendenz hatten, die Furcht der Ängstlichen zu verscheuchen und gute Laune zu verbreiten. Eine von diesen Karikaturen heißt:

Wie man sich zu benehmen hat, wenn man den Arzt erwartet. Das Bild stellt einen schönen jungen Mann dar, der die Gelegenheit einer Frau untersucht, die rittlings auf ihm sitzt und die Röcke ganz hinaufgeschoben hat.

Denken Sie doch an die Cholera! sagt ein kleines Dienstmädchen zu ihrem Herrn, der sie quält.

Teuerste Freundin, ich habe einen schrecklichen Krampf! sagt ein Mann mit »ausgezeichneten Verhältnissen« zu seiner Eroberung, die ihm willfährig den Weg freimacht.

Teufel, Teufel, das ist aber ein komisches Medikament! bemerkt Mayeux — wo hätte er seinen Buckel nicht dabei gehabt? Er sitzt zusammengekrümmt hinter einer spanischen Wand und beobachtet, was sich dahinter zuträgt: ein Mann und eine Frau sind dort in ihre Angelegenheiten »vertieft«.

Man reibt die gnädige Frau ein! sagt das Stubenmädchen, damit der alte Souteneur nicht hineingeht. Ganz richtig, Madame wird tatsächlich eingerieben und zwar gründlich auch noch. Die Reibung besorgt Monsieur Julius auf dem Sofa, worauf beide liegen.

Das Hausmittel. Es wird von dem jungen Freund der Gnädigen verabreicht und er scheint die Sache sehr genau zu nehmen.

Konnte man schon der Cholera nicht beikommen, konnte man nicht verhindern, daß ihr so und so viele Menschen zum Opfer fielen, so wollte man doch sein Teil Humor von der Sache haben und seine anständige Portion Gelächter.

Die Liebesphantasien der Menschheit drangen in alle Verstecke und kamen wieder daraus hervor, trotz Polizei und Zensur. Hinter den Türen und Fenstern, hinter den Schlüssellöchern, unter Dächern und hinter Planken, im Innern von Schränken, in Uhrgehäusen und Geigenkasten, in Kutschen mit schließbaren Vorhängen: überall saß die Liebe dahinter und liebte und die größten Zeichenkünstler liehen ihren Stift dazu. Devéria, Numa Bassaget, Tassaërt, Philipon, Nicolas Maurin und viele andere.

Darwin'sche Transformationen.

227. Radierung von Félicien Rops.
Eine junge Schülerin von Littré mit einem Affen, als »Vorfahren« des Menschen.

Für das Publikum der Restauration von anno 1830 waren die Türen und Fenster dasselbe, was die Tabaksdosen am Ende des achtzehnten Jahrhunderts gewesen waren und in der Zeit des ersten Kaiserreiches. Mit einigem Schein von Paradoxie darf man sagen, daß sie Hüter der Schamhaftigkeit, ein Bollwerk gegen die Verletzung der öffentlichen Sittlichkeit waren; denn sie waren doch gewissermaßen mit einem Schutzmittel gegen die Indiskretionen Unberufener ausgerüstet. Die Tür und das Fenster aus Pappe spielten keine andere Rolle als heutzutage die harmlosen Umschläge und Einbanddecken von leichtfertigen Büchern. Es war doch immerhin ein Hemd, das man der Nacktheit anzog.

Die Türen und Fenster waren eine teuflische Erfindung. So drückte sich wenigstens ein Polizeikommissär aus, der im Jahre 1838 in einem Prozeß wegen beschlagnahmter Obszönitäten die Voruntersuchung führen mußte. Nach seiner Meinung hatte diese teuflische Erfindung die schlimmsten Folgen. Schachteln, Brieftaschen, Geldbörsen tauchten plötzlich auf, welche Türen mit Geheimschlössern hatten. Da trat nun der umgekehrte Fall ein, daß die Erotik von der Dezenz nachgeahmt wurde. Das Geheimschloß, das den Liebeszauber verbarg, wurde dezent und zu einem Vexierschloß, das weiter keine Enthüllungen bot, wenn man ihm scharfsinnig zu Leibe gegangen war. Diesen Umstand machten sich geschäftstüchtige Leute gleich zunutze. Delarue und andere Verleger von Stichen annoncierten, »daß für solche Liebhaber, die beide Serien von Vexierbüchsen besäßen, neue zu haben seien.« So offen hätten sie sich aber keineswegs zu gebärden gewagt, wenn sie nicht hätten annehmen dürfen, daß man immerhin Harmlosigkeiten darunter verstehen könne, und wenn sie im übrigen nicht mit einiger Berechtigung die Türen und Fenster für tolerierte Erotika gehalten hätten.

Ich habe gerade vorhin das Wort: teuflische Erfindung ausgesprochen. Das führt mich ganz naturgemäß zu den »Blättern Satans«. Diese Lithographien waren von einer solchen Verruchtheit, daß sie sogar dem König und seinen Ministern den Schlaf raubten.

Darwin'sche Transformationen.

228. Radierung von Félicien Rops.
Ein phantastisches Wesen mit einem Vogelkopf und Frauenleib, von einem Fisch überwältigt.

Der Gegenstand hat ein Pendant im sechzehnten Jahrhundert: denn das, was die Teufel auf den Steinzeichnungen aufführen, kann man den Großen Teufelstanz der Liebe nennen und hat damit ein Gegenstück zum Großen Totentanz des sechzehnten Jahrhunderts.

Messer Satan und seine Vasallen führen eine Sarabande auf und der Teufel ist selber Tanzordner.

Die Teufeleien des neunzehnten Jahrhunderts, die sich als fliegende Blätter in alle Winde zerstreuten, haben ihren bestimmten Wert und ihre scharf definierte Wichtigkeit. Nur muß man sie als Philosoph betrachten, wodurch man dann der Gefahr entgeht, sie etwa mit der großen Diablerie des Mittelalters in Parallele setzen zu wollen. Die in Rede stehenden Teufeleien sind nämlich der erste Schritt auf dem Weg zur Gemütszerrissenheit, die dem zu Ende gegangenen Jahrhundert wesentlich ist. Von da führt es ganz organisch zu den Ausschreitungen des Satanismus in unseren Tagen.

So berühmt diese Diablerien auch sind, so wenig bekannt sind sie auch, und so sehr werden sie mißverstanden. Eines Tages fand sich denn auch eine subalterne Natur mit krankhaftem Denkvermögen und schleuderte diesen Blättern, im Geiste Béranger's, die prudhommeske Beschuldigung entgegen: Pornographie!

Pornographie! weil sie den Mut haben, einen Gedanken zu Ende zu denken, und Phallus und Venusberg darstellen, die ohnehin jeder in der Phantasie mit sich herumträgt.

Pornographie, weil niemals vorher einer den Mut gehabt hat, die Übertreibung, die Farce, die Karikatur, den burlesken Ton und die Extravaganz so auf die Spitze zu treiben.

In diesem Zusammenhang gibt es auch eine verhältnismäßig ruhige Note, die philosophische. Sie wird von Devéria und Tony Johannot angeschlagen und zwar hauptsächlich in den Folgen: Der Teufel mischt sich drein und der Teufel trägt den Liebespreis davon.

Os vulvae
Ecce Diabolo Mulier!

229. Radierung von Félicien Rops.

Bei beiden ist die Satire bitter, sehr bitter, manchmal wahrscheinlich zu bitter, und richtet sich gegen alles, was irgendwie Autorität in der Welt genießt: gegen alle überkommenen Ideen und moralischen Lehrmeinungen, gegen alle Einrichtungen, besonders, wenn sie ehrwürdig sind, daher natürlich am heftigsten gegen die Religion. Diese Stimmung zieht sich durch alle Werke Déverias und Johannots, am sinnfälligsten im »Ausschweifenden Fegefeuer.« Hier ist die Narrheit so stark betont, daß man an Erasmus von Rotterdam erinnert wird. Erasmisch ist auch die Vielseitigkeit der Satire, die, wie ich gerade jetzt und auch schon früher gesagt habe, nichts verschont. Der Höhepunkt sind die »Diabolischen Ladungen und Entladungen«,*) sowohl diejenigen, die von Le Poitevin selbst herrühren, als auch die anderen, die von seinen Nachahmern und Nachtretern stammen. Die Narrheit steht da in üppigster Blüte.

Der Teufel mischt sich drein, wer kann seinen Verführungskünsten widerstehen? Das junge Mädchen, dem Satan die furchtbare starrende Wehr in die Hand drückt, die sie auf die Insel der Liebesseligen versetzen soll, gewiß nicht! Der Künstler will sagen, daß das, was er darstellt, die Sinne in Aufruhr bringt, die Nerven zerfasert und die Gehirne zerstört, die Gatten auseinander-

*) Charges et Décharges Diaboliques.

Die heilige Therese.

230. Radierung von Félicien Rops.

bringt, die junge Frau, die kaum noch warm geworden ist im Bett ihres Mannes, von seiner Seite reißt, aus vernünftigen Menschen Idioten macht und alte Weiber in die Arme unbärtiger Grünschnäbel treibt.

Narretei! Menschliche Narrheit! Du bist unwiderstehlich, wenn du auf Satans Schwingen einherrasest.

Die Liebe geht zum Teufel! ist eine sehr richtige Wendung; der Teufel ist immer der Urheber alles Bösen, das dem Menschen zustößt, aber der Teufel weiß nicht einmal etwas davon.

Das »ausschweifende Fegefeuer« überbietet alles schon dagewesene, es ist der Exzeß aller Exzesse, nirgends sonst sind die Gedanken von einer solchen Komik, Frechheit, nirgends so wenig ehrerbietig, furchtlos zynisch.

Die Hölle macht sich über alles lustig. Über die Gedanken, die uns die leidige Schule eingetrichtert hat, und über die Vorurteile, die wir aus eigener Schwäche gefaßt haben. Ich bin durchaus nicht sicher, daß die Hölle unrecht hat.

Selber denken, das ist die Hauptsache und schließlich der Sinn jedes Geisteswerks, das Neues brachte und Altes umstieß. Wenn wir die Gedanken, mit denen wir herumwerfen, nur mit einiger kleinen Aufmerksamkeit prüfen, werden wir uns bewußt, daß wir mit Schablonen operieren. Die meisten Ideen sind konventionell und durch unkontrollierte Überlieferung auf uns gekommen. Wenn man so weit ist, das einzusehen, dann kann man beim besten Willen nicht begreifen, warum sich gewisse Dinge solcher Verehrung und Verhimmelung erfreuen und warum man auf ihren unveränderten Fortbestand soviel Wert legt. Die Begriffe Taufe, Ehe, Jungfräulichkeit, Treue werden darnach haltlos.

Das Bild »Phallische Taufe« ist von bedeutender Konzeption, indessen glaube ich mit gutem Grunde bezweifeln zu dürfen, daß es der christlichen Glaubensgemeinschaft jemals einen Proselyten zugeführt hat. Aber aus dem Thema

Aus „Der Totentanz der Lebenden".

231. Zyklus erotischer Radierungen von Martin van Maele.
Mit besonderer Erlaubnis des Künstlers reproduziert.

Die Präsidentin.

232. Radierung von Félicien Rops.

kann man schon abnehmen, wie grotesk-komisch die Wirkung dieses Bildes sein muß. Auf das Haupt des Neugeborenen wird menschlicher Same geträufelt und diese Handlung ist von größter Lächerlichkeit. Kein Salböl könnte mitkonkurrieren.

Die Bestellung des Feldes ist vielleicht insofern nicht originell, als schon im alten Testament vom »Arbeiter im Weinberge des Herrn« die Rede ist. Ich sage aber mit Goethe: »Alles Vernünftige ist schon einmal gedacht worden, man muß nur versuchen, es noch einmal zu denken.« Das ist denn auch hier mit gutem Erfolg geschehen.

Der Mann bestellt seinen Acker ohne Unterlaß und bewässert ihn. Bald baut er hier das, dort jenes, und mit weiser Abwechslung immer etwas anderes. Und das ist gut so, weil sonst Entjungferte, Vergewaltigte und Entlaufene nicht wüßten, wohin sich wenden; finden aber doch immer Zuflucht.

Das Bild ist trefflich. Ein alter Schuster wohnt der Bestellung des Feldes bei und schneidet eine köstliche Fratze, dagegen überwacht ein Arzt mit klassischen Eselsohren und sachverständig-klugtuendem Gesicht beflissen die schwierige Arbeit.

Die Teufeleien des Le Poitevin muß man kennen, wenn man sich nicht gröblicher Lücken in seinem kulturhistorischen Wissen schuldig machen will. Sie sind jedenfalls die verbreitetsten und beliebtesten, wenn schon nicht die einzig wahrhaft tiefsinnigen. Möglicherweise sind sie aber auch das.

Charges et Décharges Diaboliques ist schon als Titel eine glückliche Erfindung. Ich hebe sowohl die Ausgabe von Le Poitevin als auch die von Numa Bassaget hervor.

Ein Versuch, den »Teufeleien« gegenüber auf die Dauer ernst zu bleiben, muß schmählich mißlingen. Ich glaube, auch der ernsteste Mensch, der verbissenste Puritaner und Sittenklitterer kann nicht widerstehen, wenn er diese Komik einige

Eva.

233. Entwurf zu einem Wandteppich von Félicien Rops.

Zeit auf sich wirken läßt. Sogar Béranger nicht! Er könnte wohl auch nicht an sich halten.

Wir haben nun gesehen, daß die treffsicherste Karikatur gerade die ist, wo die Sexualität nicht nur nicht ausgeschaltet, sondern hauptsächlich und vor allem zur Komik verwendet ist. Und das läßt man sich schließlich doch gern gefallen.

Hie die Pistole, da die Schießscheibe!

Hie Gott Phallus, da Göttin Venus!

Vor jenen beiden Geräten menschlichen Ursprungs haben die Teufel einen Heidenrespekt, sie sind der Gegenstand ihrer heftigsten Verehrung, sind aber auch Liebes-, Leidenschafts- und Verbrecherinstrument in einem. Die Schüsse tragen nicht weit, aber jeder Schuß sitzt in der Scheibe, mitten drin. Und jeder Schuß muß auch bezahlt werden. Was die »Prämien« betrifft, so stimmt der Vergleich allerdings nicht ganz; denn während es in den Schießbuden heißt: »Jeder Schuß gewinnt!« heißt es hier natürlich: Jeder Schuß verliert! Die Waffe verliert; verliert Form, Kraft, Samen.

Mamselle Gravoche.

234. Die erotische Poesie, Radierung von Félicien Rops.

So verschieden die Sujets der Darstellung auf den genannten Blättern sind, so vielfach anregend und unterhaltend sind sie auch. Die Legenden kalauern freilich sehr oft, sind aber ebenso oft geradezu genial und treffen immer die Situation mit Rasiermesserschärfe.

Genial ist gleich Der erste Seefahrer. Wem würde so etwas einfallen? Nur einem Genie des Witzes. Der Teufel treibt selbst als Schiffskörper im Wasser, der aufgerichtete Phallus ist der Mast, woran ein Segel flattert.

Der Baum des Lebens. Diesmal ist der Baum des Lebens der Phallus und die Weiber reiben sich daran. So haben sie wenigstens etwas davon, wenn auch nur die bloße Reibung oder bloß das Parfum.

Das äußerste Vergnügen ist, sich an die Spitze des Mastes zu klammern. Darauf brennen alle Weiber und alle sollen es auch haben. Große Verteilung findet statt, alles stürzt hin und überstürzt, überschlägt sich, »jede« will ihren »jeden« haben.

Niemand wird leugnen, daß Le Poitevin und Bassaget als Meister des Witzes und Künstler von unerschöpflicher Erfindungskraft wahre Wunder sind.

Die verteufelte Quelle gehört zur Familie des Brüsseler »Männeken Piß«.

Die Jungfrauschaft steht bei den Herren Teufeln in hoher Wertung: kein Wunder, denn was sie von Weibern in die Hölle hinunterbekommen, hat bei Lebzeiten wenig Wert auf diesen Gegenstand gelegt, ihn im Gegenteil als beschwerliches Hindernis empfunden. Aber auch die Herren Teufel möchten gar zu gern wissen, wie das mit einer Jungfer ist, und wenn sie einer habhaft werden, rücken sie gleich zu viert an. Die Ironie des Künstlers ist bissig. Wenn ihrer viere sich mit einer Jungfer begnügen müssen, so ist die Jungfernschaft wohl überhaupt sehr selten geworden. Diese Tatsache wird den Französinnen, beson-

„Auch das schönste Mädchen kann nicht mehr geben, als es hat".

235. Aqua tinta von Félicien Rops.

ders aber den Pariserinnen wiederholt vorgehalten. So sagt Couvray in den »Abenteuern des Chevalier von Faublas« einmal, daß es Mittel gebe, die ramponierte Virginität wieder zusammenzuleimen, und Mittel, die unberührte lästige Jungfräulichkeit zu beseitigen. Er glaube aber nicht, sagt der Verfasser höhnisch, daß die Pariser Damen, die das Alter von zehn Jahren überschritten haben, jemals in die Lage kämen, das Zerstörungsmittel zu gebrauchen. Umsomehr Gebrauch werde von dem andern gemacht, das die restitutio in integrum herbeiführt.

Zieht man noch in Erwägung, daß alle solchen Quacksalbermittelchen vollkommen wirkungslos waren, so erkennt man die Bosheit der Bemerkung in ihrer ganzen Grenzenlosigkeit.

Männlein Stehauf ist nur eine Imitation. Damals waren Scherze mit Stehauf-Männchen sehr beliebt und die Fabriken stellten sie zu Tausenden her. Sie waren selbstverständlich harmlos, solange die Dämchen vom Hofe sie nicht in ihrer Weise interpretierten. Nachher natürlich konnte man schwer eines ansehen, ohne erotische Hintergedanken zu haben. So lag die Erotisierung des Spielzeugs nahe genug. Die Idee ist sehr drollig, umso drolliger, als sie eine ernste Naturtendenz persifliert. Wenn es wahr ist, daß die ersten Entdeckungen auf dem Gebiete der Mechanik auf der primitiven Beobachtung einfacher Naturvorgänge beruhen, so mag vielleicht die Mechanik des »Hebens« dem Verhalten des menschlichen »Stehauf-Männleins« abgelauscht sein.

Ein Überfall.

236. Radierung mit der kalten Nadel von Félicien Rops.

Was aber, wenn man sich einmal in der Tür irrt? Nun, das ist eben auch von keiner besondern Bedeutung, es ereignet sich tagtäglich unzähligemale.

Zum Schluß erwähne ich noch ein paar Bilder mit den Legenden; auch sie sind nicht zu dem Zweck produziert worden, um vielleicht Langeweile zu erzeugen.

Kleptomanie. Der Künstler stellt Weiber dar, die Phallen stehlen und sie in einem Korb wegtragen.

Der glückliche Fund. Eine Frau hat einen riesigen Phallus gefunden und schleppt ihn mühselig auf dem Rücken nach Hause.

Mein Partner, wenn ich tanze. Eine Frau sitzt auf einem Phallus.

Halt fest! Weiber ziehen den Teufel beim Schwanz.

Welch' Vergnügen! Barbarisches Vergnügen! sollte man hinzufügen. Ein Teufel trifft nämlich Anstalten, einem jungen Mann, der von der ihm liebevoll präsentierten hintern Gelegenheit einer Frau profitieren will, die Rute abzuschneiden.

Die Versuchung. Das Bild ist doppelsinnig. Vor einem Mädchen streckt sich ein Mann, den sie von der Straße mitgebracht hat, und an dem Mann streckt sich etwas, was kein bloßer Finger ist.

Teuflische Bewässerung. Der Teufel bewässert Mutter Erde mit einer Feuchtigkeit, die ich nicht näher zu charakterisieren brauche.

Confiteor! Ein Weib bei der Beichte. Ihre Beichterzählung erregt den Priester in solchem Maße, daß er nicht mehr Herr seiner selbst bleibt, sondern ejakulieren muß.

Adoremus! Eine Kirche, darin statt des Kruzifixes ein Phallus von ungeheurem Umfang. Davor kniet anbetend ein Weib. Das Bild richtet sich gegen religiöse Empfindungen und ist blasphemisch.

Schund von einem Zeug! Der Teufel legt sein schadhaftes Gerät auf den Amboß, um es wieder zurechtzuschmieden.

Aus „Der Totentanz der Lebenden."

237. Zyklus erotischer Radierungen von Martin van Maele.
Mit besonderer Erlaubnis des Künstlers reproduziert.

Die Beichte.

238. Radierung von Félicien Rops.

Er sagt ihr seine Meinung gerade heraus. Von dieser Legende kann man im Deutschen nur schwer einen Begriff geben. Im Französischen heißt der Titel: Le pré-o-pinant. Hält man sich vor Augen, daß der Teufel auf dem Bild sich an die Liebesarbeit mit einer Frau macht, so leuchtet einem das Erotische des Witzes ein, ohne daß man das Wortspiel vollkommen exakt widerzugeben braucht.

Der Vit-comte de la Couillardière. Ein alter Aristokrat wärmt sich am Kamin.

Die vis comica des Phallus mag noch so stark sein, im Grunde ist sie doch nicht die Hauptsache bei all diesen Bildern. Nicht daß die Ausschreitungen, die im Geschlechtsleben vorkommen können, auf die Spitze getrieben werden, macht die Satire aus, sondern daß unter dem Geschlechtsleben das Leben überhaupt, das Leben schlechweg verstanden werden will.

Das war die Tendenz. Es handelte sich eben nur darum, diese Tendenz in eine Form zu gießen, in der sie allgemein verstanden werden konnte, sie sollte populär, vulgarisiert werden, um jeden Preis aber auch amüsant sein. Wer ein Bild der in Betracht kommenden Kategorie in die Hand bekam, sollte den Eindruck haben, daß er sich einem wahren Abbild des wirklichen Lebens gegenüberbefinde, freilich einem ins Transzendentale vertieften Abbild. Man setzte denn einem Mann statt des Kopfes ein männliches Glied auf und das intendierte Ziel war erreicht. Ganz neu ist das nun auch nicht, neu ist nur die Tendenz. Und es ist ganz sicher, daß sie, so wie sie in den dreißiger Jahren aufgenommen worden ist, heute und wohl noch länger gepflegt werden wird.

Im »Vit-Comte de la Couillardière« sind wir ihr schon begegnet. Der Herr »Graf« zieht vor der Dame respektvoll das Barett, um sie zu begrüßen,

Aus „Der Totentanz der Lebenden".

239. Zyklus erotischer Radierungen von Martin van Maele.
Mit besonderer Erlaubnis des Künstlers reproduziert.

aber sie wehrt gnädig ab und sagt: »Aber ich bitte, so setzen Sie doch auf! Oh ich bitte, Sie werden doch nicht mit bloßem Kopf dastehen wollen!« Der Hohn, der darin liegt, ist geradezu tiefsinnig. Sonst sind die Damen ja nicht sosehr darauf erpicht, daß sich der Herr »Graf« bedecke. Im Gegenteil! D a ist also die bittere Ironie.

Lesbischer Sperling.
(Ausgrabung von Herculanum.)
240. Radierung von Félicien Rops.

Die Bilder werden immer beredter, die Legenden werden beinah überflüssig; man könnte sagen, das B i l d möchte gern eine S c h r i f t werden.

Und die Männer werden verschont? höre ich fragen. Mit nichten! Zum Beispiel die Epauletten! Große Uniform, aber statt der Achselstücke das kostbare »Oval« mit den haarigen Lefzen. Eine rechte Montur aus Märchenland.

Der derbe Volksmund, der sich kein Blatt vornimmt, hat für das »Oval« einen Terminus, der jedenfalls klarer, energischer und in den weitesten Kreisen verständlich ist. Der Volksmund nennt das »Oval«: Alte F . . .!« Ich natürlich muß punktieren.

* * *

Ich habe erwähnt, daß es außer den unzweifelhaft bestimmbaren Serien, über die ich bisher gesprochen habe, noch e i n z e l n e lithographierte Blätter gibt, die von Meisterhand herrühren. Die Meister sind H e n r y M o n n i e r, D e v é r i a, T o n y J o h a n n o t, P h i l i p o n, S c h e f f e r, N u m a B a s s a g e t, T a s s a ë r t, T r a v i è s. Alle diese Künstler haben auch Serien produziert und ganz bestimmt haben sie an den »T ü r e n u n d F e n s t e r n« mitgearbeitet.

N i c o l a u s M a u r i n und D e v é r i a sind besonders zu beachten, weil sie sich nicht gescheut haben, an obszönen, erotischen Werken mitzuwirken; es ist nicht von vornherein selbstverständlich, daß ein Künstler von bedeutendem Rang seinen Stift zu solchen Dingen hergibt. Beider Talent ist durchaus persönlich, man mag sie ansonsten werten, wie man will. M a u r i n ist schlüpfrig, zotig und ungeheuer im niedrigen Volksgeschmack, seine Bilder waren daher unter allen »G r i s e t i a n a« die beliebtesten; D e v é r i a dagegen ist großartiger, erhabener, malerischer. (Devérias gab es übrigens zwei: E u g è n e und J a c q u e s A c h i l l e. Eugène war K i r c h e n m a l e r von Beruf! Eine Pikanterie, die sich bei dem

241. **Einer vornehmen Dame Kapriziertheit auf den Vit nègre.**

(Vit negre, schwarzer Sch . . . ., Wortspiel mit vinaigre-Essig.)

Altwiener P. J. N. Geiger wiederfindet. Offenbar erholt man sich so von dem feierlichen, manchmal auch düstern Ernst der Berufsarbeit. Man darf nur raten, auf welchem Gebiet sich die Herren lieber getummelt haben. — Als erotischer Lithograph ist Jacques Achille bedeutender als sein berühmterer Bruder.)

Maurin übte eine Praxis, die seither endlos nachgeahmt wird: er arbeitete immer in Duplikaten. Das eine war für die freie Zirkulation bestimmt und war würdig und von einwandfreiestem künstlerischen Ernst. Das andere dagegen war erotisiert, durfte das Tageslicht der Öffentlichkeit nicht erblicken und wanderte sofort in die verschwiegenen Kartons der Sammlungen.

Die bloße Schlüpfrigkeit mußte ganz natürlich zur Erotik führen. Man brauchte gar nicht viel zu ändern. Der Phallus stand bald an seinem Platz, als ob er immer dort gewesen wäre, züchtig verbergende Weiberröcke wurden in die Höhe geschoben, so daß sich das Tal der Liebe in seinem vollen Glanze zeigen konnte. Sonst wurde nichts geändert. So entsteht aus einem schlüpfrigen oder auch nur leidenschaftlichen Bild ein erotisches oder obszönes. Man sieht, es ist die einfachste Sache von der Welt.

Ich nenne einige von solchen, übrigens außerordentlich bekannten, Lithographien: Etwas höher, Sie sehen dann besser! Nein! Von hier aus sehe ich alles! — Bitte, seien Sie doch nett und gescheidt! — Der Korb mit dem Loch. — Nicht wahr, du wirst mich jeden Abend so tragen? — Du siehst es nicht von hier aus! — Sehen Sie es nicht? — Du bekommst zwei Küsse für Deine Mühe! — Pip,

242. **Der Wein und die Liebe.**

pip! (Eine knieende Frau lockt kleine Vögel herbei.) — Ach, das geht gut! — Das Strumpfband. — Der Windstoß. — Ich will noch! — Ich höre Lärm. Ich möchte die schönste (Rose) pflücken!

Alle existieren in Duplikaten und sind das Entzücken der Liebhaber. (Wenn der Leser will, kann er dieses Wort doppelsinnig nehmen. Ich habe nichts dagegen.)

Die Duplizität war eine große Erleichterung für den Verleger und für die Zwischenhändler. Die Zensur wußte, daß es seriöse Bilder von dem und dem berühmten Künstler gab, daß diese Bilder sehr beliebt waren, stark gekauft wurden und daher auch im Verkehr stark zirkulierten. Man ließ infolgedessen die Sendungen ohne Arg passieren, weil ihr Inhalt gleichsam unter dem Schutz der Behörden stand. Gab es zeitweilig doch einen Anstand, so brachte der Verleger bloß vor, daß er keine Nova herausgegeben, sondern nur längst bekannte Stiche, vom Autor selbst variiert, herausgebracht habe, und die Sache war erledigt.

Maurin war übrigens nicht der einzige, der Doubletten malte, alle Künstler seiner Zeit machten es so. Ich werde weitaus besser verstanden werden, wenn der Leser die Reproduktionen ansieht, die die besprochene Duplizität erläutern sollen. Daraus wird ihm alles viel klarer sein als aus einem noch so langen Herumgerede.

Seit Maurin ist kein »korrektes« Bild vor der Gefahr geschützt, in ein »unkorrektes« ungemodelt zu werden. Der Begriff »unkorrekt« ist sehr weit zu fassen, seine Grenze ist die Obszönität, die nicht mehr zu überbieten ist, so daß sich Wort und Begriff nicht mehr decken.

Die Erotisierung von harmlosen Bildern war zu einer Manie geworden.

243. **Amor und Psyche.**

Wem das Wort Manie zu stark ist, der setze »Bedürfnis« dafür; auf das Wort kommt es ja nicht an. Ich verweise auf »Lamartine und Elvire.« Beide stürzen einander voll leidenschaftlicher Glut in die Arme und können sich in der Freude des Wiederfindens nicht genug tun. Das »unkorrekte« Bild setzt den Gedankengang fort und fügt der Freude des Wiederfindens die Begierde einander zu besitzen hinzu, die es als natürlich und selbstverständlich voraussetzt.

* * *

Devéria ist einer der ersten Meister der Zeit von 1830.

Devéria bedeutet den Höhepunkt des erotischen Bildes, wenigstens soweit die Zeit vor ihm in Betracht kommt. Er bleibt immer vornehmer Künstler und die Darstellung ist von einer Vollendung, die seit der Erfindung der Lithographie bis zu ihm nicht erreicht worden war.

Seine Lithographie ist fast Gemälde, so eigentümlich ist die Technik, so warm sind die Farben, so leuchtend und brillant. Die sonst kalten Steinzeichnungen leben und sprühen.

Auch Devéria arbeitete nach den erwähnten zwei Richtungen. Sehr bekannt sind von seinen »korrekten« Originalkompositionen das Café zu den zwei Säulen -- Die geliebte Katze — Da, das will er — Man meldet seine Ankunft an.

Das Café zu den zwei Säulen gehört, nach meiner Meinung, zu den ausgezeichnetsten Schöpfungen der Epoche von 1830. Es liegt ein unvergleichlicher Schwung und Rhythmus darin. Der Mann bebt, jede Fiber von ihm erzittert vor Wollust, man fühlt die Wonneschauer, die ihn durchstürmen, mit. Dagegen ist die Frau ganz Liebe und Hingebung und blickt verklärt auf die Flüssigkeitsgarbe des Mannes. Daß sie hervorschießt, ist ja ihr Werk, sie hat es mit

244. **Illustration aus einem modernen pornographischen Roman.** (Aquarell.)

ihrer geschickten und schmeichlerisch - weichen Hand zuwege gebracht.

Café zu den zwei Säulen. Der Titel ist sehr treffend gewählt; denn die beiden Beine, zwischen denen sich der Vorgang abspielt, sind die Säulen, auf denen das Gebäude des menschlichen Körpers liegt, und die Pikanterie der Legende beruht darauf, daß es damals wirklich in Paris ein Kaffeehaus des gleichen Namens gab. Es war ein Literaturcafé und sein Andenken ist heute noch nicht vergessen.

Es mag paradox klingen, ist aber unleugbar richtig, daß Devérias Bilder trotz ihrer Erotik ein gewisses Etwas aufweisen, das ich am liebsten Keuschheit nennen möchte.*) Die Stellungen sind wollüstig, die Körper von schönem Ebenmaß, das Fleisch ist rosig und schwellend. Über den Gesichtern aber liegt ein eigentümlich reiner Glanz, der von dem lebhaften und wechselnden Ausdruck der Augen noch erhöht wird. Die stark betonte Erotik spiegelt sich in der mutwilligen Schelmerei des Gesichtsausdrucks wider.

So kommt es, daß man sich im Grunde doch keines Widersinns schuldig macht, wenn man von Devérias Bildern sagt, sie seien »korrekte« Erotika.

Es war nun soviel von erotischen Illustrationen die Rede, daß der Leser leicht auf den Gedanken kommen könnte, von 1830 bis in die Mitte des neunzehnten Jahrhunderts habe es nur erotische Bilder gegeben und die Literatur sei ganz vernachlässigt worden. Das ist aber durchaus nicht der Fall gewesen. Vielmehr fand sich, wenn eine Lithographie, ein Kupferstich oder Holzschnitt erschienen war, sofort ein Schriftsteller, der einen Text dazu schrieb. Die Regel

*) Eine ähnliche Bemerkung findet sich bei A. Normann über P. J. N. Geiger, Zehn erotische Aquarelle, Privatdruck der Ges. öst. Bibliophilen, Stück XV.

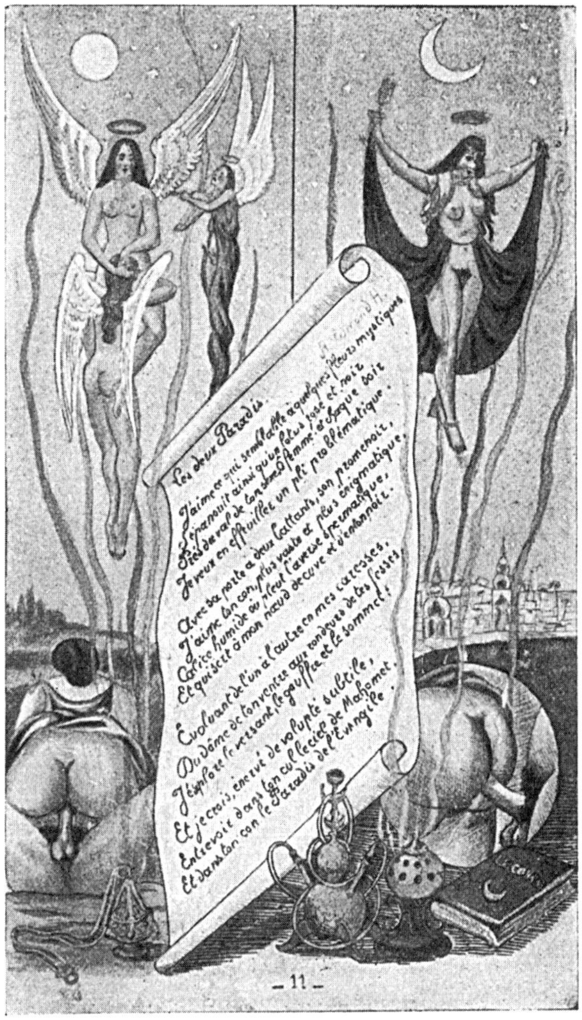

245. **Die beiden Paradiese.**

war aber der Fall, daß die erotischen Bilder überhaupt als Textillustration komponiert wurden. Manche Bilder gehen auch nur darum so tief ins erotische Detail ein, weil die Texte es tun. Ich werde gleich ein paar Bücher anführen, die man illustrierte, um die Bilder wieder auf den Markt zu werfen und das Publikum damit zu überschwemmen. Besonders Grécourt und Piron waren Autoren, deren Werke zu diesem Ende herhalten mußten. Das Verfahren der Duplizität wurde hier gleichfalls angewendet, man illustrierte die erotischen Schriftwerke »korrekt« und »inkorrekt«, genau aus denselben Gründen, wie ich sie vorhin auseinandergesetzt habe. (S. 242.)

Solche Werke sind: Die Akademie der Damen — Der französische Aretin — Die Liebschaften des heiligen Vaters — Die Liebschaften der heidnischen Götter — Die verwandelte Parapilla (erschien aus mir unbegreiflichen Gründen auch als Das Bordell oder Parapilla, die Kerze von Arras) — Erotische Erzählungen und Poesien von Grécourt — Die Fabeln des Piron — Liebesabenteuer einer Schönen — Der Götterkrieg — Das Hurenkloster — Der geile Lebenswandel der Kapuziner und Nonnen.

Zwischen Lithographie und Kupferstich entbrennt bald ein heftiger Wettstreit, bei dem die Steinzeichnung entschieden im Vorteil ist, weil sie den Stich imitieren kann. Sie braucht nur die Strichmanier nachzuahmen. Dagegen kann der Kupferstich die satten Farben, die der Stein verträgt und braucht, nicht annehmen. Heute ist der Steinzeichnung im Lichtdruck eine gefährliche Konkurrenz

246. **Der Mond auf Meterdistanz.**

erstanden. Man kann den Lichtdruck in Farben herstellen und erzielt Töne von einer Zartheit, der gegenüber die Lithographie immer roh erscheinen wird.

Die bemerkenswertesten Illustrationen von der Hand Devérias sind die Zeichnungen zu den »Nächten« des Gamiani. Die Originalausgabe trug als Signum des Verfassers die Buchstaben A. D. M., was Alfred de Musset zu lesen ist. Die Lithographien sind in großem Format gehalten.

Die »Nächte« sind so bekannt, daß ich es nicht für notwendig halte, über den Inhalt etwas zu sagen. Wenn man aber auch den Inhalt nicht kennt und nur die Bilder sieht, so kann man trotzdem über die Erzählung nicht im Zweifel sein: die Illustrationen reden. In diesem Werk steht Devéria nämlich stark unter dem Einfluß aretinischen Geistes und nähert sich dadurch der Auffassung in anderen erotischen Bilderwerken. Man darf ihm das nicht verargen. Hie und da gerät auch der freieste und selbständigste Mensch unter den Einfluss irgend eines Klassikers und so geriet auch Devéria unter den Einfluß des Aretino. Aretino war Klassiker der Erotik. Diese Kategorisierung halte ich für zulässig, weil es auf allen Gebieten menschlichen Tuns Klassiker gibt. So gibt es eben Klassiker der Erotik, wie es Klassiker des Speisetisches und Klassiker der Liebe gibt.

So wie Devéria den Gamiani, so illustrierte Henry Monnier den Béranger. Sowohl die ernsten als auch die tändelnden und leichtfertig tänzelnden Lieder des Dichter-Philosophen wurden in mehreren gestochenen Serien verwendet.

Zweideutigkeiten kann man bei Béranger in schwerer Menge finden, wenn man will. Der Illustrator, natürlich, interpretiert den an sich vollkommen »korrekten« und harmlosen Text erotisch. Auf diese Art kommen allerlei Ergötzlichkeiten an den Tag.

Man urteile selbst!

Mein Diener — fiel mir zur Last: löst eine Gedankenreihe aus, die man nicht einmal mehr anzudeuten braucht, so selbstverständlich ist sie nach allem, was hier schon vorgebracht worden ist.

Sie stand in einem Winkel und hielt die Schlägel zweier Trommler vom Regiment in Händen. (»Sie« ist eine Marketenderin.) Gleich ist die unzüchtige Deutung da, ganz abgesehen davon, daß »Schlägel« im Dialekt eine erotische Nebenbedeutung hat. So heißt der Penis im »Argot«. Es ist aber nur einer unter den vielen Spitznamen, die Messer Priap vom Volk erhalten hat. Nicht immer aber ist die Übertragung in den erotischen Sinn so naheliegend.

247. **Illustration aus einem modernen pornographischen Roman.** (Aquarell.)

Des heiligen Vaters Sakristan
Hab' ich's mit Liebe angetan

erfordert schon einiges Nachdenken, ehe die Identität zwischen Küster und Priap in die Augen springt. In der »Marketenderin« heißt es:

Beinah wär' ich Margarethen
Gar zu taktlos nahgetreten.

Die Schlüssel zum Paradies wollen auch erotisch verstanden sein.

Diese Interpretationen haben eine tiefere Bedeutung. Sie zwingen zu der Schlußfolgerung, daß damals eine allgemeine Disposition zur geistigen Selbstschändung in der Luft lag. Alle Gemüter waren in einen Dunstnebel von Sexualität gehüllt, niemand konnte mehr sauber denken und fühlen. Eine gewisse geile Brunst drückte auf die Zeit und jeder Blitz, der niederfuhr, wollte das menschliche Geschlecht bis in die Tiefen des Physischen und Moralischen aufwühlen.

248. **Schändung.**

Man hat diese Erscheinung Byzantinertum genannt. Warum, ist mir nicht recht verständlich. Von groß angelegten listigen und schleicherischen Prinzipien kann in Sexualangelegenheiten keine Rede sein, man darf die Sexualität nicht mit einem Maßstab messen, der in der Politik erlaubt ist. Darum halte ich das Wort »Byzantinismus« in solcher Anwendung für vollkommen verkehrt und unpassend.

Wie jedes Produkt menschlichen Schaffens ist auch das erotische Bild kein singuläres Wesen, sondern eine Sache, die gewissen Strömungen unterworfen ist, bestimmten Richtungen folgen und denselben Gesetzen gehorchen muß wie irgend etwas anderes. Zum bessern Verständnis verweise ich nur auf die Milieutheorie August Comte's. Ein Objekt, es sei nun konkret oder abstrakt, hängt mit unendlich vielen Fäden fest an den Bedingungen seines Milieus. Und so richtet sich der Charakter des erotischen Bildes nach den sexuellen Strebungen, aber auch nach den Velleitäten der Zeit. In einigen Zeitabschnitten ist der Liebestrieb gesund, natürlich und unverkrüppelt, in anderen krankhaft und verquert. Siehe Marquis de Sade! In einigen Zeitabschnitten manifestiert sich der Trieb des Männchens offen und unverhohlen, ohne Extravaganzen; in anderen spielt gerade die Verbergung des Triebes, seine Maske, das galante Mäntelchen, das ihm umgehängt wird, die Hauptrolle.

Sehr viel hängt von der ersten Erziehung ab, die den Menschen solcher Perioden zuteil wird; sie hat einen beträchtlichen Einfluß auf die Art und den Grad, wie in dem reifenden Individuum später die Liebeswünsche auf Erfüllung drängen.

249. **Honigmond.**

Hier möchte ich nun um alles in der Welt nicht mißverstanden werden, will weder politisch noch kirchlich Partei ergreifen, aber das muß ich sagen, auf die Gefahr hin, heftigsten Widerspruch zu entfesseln: die klösterliche und Jesuitenerziehung hat die menschlichen Leidenschaften heftig beeinflußt; verstärkt, aber nicht gemildert.

Flagellation und Manustupration sind Errungenschaften, die wir den Jesuiten verdanken; weniger vielleicht den Klöstern. Die Insassen der Klöster wahrten doch einigermaßen ihre Geheimnisse, aber die Jesuiten zogen hinaus in die Weite und wußten recht wohl, daß einem der Geist rettungslos verfallen ist, wenn man den Geschlechtstrieb in die Hand bekommt. Man werfe mir hier nicht Zweideutigkeit der Rede vor, ich meine, was ich sage, ganz eindeutig. Der Effekt dieser Praxis war im achtzehnten Jahrhundert die Onanie der Weiber, im neunzehnten die Onanie der Männer.

Die Onanie drückt der Zeit der Revolution den Stempel auf und diese Charakteristik gilt bis zum Jahre 1860.

Jedes Lied, das in dieser Zeit gesungen wird, hat den gleichen Refrain: Lachet, singet, liebet euch, liebt euch auch alleine! Dementsprechend sind die erotischen Bilder. Immer »machen es« die Weiber den Männern und immer sind es die Männer, denen »es gemacht wird«. Es ist ganz gleichgiltig, welcher Gesellschaftsklasse sie angehören, gleichgiltig, ob es sich um einen alten Junggesellen, um einen Kirchendiener, Soldaten, Pächter, Grafen oder Edlen

250. **Amor und Psyche.**

von, um eine vornehme Dame des ancien régime oder um eine Hökerin und Marketenderin handelt. (»Es machen« ist auch ein Ausdruck aus dem gemeinen Dialekt.)

Der gute Geschmack, auf den die Franzosen sonst Wert zu legen pflegen, bleibt beiseite, wenn die Erotisierung auf das immerhin noch geistige Element der Zweideutigkeit verzichtet. Während das Verschen: »Schnell das Fingerchen herbei, ist Nanettens Leibspruch, schnell das Fingerchen herbei, daß ich einmal fröhlich sei!« noch auf ein bißchen Grazie Anspruch erheben kann, ist aber die Parodie auf »die Pariserin«, ein Lied aus dem Jahre 1830, ganz roh.*)

Vous ennemis du trou qui vesse,
Vénus a couvert ses boxons!
Nous avons dit: foutons en cons!
Rassemblons les gouines éparses
Vivent les gueuses et les farces!
En avant! courtons!
Défonçons les cons,
A grands coup de cul, de pine, de roustons.
Faisons cramper les garces!!

*) Wir bringen sie daher nur im Originaltext. Wer ihn nicht versteht, verliert nichts dabei.

251. **Arethusa und Alphaeus.**

Die Devise ist: Foutons en cons! F . . . . . wir in die V . . . . .! Man tritt dafür ein, den Liebestrieb auf dem natürlichen Weg zu befriedigen — wie das Naturgesetz es befiehlt. Der Student in der Dachbodenkammer bleibt dem Naturgesetz gehorsam. Dafür wird er von allen Chansons gelobt und Lise muß erst lang umherpilgern, ehe sie Leute findet, die sie von hinten nehmen. So singt Béranger.

»Gott schuf die V . . . als ungeheuren Spitzbogen
für die rechtgläubigen Christen,
aber den Hintern, der Fülle rundes Zentrum,
schuf er für die Heiden«

hat dagegen Victor Hugo gesagt. Die Jesuiten scheinen in diesem Belang heidnischen Anschauungen gehuldigt zu haben. Jedem Ding kann man eine philosophische Deutung geben und den philosophisch geschulten Kopf, der die Welt betrachtet, eröffnen sich ganz andere Perspektiven als dem seichten Blick, der an den Tatsachen hängen bleibt, ohne von ihnen loskommen zu können. Schopenhauer sagt einmal ungefähr: Man muß sehr flach in die Welt schauen, wenn man sie so durchaus verständlich findet. Vor dem stumpfen Blick ist ein Laster ein Laster und nichts weiter, der forschende Geist aber sieht mehr darin, für ihn ist es, um mich medizinisch auszudrücken, die Indikation für den Seelenzustand einer Gesellschaft, ein wertvolles sozialwissenschaftliches Symptom und daher ein Problem.

* * *

Die Epoche des zweiten Kaiserreiches unterscheidet sich in mehreren Punkten vom achtzehnten Jahrhundert, mit dem es so gern kokettiert. Der trennende Hauptunterschied ist vor allem der Mangel an Grazie, von dem ich gerade früher bei der Parodie auf »die Pariserin« sprechen mußte. Das Second Empire war nicht originell genug, um Eigenes zu schaffen,

252. **Ein Seitensprung Dianas.**

warf sich folglich auf's Imitieren.

Aber auch imitieren muß man mit Geschmack und nicht einmal d a s brachte diese Zeit zustande. Alles Wertvolle, worauf das achtzehnte Jahrhundert stolz sein kann, wurde in der Nachahmung derb und brutal, geistlos und gemeinplätzig. Das Köstliche und Reizende der großen Künstler, die Würde und zärtlich gemilderte Hoheit der vornehmen Herren und hohen Damen, der martialische Elan der französischen Garden, die die Gebärden von Eroberern und den Schnurrbart von Schwerenötern hatten — alles wurde von der gemeinen Wucht gemeiner Reproduktionen erdrückt.

Dieser Niedergang ist in der Technik begründet. Wenn M a l e r e i und z e i c h n e r i s c h e V i r t u o s i t ä t einen gewissen Grad der Vollendung erreicht haben, ist Feinheit und Delikatesse ihre wesentliche Begleiterscheinung.

So war es im achtzehnten Jahrhundert. Anders ist es im zweiten Kaiserreich, wo die technische Reproduktion sich immer mehr und mehr auf die mit der Hand übermalte Lithographie, auf die F a r b e n l i t h o g r a p h i e (C h r o m o l i t h o g r a p h i e), D a g u e r r e o t y p i e und auf die P h o t o g r a p h i e beschränkte. Abgesehen von den künstlerischen Vorbedingungen zum Steindruck, bergen alle diese technischen Verfahren die eminente Gefahr in sich, daß das darzustellende Objekt schablonisiert wird. Nur in sehr seltenen Fällen wußte man dieser Gefahr auszuweichen.

Das sind nun Umstände, unter denen die vorhergehende Zeitperiode nicht zu leiden hatte, wenn auch zugegeben werden muß, daß sie uns trotzdem keine Meisterwerke von allererstem Range hinterließ.

Was nachfolgt, bedeutet die V u l g a r i s a t i o n von allem und jedem, die vollständige Verflachung, wenn man so sagen darf: die D e m o k r a t i s i e r u n g des erotischen Bildes. Die Photographie brachte es auch mit sich, daß die persönliche Note, die die alten Erotika so köstlich macht, entfällt. Ich fasse zusammen: die Naturwahrheit ist jedenfalls größer geworden, die künstlerische Wahrheit kleiner. Was auch ganz natürlich ist, wenn die Produktion aus den Händen der Künstler in die Hände spekulationslüsterner Handwerker übergeht.

253. **Radierung von Félicien Rops.**

Auch im zweiten Kaiserreich ist die Erotisierung seriöser Darstellungen, die sittengeschichtlich interessante Themen behandeln, tonangebend. Ein neuer Gedanke, eine originelle Variante ist nicht zu finden. Ganz so wie zur Zeit der Restauration wird der Markt mit solchen Dingen überschwemmt. Das Bild »unter dem Mantel« ist wieder Trumpf. Ich lasse auch hier wieder die Titel von Publikationen folgen, die in diese Kategorie gehören.

Vorbereitungen zum Ball. — Nach dem Sieg. - Der kühne Fechter (Fouteur). — Der Wald von Montmorency. — Frühlingswonnen. — Ergebenheit. — Moralische Skizzen. — Mädchenexternate. — Der Fouteur als Windspiel. — Die Essenzflasche. - Schwänke. — Die Stute Gevatter Peters. (Dazu bemerke ich, daß man es hier mit einer Illustration zum »Dekamerone« des Boccaccio zu tun hat. In den meisten Werken wird der betreffende Schnitt oder Stich einfach irgend einer Nachahmung des Boccaccio entnommen, ohne daß auf den eigentlichen Ursprung hingewiesen würde. Daher halte ich die Konstatierung nicht für überflüssig.) — Kleine unschuldige Spiele. — Es regnet, liebe Schäferin! — Morgens, mittags, abends, nachts. — Zeitvertreib in den Salons. (Das war eine Serie, die im Stil und im Geschmack des Werkes gehalten ist, das ich an anderer Stelle unter dem Titel »Das Erwachen eines jungen Mädchens« zitiere.) — Dramatischer

254. **Radierung von Félicien Rops.**

Bericht. - Familienblatt. — Der vollkommene Akkord. — Physiologie der Pariser Studenten. — Rebekka am Brunnen. — Liederliche Nächte (war eine Parodie auf ein sehr »korrektes« Werk mit dem Titel: »Lyrische Nächte«). — Das Türmchen des heiligen Stephan oder das Seminar der Venus. — Unter der Regierung Ludwig-Philipps, unter der Republik, unter dem Kaiserreich. - Soldatenleben.

Alle diese Titel entbehren vollkommen des Witzes, sie sind nur obszön. Mit Rücksicht auf das Publikum, für das die Werke bestimmt waren, nicht einmal mehr zweideutig, ganz eindeutig. Natürlich auch ganz geschmacklos. Das lag so im Zug der Zeit. Lauter Form, gar kein Inhalt. Die Titel sind noch das beste, der Inhalt ist überhaupt nichts. Wenn ein geläufiges Wort nur die leiseste Anregung zu schlüpfriger Zweideutigkeit bieten konnte, stürzte man sich darauf, damit war die Geistesarbeit, die man zu leisten vermochte, getan. Eine Ausnahme machen nur diejenigen Titel, hinter denen sich eine eingehendere Beschäftigung mit einem bestimmten Gedanken verbirgt, oder Anspielungen auf Vorgänge und Umstände, die gerade aktuell waren.

Die zwölf Cäsaren, von Julius Cäsar bis zu Napoleon III. Das boshafte Vergnügen, das den Zeichner treibt, besteht darin, daß er alle römischen Kaiser »napoleonisiert«, das heißt, er stellt sie als Hauptteilnehmer an Szenen wüstester Ausschweifung dar. — Ein Bilddruck schützt historische Ten-

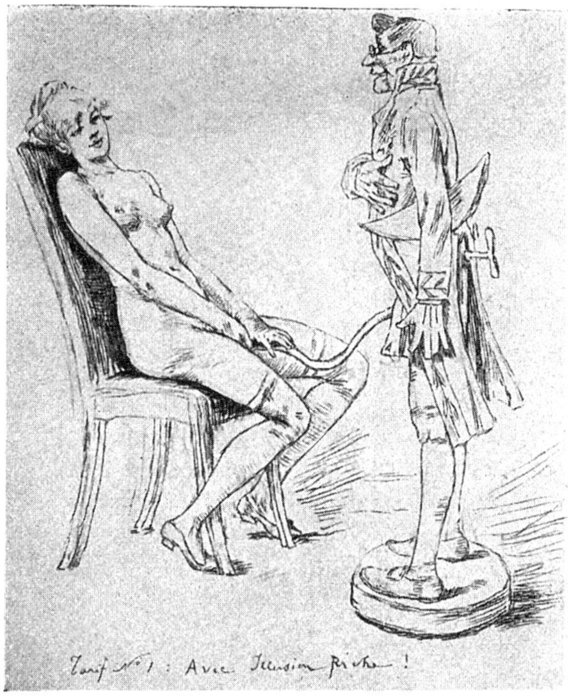

255. **Radierung von Félicien Rops.**

denzen vor und nennt sich »Von Vespasian bis Vespasiana«. Vespasienne nannte man nämlich die neuen Pissoirs, die man am Ende des zweiten Kaiserreichs in den Straßen von Paris aufgestellt hatte.

Der Graf Ory, das war damals eine komische Oper, so modern wie heutzutage nur irgend eine seichte Operette. Ausserdem war sie bei Hof außerordentlich geschätzt. Ihr folgte — versteht sich im erotischen Bild — der Graf P. (Lies: Persigny. War unter Napoleon Minister, Diplomat und hochangesehener Salonmann.)

Der Edle von Framboisy war ursprünglich ein Chanson gewesen:

Der Edle Framboisy
Ein Weib nahm vor der Zeit,
Er nahm sie gar zu jung,
Es hat ihn sehr gereut.

Nach und nach machte dieses Liedchen alle Wandlungen bis zum Obszönen durch. Ich habe früher einmal gesagt, daß solche Dinge in Pfeffersauce serviert würden, hier ist es aber schon die Gesamtheit pikanter Tunken. Es ist schwer zu sagen, wieso dieses Liedel in der politischen Karikatur eine so gefürchtete Waffe wurde, die nicht einmal den grimmigen Kaiser verschonte. Einige politische Schriftsteller wollen darin eine Anspielung auf die Ehe Napoleons I. mit Josephine Beauharnais erblicken.

Der König von Yvetot. War auch ein Sujet, dessen Beliebtheit und Verbreitung fürchterliche Dimensionen angenommen hatte. Es ist eine Parodie auf das Gedicht gleichen Titels von Béranger. Den ersten Anstoß zur Popularisierung gab ein Hemdenfabrikant in der Passage Jouffroy in Paris. Dieser spekulative Mann ließ »Den König von Yvetot« als Relief auf seinen Hemdenschachteln anbringen. Papierhändler ahmten das Beispiel sofort nach. Dann kamen die Zigarren- und Zigarettenschachteln an die Reihe. Später wurde ein Spiel so genannt und auf den obszönen Lithographien, von denen ja hier die Rede ist, sieht man den König inmitten eines ganzen Serails stolz einherschreiten.

Es regnet, liebe Schäferin! Das Lied stammt aus dem achtzehnten Jahrhundert. Seine Erotisierung ist der Jugend in der Zeit, die ich hier bespreche, gleichsam in die Wiege gelegt worden. Von den Schäfchen ist aber keine Rede mehr, es sind weiße Täubchen daraus geworden. Eigentlich, liebe Schäferin, bist

256. **Radierung von Félicien Rops.**

du sehr zu bedauern! Man verlangte Dinge von dir, die man nur auf der Hochschule der Liebe erlernen kann und die eine ganz besondere Erziehung voraussetzen. Wenn man gewohnt ist, mit Schafen umzugehen, findet man sich nicht gleich in den Umgang mit Tauben hinein.

Die schöne Eugenie. Hier ist die Anspielung so klar und durchsichtig, daß ich mir jedes weitere Wort der Deutung und des Kommentars ersparen kann. Es ist eine Serie von zwölf Lithographien, für die die Charakteristik »saftig« sehr milde ist. Die Serie schildert die ungewöhnlichen Talente eines hübschen Mädchens, die von Adel und Geistlichkeit, kurz von der ganzen Welt gleichermaßen geschätzt werden und der ganzen Welt gleichermaßen zugute kommen.

Mayeux, der kleine Bucklige von 1830. Daß man auf ihn jetzt wieder zurückkommt, ist außerordentlich pikant, und zwar wegen der Form. Ich habe früher genug von seinen Liebschaften erzählt, von seiner Frau war aber nur ein einzigesmal die Rede. Nun beschäftigt man sich plötzlich ausschließlich mit seiner Frau. Der Witz scheint mir in folgendem zu liegen: die Zeit, die ich hier betrachte, ist die Zeit der »Legitimität«. Natürlich politisch gemeint. Folglich

257. **Madame George.** (Empire.)

wird Mayeux aus dem Gesichtswinkel der Legitimität erotisch betrachtet. Die Ausbeute ist nicht minder reich als in den »Liebesabenteuern«.

Auffallend ist, wie der zunehmende Industriesinn in die Existenzmöglichkeiten des erotischen Bildes hineinspielt. Ein neues Genre wurde zwar nicht erfunden, dagegen wurde das alte Gegenstand der Industrie, Fabriksartikel, während es früher nur eine Spezialität unter besonderen Umständen gewesen war. Der Ramschhändler würde sagen »Okkasion«.

Unter Ludwig-Philipp gab der Obelisk und die Vendômesäule Anlaß zu erotischen Karikaturen, man betrachtete einfach diese beiden Denkmäler als gigantische Kolossalphallen. Das war ein neues Motiv. Wenn ein Karikaturenzeichner wirkliche Säulen oder Obelisken darstellte, ermangelte er nie, sie in dieser Weise zu erotisieren.

Napoleon I. und Ludwig-Philipp waren als Zielscheibe für den politischen Spott sehr beliebt. Napoleon wurde als V a t e r l a V i o l e t t e in ein »Männeken Piß« verwandelt, der a posteriori Tabak sch . . . Ebensowenig zartfühlend ging man mit dem guten Bürgerkönig um. Man sah ihn auf den Bildern mit offener Hose, aus der eine B i r n e oder ein A p f e l heraushing.

Genauere Aufschlüsse über die politische Seite dieser Satire gibt H e i n r i c h H e i n e in den »Französischen Zuständen«, I, Das Bürgerkönigtum im Jahre 1832:

»Es ist gewiß tadelnswert, daß man das arme Gesicht des Königs zum Gegenstand der meisten Witzeleien erwählt, und daß er in allen Karikaturläden als Zielscheibe des Spottes ausgehängt ist. Wollen die Gerichte diesem Frevel Einhalt tun, dann wird gewöhnlich das Übel noch vermehrt. So sahen wir jüngst, wie aus einem Prozesse der Art sich ein anderer entspann, wobei der König nur noch desto mehr kompromittiert wurde. Nämlich Philippon, der Herausgeber eines Karikaturjournals, verteidigte sich folgendermaßen: Wolle man in irgend einer Karikaturfratze eine Ähnlichkeit mit dem Gesichte des Königs finden, so fände man diese auch, sobald man nur wolle, in jedem beliebigen, noch so heterogenen Bildnisse, so daß am Ende niemand vor einer Anklage beleidigter Majestät sichergestellt sei. — Um den Vordersatz zu beweisen, zeichnete er auf ein Stück Papier mehrere Karikaturengesichter, wovon das erste dem Könige frappant glich, das zweite aber dem ersten glich, ohne daß jene königliche Ähnlichkeit allzu bemerkbar blieb, in solcher Weise glich wieder das dritte dem zweiten, und das vierte dem dritten Gesicht, dergestellt aber, daß jenes vierte Gesicht ganz wie eine Birne aussah, und dennoch eine leise, jedoch spaßhaftere Ähnlichkeit mit den Zügen des geliebten Monarchen darbot. Da nun Philippon trotzdem von der Jury verurteilt wurde, druckte er in seinem Journale seine Verteidigungsrede, und zu den Beweisstücken gab er lithographiert das Blatt mit den vier Karikaturgesichtern. Wegen dieser Lithographie, die unter dem Namen »Die Birne« bekannt ist, wurde der geistreiche Künstler nun wieder verklagt und die ergötzlichsten Verwicklungen erwartet man von diesem Prozesse.« Und an einer andern Stelle: »Die Birne ist noch immer stehender Volkswitz in Spottblättern und Karikaturen. Jene, namentlich »Le Revenant«, »Les Cancans«, »Le Brid'-Oison«, »La Mode« und wie das karlistische Ungeziefer sonst heißen mag, mißhandeln den König mit einer Unverschämtheit, die umso widerwärtiger ist, da man wohl weiß, daß das edle Faubourg solche Blätter bezahlt. Man sagt, die Königin lese sie oft und weine darüber; die arme Frau erhält diese Blätter durch den unermüdlichen Diensteifer jener schlimmsten Feinde, die unter dem Namen »Die guten Freunde« in jedem großen Hause zu finden sind. Die Birne ist, wie gesagt, ein stehender Witz geworden, und hunderte von Karikaturen, worauf man sie erblickt, sind überall ausgehängt. Hier sieht man Périer auf der Rednerbühne, in der Hand die Birne, die er den Umsitzenden anpreist und an den Meistbietenden für achtzehn Millionen losschlägt. Dort wieder liegt eine ungeheuer große Birne gleich einem Alp auf der Brust des schlafenden Lafayette, der, wie an der Zimmerwand angedeutet steht, von der besten Republik träumt. Dann sieht man auch Périer und Sebastiani, jener als Pierrot, dieser als dreifarbiger Harlekin gekleidet, durch den tiefsten Kot waten und auf den Schultern eine Querstange tragen, woran eine ungeheuere Birne hängt. Den jungen Heinrich sieht man als frommen Wallfahrter in Pilgertracht, mit Muschelhut und Stab, woran oben eine Birne hängt, gleich einem abgeschnittenen Kopfe. Ich will wahrlich den Unfug dieser Fratzenbilder nicht vertreten, am allerwenigsten, wenn sie die Person des Fürsten selbst betreffen. Ihre unaufhörliche Menge ist aber eine Volkstimme und b e d e u t e t e t w a s.«

Den Handelsgegenstand der früher erwähnten Industrie nannte man kurz den »Pariser Artikel« oder den «Berliner Artikel«. In überraschend kurzer Zeit

259. **Radierung von Félicien Rops.**

hat diese Industrie die Kinderschuhe ausgetreten und sich mächtig entwickelt. Es gibt kaum einen Gegenstand des täglichen Gebrauches ohne solche Verzierungen. Von den früher genannten Zigarrentaschen abgesehen, findet man ihn auf Tabakspfeifen, Manschettenknöpfen, Bleistifthülsen, Augengläsergriffen, Puderdosen, auf einer Unzahl von kleinen Schmuckgegenständen, in allen möglichen Ausführungen und in jedem Material. Man sieht obszöne Bilder aus Papier geschnitten und aufkaschiert, als Reliefs auf Metall, oder als Intarsia-Arbeit, eingelegt. Später kommt die Manie nach Abziehbildern auf. Sofort werden erotische Abziehbilder fabriziert. Nach den Bildern auf Zieh- und Schiebekartons kommen die beweglichen Bilder. Nach diesen die nackten Photographien, dann die Stereoskopbilder, die plastische Anschauung vermitteln. Jetzt stehen wir eben mitten drin in der Aera der Photographie, die dem Dargestellten mit Hilfe des Apparats eine Unzahl von Varianten zu geben vermag. In den meisten Fällen kann man allerdings nicht mehr von einer e r o t i s c h e n Photographie sprechen, so widerwärtig obszön ist sie. Ich habe meine Ansicht darüber schon an früherer Stelle ausgesprochen.

Es ist für die Kulturgeschichte des Menschengeschlechtes sehr lehrreich, daß das erotische Bild sich augenblicklich jeder neuen Technik bemächtigt, sowie sie nur entsteht. Das erotische Bild hat durchaus nicht auf die vollkommene Photographie gewartet, es hat schon die sehr umständliche und mangelhafte Daguerreotypie in seinen Dienst gestellt. Der Chronist kann darüber genauen Bescheid geben. Am 23. Juli 1851 fand vor dem Geschwornengericht in Paris ein Prozeß statt, in dem ein Mann beschuldigt war, auf dem Wege der Daguerreotypie Darstellungen unzüchtigen Inhalts produziert zu haben.

Ich kenne drei Bücher von größter Seltenheit, die aus jener Zeit stammen und mit Daguerreotypen illustriert sind. Später wird natürlich dieses Verfahren ganz allgemein. Man war sich keinen Augenblick lang im Zweifel darüber, daß das neue Lichtbildverfahren »erotischen« Darstellungen zu weitester Verbreitung verhelfen müsse. Zudem war die Reproduktion und Vervielfältigung allgemach sehr mühelos geworden.

In dem Maße, als aus der Daguerreotypie die Photographie wird, bricht für das erotische Bild eine neue Ära an. »Erotisch« sage ich nur, um mich kurz ausdrücken zu können. Wer »ultragalant«, »obszön« oder »sexuell« dafür setzen will, dem bleibt es unbenommen.

Der Leser erinnert sich an das Format »Unter dem Mantel«. Dazu eignet sich die Photographie einfach großartig. Man kann jedes Original, seien die Dimensionen noch so groß, auf die geringsten Maße verkleinern, ohne an der Darstellung das mindeste zu verändern. Am liebsten stellt man die Reproduktionen selbstverständlich im Taschenformat her, weil sie so am besten zirkulieren können. Man kehrt also wieder zum Format des achtzehnten Jahrhunderts zurück, das durch die große Lithographie ein so jähes Ende gefunden hatte.

Es war früher Sitte gewesen, die Bücher mit schönen Frontispizien auszustatten, besonders die Bücher in kleinem Format. Warum man sich dazu gerade nur des lithographischen Verfahrens bediente, ist eigentlich nicht recht einzusehen. Aus den Frontispizien entwickelte sich die Lithographie großen Formates, die sich in überleichtfertigen Darstellungen gefiel. Für Sammlungen und Sammler werden diese großdimensionierten Steinzeichnungen, schon eben dieser Dimensionen wegen, immer wertvolle Raritäten sein.

Als die Photographie auftauchte, hatte der Künstler, der bisher Mittelsperson und Interpret gewesen war, seine Rolle ausgespielt. Da man an die photographische Technik die weitgehendsten Anforderungen stellte, tat auch sie so, als ob sie sich von großen Gesichtspunkten leiten ließe. Nun ist es ja gewiß eine löbliche Tendenz, wenn die Photographie ihren Ehrgeiz dareinsetzt, die Natur mit größter Exaktheit und Treue abzukonterfeien. Die künstlerische Wahrheit ging aber dabei verloren. Die Tage, wo der Maler mit Geschmack ein Modell suchte, ihm Stellungen gab, nachdem er die Szene, auch die freie erotische, aus seiner Phantasie geschöpft hatte, wo also der Maler ein Erfinder gewesen war, sind vorüber. Sowie die Photographie in Schwang kommt, hört die Erfindung auf und an ihre Stelle tritt das gemeine Gruppieren vor dem Objektiv. So werden Portraitsammlungen, Posen hergestellt, denen man bei erotischen Bildern manchmal die Ehre antut, sie »akademisch« zu nennen. Es ist aber ein schaler Euphemismus.

Ich habe vielleicht vorhin der Photographie Unrecht getan, als ich sie so qualifizierte. Es ist jedenfalls gerechter, wenn ich statt »die Photographie« sage: der Photograph. Es gab da unter den Photographen eine Menge Leute, die sich mit der erotischen Photographie abgaben und dadurch eine Zeitlang den ganzen Stand in Verruf brachten.

Wenn ich den Werdegang des erotischen Bildes, als eines Dokumentes für die Kulturgeschichte, noch einmal in kurzen Worten beschreiben soll: zuerst ist

261. **Illustration zu einem erotischen Roman des XVIII. Jahrhunderts.**

die Vignette da, die zur Buchillustration verwendet wird. Dann kommt das Bild für sich. Das großangelegte Kunstbild in schulmäßigem Stil, dann die Lithographie, die diese Bilder reproduziert oder eigene schafft, und endlich die Photographie.

Die Albums von erotischen Photographien, mit ihren ordinären Gruppen und schmutzigen Posen, haben gewiß nur wenige Leute ohne Ekel ansehen können. Sie sind Reproduktionen der Bestialität.

Man kann auf ihnen nicht mehr sehen als Schmutz und Unzüchtigkeit; was man aber natürlich nicht sehen kann, ist Geist.

Das einzige Interesse, das die erotische Photographie für sich in Anspruch nehmen kann, ist, daß sie ein neues Datum in der Geschichte des erotischen Bildes bezeichnet.

Hat die Photographie einen rühmenswerten, ich möchte sagen physikalischen Vorzug, nämlich die treue Exaktheit, so kann man das nicht ebenso von ihrer sittlichen Tendenz behaupten. Sie nimmt es nicht immer mit der Ehrlichkeit genau, sie betrügt sehr häufig. Jeder Leser erinnert sich gewiß, wenigstens einmal in den Zeitungen gelesen zu haben, daß irgendein Photograph vor Gericht stand, weil er falsche Köpfe auf fremde Leiber projiziert hatte. Diese Manipulation ist genau so alt wie die erotische Photographie. Natürlich bemächtigt sich auch die Photographie bedeutender Persönlichkeiten des öffentlichen Lebens und zieht sie in den Bereich ihrer schmutzigen Phantasie. Adelina Patti ist wiederholt in den unzweideutigsten Posen dargestellt worden. Unzweifelhaft bemächtigte sich die erotische Einbildungskraft sehr vieler Männer, die nach dieser entzückenden Sängerin gierten. Für sie sind diese Photographien gemacht worden. Echt ist selbstverständlich nur der Kopf, der nackte Körper und die männliche Gesellschaft auf den Bildern ist von irgendwo andersher genommen worden. Andere Opfer dieses unflätigen Verfahrens sind Léonide Leblanc, Susanna Logier, Therese Schneider und so weiter.

Alexander Dumas wurde mit Miss Adah Menken zusammengebracht und die Bilder wurden ganz unverfroren in den Papierläden verkauft.

Zugutehalten muß man der Photographie, daß ihr gegönnt ist, was allen früheren Verfahren versagt war. Nämlich umherzugehen, das Komische zu suchen und schnell festzuhalten, wenn sie es findet. Es gibt da gar keine Grenzen. Und weil sie die Kopien sehr rasch, man möchte fast sagen sofort, herstellen kann, ist sie immer in der Lage, aktuell zu sein. Aktualität und Photographie sind nahezu synonymische Begriffe.

Der letzte Schößling der Photographie ist die Ansichtskarte. Unser tägliches Leben steht im Zeichen der Ansichtskarte. Sie ist billig, wird in Tausenden, ja in Millionen von Exemplaren verbreitet und ist daher jedermann zugänglich. Sie ist fast schon so ein Bedarfsartikel geworden wie das Zündholz. So wie alles, was gemeinen Nützlichkeitszwecken dient, vom hohen Roß heruntersteigen muß, so hat auch die Ansichtskarte auf die großen Aspekte verzichtet und vergnügt sich in der Darstellung der — man verzeihe den harten Ausdruck — Dreckseite des menschlichen Lebens. (Ich verweise auf das Bild: Not kennt kein Gebot.) Daher verdankt zum Beispiel das prosaischeste, häßlichste und animalischeste Gerät des Hausgebrauches der Ansichtskarte seine Publizität. Damit Leser von schwacher Phantasie nicht im ungewissen bleiben, was ich etwa meine, will ich es ausdrücklich sagen. Der Nachttopf verdankt der Ansichtskarte seine Publizität.

Die Photographie erzeugt auch eine neue Variante des Begriffs »Serie«. Im Laufe unserer Untersuchungen sind wir ja häufig auf Serien gestossen. Wir hatten darunter geschlossene Darstellungen zu verstehen, die in der Regel einen Zyklus illustrierten. Im allgemeinen entsprach die Serie von Bildern einer Folge von Anekdoten. So ist die Serie von erotischen Photographien nicht zu verstehen. Sie will vielmehr die aufeinanderfolgenden Phasen einer Begebenheit versinnlichen, das Ineinanderfließen sukzessiver Vorgänge festhalten und dem Betrachter analytisch klarmachen. Eine solche Analyse kann sehr weit gehen. Da wir heute an die Vorführung kinematographischer Bilder gewöhnt sind, ist das, was ich sagen will, ohneweiters begreiflich. Der Kinematograph fügt die Phasenbilder wieder zusammen und macht aus ihnen das, was sie ursprünglich gewesen sind: Bewegungen. Die allerletzte Stufe auf dieser Leiter wird also jedenfalls das kinematographische erotische Bild sein. Nach menschlichem Ermessen wird von da aus eine weitere Übergipfelung wohl unmöglich sein, dieser Punkt bedeutet für die erotische Darstellung die Grenze ihrer Existenzmöglichkeit, und wenn sie weiterwill, stößt sie sich den Kopf ein, vernichtet sie sich selbst.

263. **Die Weiber ziehen den Teufel beim Schwanz.**

(Aus den »Diableries«.)

Mit der geschäftsmäßigen Verbreitung der erotischen Photographie geht die Verseichtung des dargestellten Triebes Hand in Hand. Ich habe schon früher von der Schablone gesprochen. Der Ausdruck der Wollust und Leidenschaft ist dahin, die photographische Pose, das Vorstadtarrangement der Erotik, dominiert. Es handelt sich offenbar nicht mehr darum, die Liebe auf der Tat zu ertappen, sondern den Betrieb zu variieren. Die Varianten kann man numerieren und das Bäuerlein, das zum Beispiel nach Paris kommt, um sich Information in Liebesangelegenheiten zu holen, braucht einfach nur in einen Ansichtskartenladen zu gehen und zu sagen: »Geben sie mir Nummer 17!« Damit ist der Absicht des Bäuerleins vollauf gedient.

Wenn die Photographie ein Extrem ist, so ist das andere Extrem, mit dem jenes zusammenstößt, Félicien Rops. Die Photographie ist das klägliche Insekt, das in dem ungeheueren Schatten des Kolossalbaumes Rops armselig einherkriecht. Rops ist gigantisch, mächtig, schrecklich und satanisch. Technisch ist Rops überhaupt kein Epigone; nur an Gedankentiefe und geistiger Weite hat er einen Vorgänger und das ist Gavarni. So bizarr Rops auch manchmal sein mag, sein künstlerischer Witz und seine Tiefe sind unerhört. Man sehe sich nur einmal seine »Skelette« an.

Rops ist der Philosoph der Sexualität. Den geltenden Dualismus in unserer Ansicht vom sexuellen Menschen hat er mit einem furchtbaren Schnitt zerstört. Der Mensch, besonders das Weib, von Rops gezeigt, ist nur Sinnenwesen. Daß Rops erstand, ist ein wahrer Trost in der Zeit der erotischen Ansichtskarte. Man kann sie verschmerzen, wenn Männer wie er, Legrand und Willette kommen.

Auch die »Diableries« von 1830 sind schon satirisch und beißend, aber mit den Werken von Rops halten sie nicht einmal den schüchternsten Vergleich aus. Rops sieht alles, er sieht durch das menschliche Leben wie durch Kristall durch, er kann alles. Durch die anmutigen Formen der Weiber, die er zeichnet, durch sieht er das Skelett, durch das reizvollste Frauengesicht grinst ihm der Totenschädel entgegen, durch das Heute sieht er das Morgen.

Die Liebe führt das Menschenkind auf die Erde, Rops führt es zum Tode zurück. Memento mori!

Heute ist die Frau noch eine Frau, morgen ein Kadaver und Skelett.

Rops ist der wahrhaftige Antipode zum achtzehnten Jahrhundert. Das achtzehnte Jahrhundert kannte nur den Genuß, den doppelten Genuß, durch die Sinne und durch den Geist. Wenn man sich moralisch ausdrücken will: die doppelte Sünde, die Sünde durch die Sinne und die Sünde durch den Geist. Als es aber sah, daß hinter alledem nichts sei, stürzte es sich Hals über Kopf in den Schmutz des Sadismus.

Dem neunzehnten Jahrhundert war das zu wenig oder zu viel!. Man kann das schwer entscheiden, in diesem Jahrhundert kreuzen sich zu viele Einflüsse, Strömungen und Strebungen. Es ist ein Jahrhundert der Technik und des Krieges. Es wollte daher die Liebe so »machen«, wie es den Krieg »machte«. Oder so, wie es mit der Eisenbahn fuhr. Mit Dampf!

Auch nichts! Da hat es sich wieder auf den Epikuräismus geworfen und hat geglaubt, daß es die Galanterien des achtzehnten Jahrhunderts wieder hervorzaubern könne. Grimmiger Irrtum. Ist das achtzehnte Jahrhundert durch die große Revolution niedergemäht worden, so ist auch dem neunzehnten — ich rede von Frankreich — der Schnitter mit der Todeshippe nicht erspart geblieben. Der Krieg von 1870! Der unglückliche Ausgang dieses Krieges hat die früher so lebensmutigen Franzosen skeptisch gemacht. Sie wurden auch in der Liebe Skeptiker. Das Antlitz der französischen Erotik sprüht nicht mehr von wollüstiger Leidenschaft, es lächelt nur mehr ironisch, mephistophelisch.

In Summa: das achtzehnte Jahrhundert hat inmitten der Liebe gelebt, das neunzehnte lebt im »Nachher«.

Allgemeiner Krach. Krach in den Finanzen, Krach in der Liebe. Der Künstler, der das mit dem feinsten Talent und der schärfsten Beobachtung zeigt, ist Martin van Maele.

Item: man taugt nicht mehr zur Liebe, wenn man anfängt, ihre Summe zu ziehen.

INHALTSVERZEICHNIS

ERSTES KAPITEL:

ZWEITES KAPITEL:

Die erotische Darstellung im Bilde während des achtzehnten Jahrhunderts.

ALPHABETISCHES TEXTILLUSTRATIONEN-VERZEICHNIS

NACH KÜNSTLERN GEORDNETES VERZEICHNIS DER TEXTILLUSTRATIONEN